K

BILDER AUS MEINEM LEBEN

»Der Verstorbene hatte, wie ich gestehen muß, das Unglück,
während seines Lebens alles anders anzufangen, als andere Leute,
weshalb ihm auch wenig gelang.
Vieler seiner Bekannten hielten ihn aber für ein künstliches Original,
und daran taten sie ihm unrecht.
Niemand war aufrichtiger in seinen Sonderbarkeiten,
und schien es vielleicht weniger, niemand natürlicher,
da wo alle Absicht zu sehen glaubten.«

Hermann von Pückler-Muskau
Briefe eines Verstorbenen, Band I, 1829

Leisten Sie keinen Widerstand!

8,– €

DIETER KUNZELMANN
BILDER AUS MEINEM LEBEN

: TRANSIT

INHALT

Editorische Vorbemerkung

Trotz häufiger Anregungen weigerte sich Dieter K. vehement, Biographisches schriftlich oder mündlich von sich zu geben. »Jeder Depp bläst heute die Belanglosigkeit seines Lebens mit einer Autobiographie in den Himmel« und »Wie kann ich über mein Leben berichten, wenn ich noch mittendrin stecke«, waren seine störrisch-abwehrenden Bemerkungen. Als letztes Argument murmelte er dann: »Im übrigen kann ich nur Flugblätter und Manifeste schreiben!«

Glücklicherweise durchbrach er sein Schweigen. Erstmals im Frühjahr 1991 in ausführlichen Video-Interviews für die Ausstellung des Werkbundarchivs Berlin »Nilpferd des höllischen Urwalds«. Auszüge aus diesen Gesprächen, die zeitlich nur bis zur Kommune I reichen, wurden in den Katalog der Ausstellung aufgenommen. Ein zweites Mal gelang es einer langjährigen Lebensgefährtin von Dieter K. durch charmanthartnäckiges Insistieren, ihn während einer Sizilien-Reise im Frühjahr 1997 zum Sprechen zu bringen. Diese Tonbänder stellte sie freundlicherweise dem Verlag zur Verfügung. Sie konnten für dieses Buch wegen der vielen Endlossätze, Gedankensprünge und aufdringlichen Hintergrundgeräusche leider nicht verwendet werden. Und schließlich gelang es dem Verlag, vor allem aber Jochen Staadt, den Autor rechtzeitig davon zu überzeugen, daß auch in ihm unentdeckte schriftstellerische Qualitäten schlummerten.

Offenbar trieb dieser geschickt plazierte Hinweis ihn ab Sommer 1997 dazu, fortan sein Leben in Kapiteln zu betrachten und diese in steiler Handschrift auf linierten Kalenderblättern zu Papier zu bringen. Im späten Dezember 1997, als der Verlag seinen Autor längst über alle Berge wähnte, übergab Dieter K., seinen Stolz über diese Überraschung perfekt hinter Pudelmütze und Sonnenbrille getarnt, das sorgsam verpackte und mustergültig sortierte Manuskript. Die isländische Post sei ihm zu unsicher, deswegen habe er sich persönlich unter größter Gefahr in den Verlag bemüht. Bei einem unauffälligen Essen in einer Kreuzberger Herberge mit opulent österreichischer Küche gab er flüsternd noch zwei Hinweise: Erstens teilte er uns die Adresse seines umfangreichen Privatarchivs mit, und zweitens bat er uns (und damit auch seine späteren Leser), gelegentliche Vergeßlichkeiten, Lücken und Ungereimtheiten zu entschuldigen mit dem Hinweis auf die extrem niedrigen und deswegen konzentrationshemmenden Temperaturen seines selbstgewählten Exils. Ein kurzes, energisches Winken war das letzte, was uns von ihm blieb.

Bedauerlicherweise konnte der Autor nicht letzte Hand an das Manuskript legen. So geboten es die Umstände, daß Überarbeitungen an den von ihm nachgelassenen Texten von befreundeter Hand erfolgen mußten.

Unter Zuhilfenahme seiner grandiosen Zettelberge und seiner penibel geführten Presse- und Justizordner (»Archiv des Restes«) konnte sein Manuskript mit Dokumenten und Abbildungen ergänzt und illustriert werden. Bei dieser Archivarbeit, die Einfühlungsvermögen, Kombinationsgabe und konspirative Begeisterung in hohem

Maße voraussetzte, glänzte Giuseppe de Siati. Ihm und allen weiteren Adjutanten nah und fern dankt der Verlag, sicherlich auch im Namen seines leider verstummten Autors – nicht zuletzt all jenen Wegbegleitern, die zu bestimmten Etappen seines Lebens eigene Erlebnisse beisteuerten.

Gudrun Fröba, Rainer Nitsche,
August 1998

Zu danken habe ich E.C..
Ohne ihre großzügige Gastfreundschaft, ihre Hilfe,
das traumhafte Asyl für einen politischen Flüchtling
in den finsteren Zeiten des Schengener Schandvertrages
hätte ich keine Zeile zu Papier gebracht.
Auch mein Freitod wäre ohne sie und ihre Freunde
weniger glücklich verlaufen.
Die Freude und die Schande meines Todes vermache ich
der Moabiter Justiz in Berlin-Tiergarten,
die eines Stammkunden verlustig ging.

D.K., geschrieben in Island, im Frühjahr 1998

TISCHTENNIS, SPARKASSE
■ KINDHEIT UND FRÜHE JUGEND
ODER RAUS AUS BAMBERG

Wie beneide ich andere Leute darum, daß sie sich an viele Details ihrer Kindheit, ihrer frühen Jugend erinnern können. Mir ist fast alles entschwunden, weniger – so hoffe ich doch – durch Verdrängung, sondern eher durch meine zahlreichen unterschiedlichen Leben, die ich führte, wo ausschließlich die jeweils gelebte Gegenwart zählte.

Als drittes von vier Kindern erblickte ich, wenige Wochen vor dem Überfall Deutschlands auf Polen, im altehrwürdig fränkisch-katholischen Bamberg das Licht der Welt. Die dritten Kinder sind nicht nur häufig Wunschkinder, sie haben auch bessere Startbedingungen, da die älteren Geschwister, in meinem Fall also mein Bruder Otto und meine Schwester Helga, meistens bereits einen Freiraum erkämpft haben, von dem die Nachgeborenen – nach mir kam noch meine Schwester Liesel – profitieren können. Die seltsame Konstellation meines Geburtstages, sogar der Geburtsstunde mit dem Beginn des Sturms auf die Bastille am 14. Juli 1789, genau 150 Jahre bevor ich zur Welt kam, wurde mir sehr viel später bewußt; diese zufällige Konstellation beschäftigt mich aber nach wie vor, da ich immer noch nicht sicher

1940

bin, ob ich in einem früheren Leben zu den in der Bastille Eingekerkerten gehört hätte oder zu denen, die sie stürmten.

Meine Eltern waren Einzelkinder, die sehr unterschiedlichen gesellschaftlichen Milieus entstammten: Die Großeltern väterlicherseits aus Bauernfamilien des Fränkischen Jura; sie kamen um die Jahrhundertwende als Hausangestellte einer jüdischen Bankiersfamilie nach Bamberg. Die Eltern meiner Mutter aus fränkisch-bayrischen Post- und Bahnbeamtenfamilien. Kunzelfrauen und Kunzelmänner gibt es heute noch auf dem Fränkischen Jura,

Hochzeit der Eltern 1932

Rechts: Die vier Geschwister, D.K. die ersten Zettelberge umklammernd, 1943
Unten: Ostereierverzehr mit Schwester Liesl, 1943
Mitte: Von links: Helga, Dieter, Otto, Liesl, Vater, Mutter, 1943

Seite 11: Rückkehr vom Hamstern, um 1946
Unten: D.K. als Ministrant, 1949

doch die Ketschers, so die Namen meiner Vorfahren mütterlicherseits, sind ausgestorben.

Nach seiner Pensionierung als Sparkassendirektor sammelte mein Vater alle noch auffindbaren Spuren unserer Familie in alten Kirchenbüchern und -chroniken. Er kam jedoch nicht mehr dazu, dieses umfangreiche Material aufzuarbeiten und als Familiengeschichte aufzuschreiben – eine Aufgabe für die große Heerschar meiner Nichten, Neffen, Großnichten und Großneffen (oder gar meiner geliebten Enkel). Meine Mutter war katholisch, aber keine strenggläubige Fanatikerin, wie das in Franken eben so üblich ist: die Kirche gehört, bei aller Schelmerei, zum Leben dazu. Der Katholizismus hat ja auch in seiner Mystik, Archaik und karnevalistischen Liturgie durchaus etwas Schönes zu bieten. Mein Vater dagegen war Freidenker. Das erste große Ehezerwürfnis entstand bei der Frage, ob die Kinder getauft werden sollten. Logischerweise hat sich meine Mutter durchgesetzt.

Jedes Kind hat sein Räuberbuch, gefüllt mit mehr oder minder harmlosen Streichen. Sie werden erzählt und ausgeschmückt von den Eltern oder den älteren Geschwistern, ohne daß man den Wahrheitsgehalt überprüfen kann. Kaum konnte ich stehen, soll ich bereits als Klein-Ikarus mit aufgespanntem Regenschirm aus dem Hochparterre unseres Hauses gesprungen sein. Beim Schlittschuhlaufen faszinierten mich vor allem die Stellen auf dem Eis, die so herrlich unter den Kufen knirschten und knackten, bis ich endlich einbrach und aus dem eiskalten Wasser gerettet werden mußte. Läuteten empörte Nachbarn bei meiner Mutter wegen solcher Belanglosigkeiten wie eingeworfener Fensterscheiben, antwortete sie: »Was habe ich damit zu tun? Klären Sie das mit dem Lausbuben selbst, wenn Sie ihn erwischen.«

Die Abwesenheit meines Vaters in den ersten Kind-
heitsjahren – er war stolz darauf, es in Hitlers Wehrmacht
nur bis zum Obergefreiten gebracht zu haben –, und die
wechselnden weiblichen Bezugspersonen, die sogenannten »Pflichtjahrmädchen«, die in kinderreichen Familien
ihren Dienst taten, scheinen meiner Entwicklung sehr för-
derlich gewesen zu sein. Was habe ich vom Krieg schon
begriffen! Einige wenige Bilder sind mir verschwommen
im Kopf geblieben. Der Umzug in den Keller, der mit
Obstgestellen, Nahrungsmitteln und alten Farbeimern
vollgestopft war. Oder der plötzliche Aufbruch in den
Luftschutzbunker, einen tief im Felsen versenkten Eiskel-
ler einer Brauerei, in dem man mir den langen Pelzmantel
meiner Mutter überzog, damit ich nicht frieren sollte. Ich
erinnere mich deutlicher an kleine Abenteuer als an Katastrophen. Ohnehin wurde
Bamberg im Gegensatz zu Nürnberg oder Würzburg von gezielten Luftangriffen verschont, wir bekamen lediglich die Bomben ab, die beim Rückflug noch an Bord geblieben waren. Bamberg besaß ja auch keine kriegswichtige Industrie wie Schweinfurt
oder Würzburg, sondern vor allem Kirchen.

Die Befreiung vom Nationalsozialismus – ich sage das bewußt so, denn gerade wir
Kinder wurden tatsächlich befreit, wo doch jedem Kind in der Nazizeit die mögliche Perspektive drohte, Mitglied einer faschistischen Organisation oder gar einer
Mörderbande zu werden – erlebte ich so, daß in unserer Straße alle Bürgerhäuser für
amerikanische Offiziere und ihre dann später nachkommenden Familien geräumt
werden mußten. Wir zogen ins Hinterhaus im Garten, in unserer Wohnung wurde
eine Feldküche installiert, was für uns Kinder den aufregenden Vorteil hatte, daß
wir von den GI's Kaugummi, Schokolade, Milchpulver und Reste vom Eintopf geschenkt bekamen.

Für Kinder waren die Jahre nach dem Krieg, in denen es für die meisten Familien ums blanke Überleben ging, von grandioser Selbständigkeit geprägt. Wir sammelten Pilze in den Wäldern, angelten Fische in Regnitz und Main, holten Obst von eigenen und fremden Bäumen, klauten Kartoffeln und Kohlköpfe von den Feldern der hervorragenden Bamberger Gärtner. Wie glücklich war ich, wenn die von mir legal oder illegal organisierten Nahrungsmittel den familiären Mittagstisch zierten. Gab es Lebensmittel zu kaufen, was nicht oft möglich war, schickte meine Mutter immer mich zum Einkaufen, denn ich besaß die seltene Fähigkeit, unbemerkt an der längsten Warteschlange vorbeizuschleichen, um dann für alle überraschend und auf Zehenspitzen stehend mit meinem feuerroten Haarschopf und meiner markanten Nase knapp über dem Ladentisch aufzutauchen. Trotz aller Proteste aus dem Munde streiterprobter Hausfrauen wich ich nicht eher von meiner eben eroberten Position, bis der von meiner Mutter geschriebene Einkaufszettel entgegengenommen und ausgeführt worden war. Vor dem Laden wartete meine Schwester Helga, half mir beim Nach-Hause-Tragen der vollen Taschen, wo meine Mutter des Lobes voll war über ihren »Bula«, die fränkische Version von »Bub«, die sie mir gegenüber bis heute verwendet.

Die Straßen der Nachkriegsjahre gehörten den Kindern. Autos gab es kaum; wenn sich doch einmal eines in unsere Straßen oder Gassen verirrte, mußte es warten, bis wir unsere angestammte Spielfläche freigaben. Einen abrupten Einschnitt in diese fast grenzenlose Freiheit der frühen Kindheit brachte die Einschulung. Eine für mich leidvolle Zeit der Vorschriften, unergründlichen Regeln und Vorhaltungen begann. Die meisten Schulmeister hatten ihre Lehre im Tausendjährigen Reich gemacht und daher bezogen sie auch ihre Vorstellungen von Unterricht und Disziplin. Nur selten verließ mich das Gefühl, Schulzeit sei verlorene Zeit. Auszuhalten war sie nur durch sture Opposition und böse Streiche. Die großen Ferien im Sommer verbrachte ich im Zeltlager in einem der romantischen Täler des Fränkischen Jura, wo wir uns nach Herzenslust austoben konnten – am Lagerfeuer, bei Nachtwanderungen und wüsten Raufereien. Veranstaltet wurden diese Zeltlager von den Salesianer-Patres – einem Orden, der zuerst in Italien entstand und sich ursprünglich die Betreuung von Kindern armer Leute zum Ziel gesetzt hatte –, doch unsere Gruppenleiter waren ältere Schüler aus der Katholischen Jugend, die ich als Freunde meines Bruders Otto oder Verehrer meiner Schwester Helga gut kannte. Ohne irgendetwas von der Wandervogelbewegung zu wissen, lebten wir nach ähnlichen Prinzipien: frei, naturverbunden, unabhängig und gemeinsam. Durch die Abwesenheit von Mädchen – auch in der Schule gab es ausschließlich getrennte Klassen – hatten diese Zeltlager einen männerbündlerischen Charakter, das andere Geschlecht spielte kaum eine Rolle. Noch Jahre später, in der Phase der Pubertät, interessierten mich Jungs sehr viel mehr, doch über eine platonische Liebe zu einem Klassenkameraden kam ich – bedauerlicherweise – nie hinaus. Die fünfziger Jahre sind mir als besonders lustfeindlich in Erinnerung geblieben, und bis in die frühen sechziger Jahre stand meine Generation, was die Fähigkeit und die Zwänge zur Sublimation betraf, unseren Eltern und Großeltern nicht nach.

Bayerischer Jugendmeister
im Tischtennis 1956.
Von links: Heinz Bohlein,
Lorenz Hemmer, Waldemar
Burger, D.K., Günther
Heidenreich, Günther Brand

← *»Dieter trank an diesen zwei
Tagen in Augsburg 18 Flaschen
Cola, aber konsequenterweise
kein einziges Bier.«*
Waldemar Burger,
Bamberg, 27. August 1998

Meine große Jugend-Leidenschaft war der Sport, genauer Fußball und Tischtennis. Kaum ward die Mittagstafel von meinem Vater aufgehoben, schon rannte ich auf den Bolzplatz oder in die Tischtennis-Halle. Der Sportverein lag nur zwei Ecken entfernt von unserem Haus und hieß nach dem Gründer des Salesianer-Ordens »DJK Don Bosco Bamberg«. Dieses »DJK – Deutsche Jugendkraft« klingt nicht gerade nach Reeducation. Die Fußball-Schülermannschaft, in der ich als linker Läufer defensiv und offensiv zu agieren hatte, gelangte bis ins Endspiel um die bayrische Schüler-Meisterschaft im Nürnberger Stadion – unser Spiel war als Vorspiel zu einem Oberliga-Spiel des »Club« angesetzt –, das wir nach hartem Kampf mit 3:0 gegen die Schülermannschaft von Bayern München verloren. Dies war mein letztes offizielles Fußballspiel, denn zwei Sportarten auf einigermaßen hohem Niveau zu betreiben, setzt mehr Zeit voraus als man als Schüler hat. Ich entschied mich also für Tischtennis und damit für täglich mehrere Stunden Training und an den Wochenenden Turniere, Turniere, Turniere. Je mehr Siegerurkunden ich sammelte, desto schlechter wurden meine Noten in der Schule. Leistungssport ist auch eine Sucht nach immer mehr Perfektion, nach immer mehr Siegen, und da jede Sportart auch etwas Spielerisches, Kommunikatives, Soziales beinhaltet, übt das eine gewaltige Faszination auf junge Kämpfernaturen aus – als ob das Leben nur in dieser einen Passion seine Erfüllung fände.

Glücklicherweise erhielt ich durch meine Familie, insbesondere durch meinen Vater, und einen größeren Freundeskreis Anregungen, mich intensiv mit Literatur, Musik, Film oder Politik zu beschäftigen. Infolgedessen traf ich mit 15 Jahren meine erste wirklich eigene Entscheidung: ich hängte den Leistungssport an den Nagel. Jahrelang mußte ich dann um jede Tischtennisplatte einen großen Bogen machen, aus Angst, die Sucht nach dem kleinen weißen Ball könnte mich erneut erobern. Erst zwanzig Jahre später, im reifen Alter von 35 Jahren, nahm ich erstmals wieder einen Tischtennis-Schläger, der in Berlin ja Kelle heißt, in die Hand. Das war 1974 während meiner fünfjährigen Gefängnishaft, als ich nach drei Jahren verschärfter Einzelhaft von Moabit ins Gefängnis Tegel verlegt wurde und prompt die leider nicht und schon gar nicht mit Straferlaß dotierte Gefängnismeisterschaft gewann.

Nach dem Abbruch meiner Sportkarriere verfügte ich mit 15 Jahren endlich über die Zeit, einer neuen Leidenschaft zu frönen: dem Verschlingen von Büchern. Bereits als Kind, bettlägerig mit den üblichen Kinderkrankheiten oder unüblich mit einer schweren Gehirnerschütterung, die ich mir beim Skifahren zugezogen hatte, stapelten sich neben meinem Krankenlager Jugend- und Märchenbücher: Gebrüder Grimm, Wilhelm Hauff, Karl May natürlich und »Lederstrumpf«. Verkündete die Hausärztin Gesundung und sofortige Aufsteherlaubnis, antwortete ich mißmutig: »Aber ich muß doch noch die Bücher auslesen.« Kein Autor, kein Bücherschrank war vor mir sicher. Selbst in der Schule las ich nur noch die mitgebrachten Bücher, und die Lehrer ließen es zu, denn lesend konnte ich ja den Unterricht nicht stören. Nachmittags besuchte ich meinen besten Freund, der Dirigent werden wollte und sich, wann immer er konnte, in die Proben der Bamberger Symphoniker einschlich. Er besaß eine riesige Schallplattensammlung an klassischer Musik von Bach bis Mahler. Abends besuchten wir, als Kontrastprogramm, die Bamberger GI-Kneipen, und hörten aus der Musikbox Rock'n Roll. Am Bamberger Dom stand eines Tages der Spruch:»Elvis ist unser Gott« – ein Skandal sondergleichen in dieser klerikalen Stadt!

Sehnsüchtig warteten wir jeden Sonntag-Vormittag auf die Matineen des Bamberger Film-Clubs, bewunderten die Filme von Cocteau bis Ophüls und die rebellischen Filme der italienischen Neorealisten. In den normalen Kinos liefen ja nur die Schmachtschnulzen über Förster, Ärzte und Freizeitkapitäne oder Revuefilme voller alberner Schlager aus deutscher Produktion sowie die biblischen Prachtschinken aus Hollywood. Naiv und ungestüm erlebten wir Literatur, Filme und Musik als Anregung und Maßstab für unser eigenes Leben, verglichen die Welt der von uns geliebten Werke mit der trostlosen Engstirnigkeit unserer katholischen Heimatstadt und wurden uns so des Miefs der Adenauerzeit erst richtig bewußt.

Bald endete dann meine Leidenszeit auf dem humanistischen, d.h. altsprachlichen Gymnasium. Nach zweimaligem Sitzenbleiben, unzähligen Verweisen und Direktoratsermahnungen einigte sich mein Familienrat darauf, daß ich die Schule doch besser verlassen und eine zukunftssichere Banklehre in der Coburger Sparkasse beginnen solle. Das Gymnasium hat mich aber ein Leben lang begleitet insofern, als es in mir infolge des Drills in den Fächern Latein und Griechisch eine regelrechte Sprachphobie hinterlassen hat.

In Coburg führte ich fast zwei Jahre lang eine Doppelexistenz: tagsüber verrichtete ich zur allgemeinen Zufriedenheit meine Arbeit, danach las ich in meiner Untermiete-Klause bis in die späte Nacht. Ob es an den damals so favorisierten französischen Existentialisten, an den französischen Filmen oder gar an Proust lag – langsam steigerte sich in mir die Vorstellung, ich müsse mein Leben verändern, ja beenden und mich auf den Weg machen in die große Stadt Paris. Am 50. Geburtstag meiner Mutter, am 9. Mai 1959 – sie hält mir bis heute diesen Zeitpunkt meiner Entscheidung als besondere Unverschämtheit vor –, machte ich mich statt zum Geburtstagskuchen nach Bamberg auf den Weg nach Paris – per Autostop. Zur Beruhigung meiner Eltern war außerhalb der engeren Familie nur mein Schwager Rudi May eingeweiht, ein außergewöhnlicher Mensch, dem ich viele Anregungen zu verdanken habe.

Mit diesem Schritt, der mich mit großem Stolz erfüllte, stellte ich vor allem auch für mich selbst klar, daß meinerseits mit einem geordneten bürgerlichen Lebensweg nicht mehr zu rechnen sei. Ich entwickelte eine regelrechte Abscheu gegen alles Geregelte, Sicherheit und Gleichförmigkeit. Be-

Der Banklehrling, 1958

Goldene Hochzeit der Eltern, Bamberg, 1982.
Von links: Bernd Kunzelmann, Otto K., Frank
K., Helga K., Marc May, Amalie K., Dieter K.,
Kathrin Müller, Helga May, Otto K., Claudia
May, Elisabeth Müller, Michaela May, Ferdinand
Müller, Elke Müller, Dagmar Müller

Links: Friedhof Bamberg, 1992

stand nur eine vage Aussicht auf unveränderliche Lebensumstände, zog ich – oft zum Erstaunen oder Leidwesen meiner Lebensgefährtinnen – einen Schlußstrich und fing wieder ein neues, wieder ein anderes Leben an.

Mein Vater hätte mich als 19-Jährigen in Paris durch die Polizei suchen und zurückbringen lassen können, denn damals begann die Volljährigkeit erst mit 21 Jahren und als überzeugter Clochard war ich mit meinen Freundinnen und Freunden aus ganz Europa mehrfach in Polizeihaft. Er hat es nicht getan.

Als 1966, zu Beginn der antiautoritären Bewegung in Berlin (West) die Platitüde vom »Aufstand gegen die Eltern« die Runde machte, wurde mir bewußt, daß meine Kindheit und Jugend nicht generationstypisch verlaufen war. Die Liebe meiner Mutter und die Aufgeschlossenheit, Liberalität und auch Großzügigkeit meines Vaters trugen dazu bei, daß ich ein ungewöhnliches Selbstbewußtsein und vor allem einen enormen Drang nach Autonomie entwickelt habe. Niemals wurde zu Hause angeord-

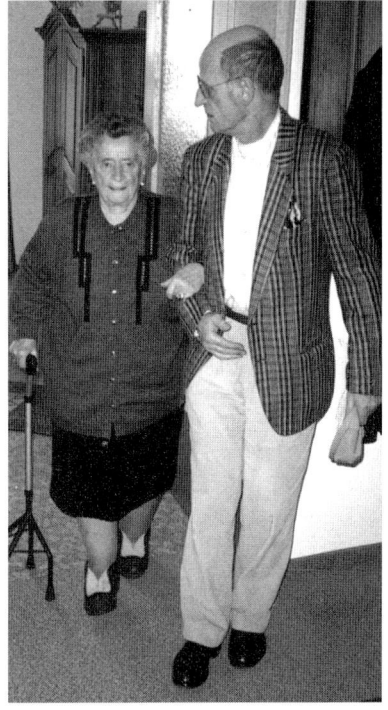

»Bei unserer letzten Verabschiedung im September 1997 kam der entschiedene Satz von ihren Lippen:
›Laß dir ja nicht wieder was einfallen!‹
Meine Mutter war fast neunzig, ich fast sechzig Jahre alt.«

net, ich wurde immer nach meiner eigenen Meinung gefragt und diese wurde respektiert mit den Worten:»Es ist dein Leben, und du mußt wissen, was du willst.« Mein Vater wollte seinen Kindern die eigene, schmerzhaft erfahrene autoritäre Erziehung ersparen. Das einzige, was ich ihm vorzuwerfen hatte, war die Tatsache, daß er dem Nationalsozialismus keinen Widerstand entgegengesetzt hatte. Die Verantwortung für die Familie wog für ihn schwerer – vielleicht wehrte ich mich auch deshalb zeitlebens gegen die Gründung einer eigenen Familie.

Als mein Vater auf seinem Sterbebett im Februar 1990 mit 81 Jahren mir mit letzter Anstrengung ins Ohr flüsterte, bestätigend und fragend zugleich: »Wir sind uns doch gut!?«, konnte ich nur hilflos und den Tränen nahe antworten: »Aber wo denkst du denn hin, das ist doch klar!« Meine beiden Schwestern und ich verließen ihn nicht bis zu seinem letzten Atemzug, den miterleben zu dürfen sein letztes Geschenk an mich war – denn natürlich hatte ich es ihm mit meinem Leben nicht besonders leicht gemacht. Der Grundstein für dieses Leben war in meiner Familie gelegt worden, in der ich Liebe, Solidarität und Toleranz erfuhr. Die Rebellion, die mein Leben prägte, richtete sich gegen eine Gesellschaft, die dieser Werte verlustig gegangen ist.

UNTER

KÜNSTLERN

Es gibt keinen besseren Weg, sich mit einer Stadt und ihren Menschen vertraut zu machen, als auf der Straße zu leben. Ein Gradmesser für die soziale Verfassung der Städte ist nicht zuletzt die Möglichkeit, außerhalb gewohnter Existenzbedingungen überleben zu können, ohne Wohnung, ohne Geld, ohne Arbeitszwang. Die Säuberung der Innenstädte von den Ausgestoßenen, den Berbern, den Gammlern, den Punks reproduziert auch außerhalb der klimatisierten Großraumbüros deren Sterilität.

Das Paris von 1959 – die Markthalle im Herzen der Stadt war noch nicht abgerissen und die Ufer der Seine noch nicht mit Autobahnen zubetoniert – bot ideale Voraussetzungen für ein unangepaßtes, umherschweifendes Leben, denn die Clochards besaßen ihre eigene Infrastruktur mit Treffpunkten, Kneipen und Schlafplätzen in den Metroschächten. Aus ganz Westeuropa trampten Jugendliche nach Paris auf der Suche nach sich selbst, nach Gleichgesinnten. Nicht der schillernde Ruhm der Intellektuellen und Künstler in Saint Germaine des Prés zog unsere Clique an, sondern das Leben der Gescheiterten, der Ausgestoßenen. Mögen auch romantische Träume von Freiheit und Unabhängigkeit am Anfang meines Clochardlebens unter den Brücken von Paris gestanden haben, das Wagnis, sich häuslichem Wohlbehagen und bürgerlicher Sicherheit zu entziehen durch ein extremes Leben auf der Straße, hat tiefe Spuren hinterlassen. Die gängigen Lebensängste habe ich in dieser Zeit abgeschüttelt: die Angst vor dem Alleinsein, die Angst vor dem Verhungern, die Angst vor einer fremden Welt, die Angst vor einem Leben jenseits aller Konventionen.

Unseren Lebensunterhalt verdienten wir durch Straßenmalerei an von Touristen frequentierten Orten oder verdingten uns in der Nacht beim Entladen der Lastautos in den Markthallen. Blieben nach den Essenseinkäufen noch ein paar Francs übrig, machten wir uns auf den Weg – immer zu Fuß, nur so lernt man ein Stadtquartier kennen – in die Rue d' Ulm ins Filmmuseum, wo in jeder Vorstellung jeweils ein anderer Film lief. Eisenstein, Pudowkin, Fritz Lang, Ernst Lubitsch zum Beispiel. In diesem kleinen Kino war es möglich, innerhalb weniger Wochen die besten Filme der Film-Geschichte kennenzulernen. Nach der letzten Vorstellung um Mitternacht machten wir uns auf den Heimweg in unsere »Wohnung« unterm Brückenbogen von Pont Neuf, diskutierten bis zum Sonnenaufgang, warteten auf den Gärtner von »Vert Galant«, damit wir unter seinem Rasensprenger duschen konnten.

Meine erste unangenehme Bekanntschaft mit der Polizei machte ich in den ersten Wochen als Clochard in Paris. Alle 14 Tage veranstaltete eine Sondereinheit eine Großrazzia an den Ufern der Seine, nahm alle Clochards, derer sie habhaft werden konnte, fest, verfrachtete die aufgelesenen Personen in Gefangenen-Busse und transportierte sie in Polizei-Kasernen am Stadtrand von Paris. Anlaß für diese Razzien war meist ein Staatsbesuch mit Bootsfahrt auf der Seine. Dabei sollte den Staatsgästen ein sauberes Paris ohne Clochards und Gammler präsentiert werden. Ich war entsetzt über den Kommandoton der Flics und über ihr arrogantes Verhalten gegenüber sechzig-, siebzigjährigen Clochards, von denen jeder seine außergewöhnliche Lebensgeschichte hatte, die Respekt verdiente. War der Staatsbesuch wieder abgereist, wurden wir einfach auf die Straße gesetzt, meistens in der Nacht, und mußten uns von irgendeinem Vorort aus auf den mühsamen Weg zurück in unser Quartier machen.

Dann kam der Herbst und es wurde zu kalt für ein Leben unter der Brücke. Mit einem Schweizer Freund trampte ich in den Süden, nach Marseille. Da wir reichlich wild aussahen, wollte uns kaum jemand mitnehmen, erst nach zwei Wochen kamen wir an, ausgehungert, erschöpft und desillusioniert. Nun galt es, Bilanz zu ziehen und sich über weitere Perspektiven Gedanken zu machen. Wächst man in Sicherheit auf, sehnt man sich nach Unsicherheit und umgekehrt. Abenteuerträume in Wirklichkeit zu verwandeln, sie bis ins Extrem auszuleben, sie dadurch hinter sich zu lassen und auf dieser Erfahrung aufbauend Neues zu beginnen – so ungefähr sah schließlich das banale Resümee meiner Clochardzeit aus. Problemlos konnte ich mich auf den Heimweg machen mit längerem Aufenthalt in Genua und Basel. Zu Hause wurde ich ohne Vorwürfe als verlorener Sohn in meine Familie wieder aufgenommen.

Mein Vater erklärte sich bereit, mir ohne jegliche Auflage ein monatliches Salär von 250 Mark zu überweisen, was 1960 relativ viel Geld war und mit etwas Zuverdienst durch Jobben durchaus zum Leben ausreichte. In den nun folgenden Wochen trampte ich durch die Bundesrepublik, um mir die Großstadt auszusuchen, in der ich mich niederlassen wollte. Pauschalisierungen stimmen niemals, und es sind häufig Zufälligkeiten, die einem eine Stadt angenehm oder unangenehm erscheinen lassen, doch als Vagabund – ich schlief immer in Bahnhofsmissionen – entwickelt man einen sechsten Sinn für das Flair einer Stadt. In Hamburg paßten mir die Hochnäsigkeit und Arroganz der Menschen nicht, und ich bekam Probleme im Theater und in Kneipen wegen meines Gammlerlooks; in Berlin gefielen mir die Leute wegen ihrer Kaltschnäuzigkeit, doch die Stadt hatte keinerlei Gesicht. Köln und Frankfurt waren reichlich provinziell – blieb also nur München übrig, damals tatsächlich die heimliche Hauptstadt.

Mit Schwester Helga und Schwager Rudi, 1960

Schwabing 1961, im Keller

   In der gesamten Bundesrepublik gab es keinen lebendigeren Ort als München-Schwabing mit all seinen Künstlern, Studenten, Gammlern und der liberal gesonnenen Münchner Einwohnerschaft. Preiswerte Wirtschaften, Straßencafés, Stehkneipen, Jazzlokale, Galerien, Film-Kunst-Studios, Buchhandlungen, die Leopoldstraße, der Englische Garten – in Schwabing pulsierte das Leben. Das Schwabing der Touristen, der Yuppie-Boutiquen, des dolce vita, der Vertreibung der Einheimischen entwickelte sich erst zehn Jahre später im Vorfeld der Olympischen Spiele 1972. Die Universität jedoch war dank berüchtigter bayrischer Kulturminister wie Alois Hundhammer in den Geisteswissenschaften total zurückgeblieben, was jedoch den Vorteil hatte, daß sich alles lebendig-geistige Leben außerhalb der Universität abspielte – im Gegensatz zu Tübingen, Frankfurt oder Berlin.

   Durch Vermittlung meines Bruders, der in München Altphilologie studierte und in Schwabing eine Eigentumswohnung bewohnte, die mein Vater gekauft hatte, fand ich in der Bauerstraße 24 ein herrliches, dreißig Quadratmeter großes Kellergewölbe, das vorher von einem Maler als Atelier genutzt worden war. Für eine Monatsmiete von dreißig Mark wurde ein Waschbecken, ein Kohleofen und ein einziges Kellerfenster geboten. Das Klo befand sich in den Kellerräumen des Seitenflügels, die von Studenten bewohnt waren, und man gelangte dorthin nur über den Innenhof, in kalten Winternächten ein weiter Weg. Nachdem ich mich häuslich eingerichtet, den Biedermeier-Sekretär meiner Mutter aus Bamberg nach München geschafft und eine Ausleihkarte der Staatsbibliothek besorgt hatte, begann ich Schwabing zu erkunden, vorwiegend in der Nacht. Lag es an der Zeit, an meiner jugendlichen Neugier, am weltoffenen Charakter der Stadt und ihrer Menschen – innerhalb weniger Monate lernte ich unzählige Leute kennen, sog auf, was ich nur konnte und war bald als leidenschaftlicher Diskutant in Caféhäusern und Bierschemmen bekannt. Ich führte das Leben eines Schwabinger Künstlers, auch wenn ich im strengeren Sinne gar keiner war. Und dann lernte ich in einer schwülen Spätsommernacht 1960 die Maler der Gruppe »Spur« kennen, als sie ihre gleichnamige Zeitschrift in Schwabinger Kneipen zum Verkauf anboten: Heimrad Prem, Helmut Sturm und Hans-Peter Zimmer.

Mit Uwe Lausen (links) und H.P. Zimmer im Café Nest in Schwabing, 1961

Mir gefiel an ihnen – im Gegensatz zu all den anderen vermeintlich oder tatsächlich genialen Menschen, die sich in Schwabing nur so tummelten – das Selbstbewußtsein, mit dem sie ihre Kunst und ihre Auffassungen, und seien sie noch so unausgegoren, der öffentlichen Kritik aussetzten, ihre ansteckende Lust an Provokationen gegenüber dem etablierten Münchner Kulturrummel. Nur oberflächlich wußte ich etwas von der Jugendstil-Bewegung, der Brücke, dem Blauen Reiter, den Dadaisten und Surrealisten, dem Bauhaus in Dessau. Der Nationalsozialismus hat nicht nur die »entartete Kunst« vernichtet, er wirkte auch nach seiner Niederlage in den Köpfen einer ganzen Generation weiter. Überhaupt nichts wußte ich von Wols, Pollock und der wichtigsten Künstlergruppe nach 1945, der Gruppe »Cobra« (benannt nach den Anfangsbuchstaben der Städte Copenhagen, Brüssel, Amsterdam). Die Gruppe »Spur« war Mitglied einer geheimnisvollen, fast im Untergrund agierenden Organisation von Künstlern in mehreren europäischen Ländern, der »Situationistischen Internationale«. Guy Debord und Asger Jorn waren die entscheidenden Protagonisten dieser Bewegung.

Asger Jorn

Während der Besetzung Dänemarks durch das Großdeutsche Reich war Jorn in der Leitung des antifaschistischen Widerstandes in Jütland; Sprengung von Versorgungszügen, Zerstörung der Zuggleise, Registrierung aller auslaufenden Schiffe aus nordjütländischen Häfen, um über Funk die Daten an die englische Marine weiterzuleiten, war die Hauptaufgabe des dänischen Widerstandes in Jütland. Seinen Untergrundnamen behielt er nach der Befreiung bei, tatsächlich hieß er Jørgensen.

Weder diesen Lebensabschnitt, noch seine Rolle als spiritus rector der revolutionären Künstlergruppe »Cobra«, nicht einmal seine archaisch-vitalen Bilder mußte man kennen, nur ihn selbst, und man war vollkommen hingerissen von seiner charismatischen Persönlichkeit. Er konnte inmitten dumpf-bayrischer Bierseligkeit im Hofbräuhaus kritzelnd auf einer Papierserviette den Unterschied zwischen der irrational-phantastischen Wikinger-Ornamentik und der rational-kühlen griechisch-römischen Kunst darlegen und, urplötzlich, weiter an seiner Pfeife schmauchend und wild vor sich hinschnaubend, machte er einen Sprung in unsere Zeit und endete mit einer wüsten Beschimpfung der zweckmäßig-rationalen phantasietötenden zeitgenössischen Architektur. Sein Traum war es, unter Wahrung der Autonomie jedes Einzelnen, Künstler aus allen Ländern in einen produktiven Meinungsaustausch zu bringen, sie davon zu überzeugen, ihre gesellschaftliche Verantwortung wahrzunehmen und subversiven Widerstand gegen die herrschende Kultur der Absorption und Vermarktung menschlicher Ausdrucksformen zu leisten.

Guy Debord

Mit Guy Debord, dem intellektuellen Kopf der Situationisten, war die Verständigung weitaus schwieriger. Ein Großteil der Mißverständnisse mit ihm beruhte auf Sprachschwierigkeiten, doch seine Manie, sich als Gralshüter der situationistischen Position zu gerieren und jeden mit dem Bann des Ausschlusses zu belegen, der auch nur annähernd den Verdacht erregte, die Situationisten als Sprungbrett benutzen zu wollen, um auf dem Kunstmarkt zu reüssieren, diese Manie produzierte besonders bei Heimrad Prem das Trauma, Debord wolle letztlich nichts anderes, als allen Malern das Malen zu verbieten. Ich empfand seine abstruse Ausschlußpolitik, insbesondere des holländischen Malers und Urbanisten Constant, wichtiges Mitglied der »Cobra«-Gruppe, als Persiflage auf den Ausschluß Bakunins aus der Ersten Internationale durch Karl Marx oder auf die machtbesessenen Rausschmisse bei den Surrealisten durch André Breton. Vielleicht wollte Debord durch seine Exklusionen auch die Selbsttätigkeit der Ausgeschlossenen anstacheln – sein Freitod (oder war es Mord?) 1994 läßt eine Aufklärung nicht mehr zu.

Kurz nach der »Spur«-Zeitschrift Nr 4, in der ich meine ersten, nur leidlich gelungenen Texte publizierte, veröffentlichten wir in der Nr. 5 erstmals Texte der Situationisten über den »Unitären Urbanismus« in deutscher Sprache. Außer daß sich der

Heute am 30. Oktober 1961 ließ Chruschtschow seine Superbombe platzen – ernste Gesichter, schwarze Anzüge. Dieses Ereignis ist unwichtig, denn die Gruppe Spur existiert. Chruschtschow hat seine Stinkbombe nicht selbst erfunden, wir aber erfinden unsere Bomben selbst. Die erste platzte 1959 im Januar. Gruppe Spur made in Germany 1957, Name auf der Schneematschstraße gefunden im Januar 1958.
Im Januar 1961 wurde bei einer Kollektivorgie das Gaudi-Manifest gezeugt, im Januar 1959 ein Manifestregen (200000 Stück) über München. Die Pläne für unsere Aktionen 1962 ruhen in den Tresorschränken der Bradley-Bank, New York und der Banco di Roma in Mailand.
Bis 1957 haben wir unsere Texte noch auf Papierservietten und Bierfilzl im Wirtshaus geschrieben. Schon damals stürzte sich auf jede Kreation der Spur die Presse der gesamten freien Welt. Wir saßen nämlich bis dahin im Wirtshaus und Gefängnis Stadelheim.
1957 im Pavillon (Alter Botanischer Garten) die erste große Bierfilzl-Ausstellung. Unser Kollege Senft – jetzt Hohburg – ließ seine Werke durch einen Dienstmann entfernen mit den Worten: „Mit solchen Bierfilzl-Künstlern habe ich nichts zu schaffen." Die Besucher, die dünnen, die bebrillten und unbebrillten, die krummen und die geraden, sagten: „Nur Klee, Kandinsky und Picasso dürfen dieses tun, wenn sie gestorben sind." Bald stellten wir, nachdem wir gestorben waren, in einer anderen Ausstellung unsere Hosenträger, unsere Locken, eine Pfeife, Hausschlüssel und einen alten Gegenstand zur Schau. Angesichts dieser Gegenstände sprach der damals unverstorbene Bense über das Tonband das große Blabla unserer Zeit. Aber nicht einmal das hatte er allein kreiert, sprach ein Mitglied der Spur 1936 auf Band. Deshalb verlangte er auch, es zu vernichten. Bolus Krim ein Toter, der nie gelebt hat. 1961 Manifest „Avantgarde ist unerwünscht."
Einige nüchterne Daten: 1958 Freund Asger im Bordell kennengelernt (Sturm glaubt, es war in der Sendlinger Straße.) 1958 Ausstellung im Bierzelt, zweites Thema: Bierfilzl im modernen Leben. (Das Kunstschöne und das Naturschöne) – von der Münchner Brauerei- und Gastronomie-Genossenschaft unter heftigem Protest geschlossen; Handgemenge mit Prem, Ober trug ein Prembiß davon. Sturm hat die Staatsgewalt mit seinem Bauch bedroht. Polizeiakten: Strafsache N-Y 9304. Der Ober ließ sich eine Wundstarrkrampfspritze verabreichen.
1958 Bekanntschaft mit dem Möchtegernkleinegroß H. Platschek, mit dem Pharmazeuten Pinot Gallizio und dem antipolitischen Politiker Asger Jorn. Teilnahme an der Organisation der Anti-Organisateure (J.S.)
1959 dritter situationistischer Kongreß in München. Ort: Jägerzimmer des Gasthauses „Herzogstand."
1959 Ausstellung in der Galerie van de Loo München, 1960 in Essen, beide ohne Erfolg. 1960 fliegt die Spur zum Situationistischen Kongreß nach London (siehe Spur II.)
1961 in der Gaststätte Leopold über das Problem „Künstler und Gesellschaft" nachgedacht. Anschließend Lokalverbot. Zur gleichen Zeit außenpolitische Debatte im Bundestag. 1959 Vitalità nell'arte.
1959 Bekanntschaft mit Willi Bleicher; Neujahr 59/60 mit van de Loo im Walchensee geschwommen. Bis 1960 hat die Spur immer nur Asger Jorn gekostet. 1960 zwang uns Asger Jorn, die Spur-Zeitschrift herauszugeben. Bei der Gründungsfeier der Gruppe im Gasthaus „Zum grünen Eck" waren folgende Herren anwesend: Lothar Fischer, Bolus Krim, Heimrad Prem, Dieter Kempf, Helmut Sturm, Horst Buchholz, Joseff Senft, Gilles Ivain, Herbert Zeiler, Hans-Peter Zimmer, Freddy Quinn (siehe FAZ vom 21. 9. 1957.) Einige liefen zur herrschenden Klasse der Nonkonformisten über. Später bekamen wir den inzwischen wieder verlorenen absonderlichen Glasfabrikanten E. Eisch hinzu. 1960 trennte sich Zimmer von Gretel Stadler, auf ihren Wunsch hier nicht erwähnt. 1959 gründete die Spur die Gruppe Radama, 1960 die Gruppe Vision, 1961 die Gruppe Ludus. Schwabings Stargammler Kunzelmann weigert sich 1960, von der Spur zum Schriftsteller gemacht zu werden.
1961 Reise nach Schweden, Besuch bei Jörgen Nash, der Mutter der Avantgarde. Dort Studium der Ökonomie, Pataphysik und Soziologie. Cobra-Ruinen ausgegraben. Ausstellung in der Galerie Birch, Kopenhagen und im Konstsalong des Bass-Buffo Johannsson, Halmstad (Schweden.) Gründung des nordischen Bauhauses mit Jörgen Nash. Kunzelmann erfindet die Spur-Selbstzersetzungsmaschine. Diese Maschine wurde am 21. Okt. 61 im Natohauptquartier Fontainebleau dem Generalstab vorgeführt (siehe „Le Figaro" vom 23. Okt. 61.) Den Druck der Spur 6 ermöglichte uns Permild & Rosengreen, die Tuborg-Schankwirte, das Gespann der lyrischen Heldentenöre und Radetzkymarsch-Fans. Wir sind nach Schweden getrampt und kehrten mit Austin 2200 zurück (Nr. des Fahrgestells 20-73850.)
Im Winter 1960 längerer Winterschlaf Nash's in München, währenddessen ein Film „So ein Ding" mit ihm gedreht wurde. Im Januar Nachbesteigung der Eigernordwand, Abwurf des Januar-Manifestes vom Gipfel. Zur selben Zeit tritt Sturm im „Platzl" als Meistersodler auf; er wird von Marinotti vom Platz weg engagiert. Während seines 9-monatigen Sanatoriumaufenthaltes in der Villa Massimo (Rom) arbeitet Fischer an den Schlußkapiteln des dreibändigen Werkes „Über die speläologischen Motivationen der Skorpionexkremente bei A. Jarry."
1961 im Oktober bei unseren Freunden Gretel und Paolo Marinotti in Vittorio Veneto. Mit Genuß gebratene Singvögel verspeist.
1959 trafen wir den bekannten „Deur Mago(ts)"gen und Uno-Deserteur Debord, der damals den Untergang der Kunst in den Slums von Leopoldville verkündete.
Am 17. Oktober 1961, 15 Uhr, trafen wir uns im Englischen Garten und diskutierten über den Fehlschluß von Marx, der den Gebrauchswert mit dem Gebrauchsgegenstand identifiziert und dadurch dem Menschen seine spielerische Befreiung vorenthält. Gruppe Spur läßt durch Mittelsmänner den Bolus-Krim-Skandal in Szene setzen. In einem positiven Loch von London-Eastend überraschten wir den alten ungarischen Revolutionär Attila Kotanpi bei seiner mit reichlichen Rezitativen gespickten Soloarie vom „Epos der Sänger der Konditionierung."
Der Übermaler Rainer wird von der Spur beauftragt, die VW-preisgekrönte Graphikerin Helga Pappe in Wolfsburg zu übermalen. Daraufhin kauft die Spur einen VW-Bus. August 1961 Kongreß der J.S. in Göteborg (siehe Göteborgs-Tidningen vom Torsdag 31 augusti 1961.) Seit 1958 mit wachsendem Erfolg an vielen Ausjurierungen in Deutschland teilgenommen.
Sonntag, den 21. Oktober 1961 in Wemding mit Hans Engelhardt Programm über phantastischen Film abgeschlossen. Kündigung des Vertrages mit dem AWD-Fernsehen-Köln, da nur die harmlosen Sätze aus unserer Erklärung vor dem Fernsehen (s. Spur 4) gesendet wurden. Nach jahrelangen Schriftexperimenten entwickelt Spur die unserer Zeit gemäßen Inkunabeln.
Bei dieser Historie konnten wir nicht alle Personen erwähnen, da sich ja erst in Zukunft zeigen wird, welche in der Vergangenheit wichtig waren.

„OHNE UTOPIEN BLEIBT DIE WELT EIN DRECKHAUFEN" Leopold Ziegler

Gruppe Spur

Avantgarde ist unerwünscht!

(Flugblatt der SITUATIONISTISCHEN INTERNATIONALE)

1. Die heutige Avantgarde, die nicht geltende Mystifikationen wiederholt, ist gesellschaftlich unterdrückt. Die Bewegung, die von der Gesellschaft erwünscht ist, kann von ihr aufgekauft werden: das ist die Pseudoavantgarde.

2. Wer neue Werte schafft, dem erscheint das heutige Leben als Illusion und Fragment. Wenn die Avantgarde die Frage nach der Bedeutung des Lebens stellt, aber unzufrieden damit, ihre Folgerungen verwirklichen will, sieht sie sich von allen Möglichkeiten abgeschnitten und von der Gesellschaft abgekapselt.

3. Die ästhetischen Abfälle der Avantgarde wie Bilder, Filme, Gedichte usw. sind bereits erwünscht und wirkungslos; unerwünscht ist das Programm der völligen Neugestaltung der Lebensbedingungen, das die Gesellschaft in ihren Grundlagen verändert.

4. Nachdem man die Produkte der Avantgarde ästhetisch neutralisiert auf den Markt gebracht hat, will man nun ihre Forderungen, die nach wie vor auf eine Verwirklichung im gesamten Bereich des Lebens abzielen, aufteilen, zerreden und auf tote Gleise abschieben. Im Namen der früheren und jetzigen Avantgarde und aller vereinzelten, unzufriedenen Künstler protestieren wir gegen diese kulturelle Leichenfledderei und rufen alle schöpferischen Kräfte zum Boykott solcher Diskussionen auf.

5. Die moderne Kultur ist substanzlos, sie besitzt keinerlei Kraft, die sich den Beschlüssen der Avantgarde wirklich widersetzen könnte.

6. Wir, die neue Werte schaffen, werden von den Hütern der Kultur nicht mehr lauthals bekämpft, sondern auf spezialisierte Bereiche festgelegt, und unsere Forderungen werden lächerlich gemacht.

7. Darin sollen die Künstler die Rolle der früheren Hofnarren übernehmen, von der Gesellschaft bezahlt, ihr eine bestimmte kulturelle Freiheit vorzuspiegeln.

8. Der gesellschaftliche Dünkel will der Avantgarde ein Niveau vorschreiben, das sie nicht verlassen darf, wenn sie gesellschaftsfähig bleiben will.

9. Die Existenz des Künstlers ist das Ferment zur Metamorphose unserer absterbenden europäischen Kultur, einem Prozeß, der nicht aufzuhalten, sondern zu beschleunigen ist.

10. Die europäische Kultur ist ein krankes, altes, schwangeres Weib, das sterben wird. Sollen wir den absolut aussichtslosen Versuch unternehmen, die Mutter zu retten - oder soll das Kind leben? - Die Restaurativen wollen noch die Mutter retten - und töten damit auch das Kind. D e Avantgarde hat sich entschieden: die Mutter muß sterben, damit das Kind leben kann!

11. Die Avantgarde von gestern ist comme il faut. Die künstlerische Linksfront ist heute ein Wahrheitsproblem: „Eine Wahrheit wird nur 10 Jahre alt". (Ibsen)

12. Künstler und Intellektuelle: unterstützt die situationistische Bewegung, denn sie jagt keinen Utopien nach, sondern ist die einzige Bewegung, die den gegenwärtigen kulturellen Zustand aufhebt.

13. Die Aufgabe der Avantgarde besteht einzig und allein darin, ihre Anerkennung zu erzwingen, ehe ihre Disziplin und ihr Programm verwässert worden sind. Das ist es, was die Situationistische Internationale zu tun gedenkt.

Herausgegeben von der GRUPPE SPUR als

DEUTSCHE SEKTION

der SITUATIONISTISCHEN INTERNATIONALE
Sturm · Prem · Fischer · Kunzelmann · Zimmer

der SKANDINAVISCHEN SEKTION
Steffan Larsson · Asger Jorn · Jörgen Nash · Katja Lindell

und der BELGISCHEN SEKTION
Maurice Wyckaert

München, Januar 1961

Süddeutsche Verlag aus strafrechtlichen Bedenken weigerte, unsere Zeitschrift zu drucken, erregten beide Nummern wenig Aufsehen. Umso mehr unsere Flugblätter und Happenings, besonders die fingierte Rede des Philosophen und Kunstkritikers Max Bense bei einer Vernissage: Wir veranstalteten eine Ausstellung von einem Maler, den es überhaupt nicht gab, mit einer Rede des berühmten Kunstpapstes, der gar nicht anwesend war – wir sprachen bedauernd von einer plötzlichen Krankheit –, weswegen seine Ansprache auf Tonband zu Gehör gebracht wurde. Der Redetext war absolut unsinnig, willkürlich aus verschiedenen, hochkomplizierten Äußerungen Benses zusammengeschnitten. Vielleicht wurde er gerade deshalb von den zahlreich versammelten Kritikern in deren Ausstellungsberichten hochgelobt. Bense erfuhr erstaunt aus der Zeitung von seiner angeblichen Rede und erstattete ziemlich humorlos Anzeige. Faktisch führte dies dazu, daß die Maler der Gruppe »Spur«, alle drei waren Meisterschüler der Akademie der Künste, mit einem Ausstellungsverbot belegt wurden.

In dieser Situation nahmen wir die Einladung unserer dänischen und schwedischen situationistischen Freunde an, auf ihren Künstler-Bauernhof Drakabygget in Südschweden zu kommen, um dort gemeinsam zu leben und zu arbeiten. Da im Spätsommer 1961 der Kongreß der Situationistischen Internationalen in Göteborg stattfinden sollte, stand eine

JANUAR-MANIFEST

1. Wer in Politik, Staat, Kirche, Wirtschaft, Militär, Parteien, soz. Organisationen keine Gaudi sieht, hat mit uns nichts zu tun.

2. Boykottiert alle herrschenden Systeme und Konventionen, indem Ihr sie nur als mißratene Gaudi betrachtet.

3. Jeder echte Künstler ist zur Umänderung seiner Umwelt geboren.

4. Preise, Stipendien, gute Kritiken, alles wirft man uns nach; aber eins ist sicher: brauchen kann man uns nicht.

5. Unbrauchbarkeit ist unser höchstes Ziel: Gaudi ist unpopuläre Volkskunst.

6. Die ganze Welt ist der Bereich, in dem sich der schöpferische Impuls, der allein der Gaudi vorbehalten ist, entfalten kann.

7. Alles was anwendbar ist, ist nicht für den Menschen. Ohne den Künstler gäbe es schon jetzt keinen Menschen mehr.

8. Wir sind gegen den Fasching, weil der Fasching die Gaudi kommerziell engagiert. Der Mißbrauch der Gaudi ist das größte Verbrechen.

9. L'art pour l'art ist beendet, ebenso l'art pour l'argent und l'art pour la femme. Jetzt beginnt l'art pour la Gaudi.

10. Schöpferisch sein heißt: Durch dauernde Neuschöpfung mit allen Dingen seine Gaudi zu treiben.

11. Mensch sein heißt homo ludens und homo gaudens.

12. Seit der Herrschaft des dialektischen Materialismus und des Determinismus ist die Gaudi kein integrierendes Moment der Kultur mehr: Wir fordern ihre Befreiung aus der Unterdrückung durch die herrschenden Ideologien und den Rationalismus.

13. Dem Satz „Wissen ist Macht", der das Zeitalter der Wissenschaft eingeleitet hat, wird der Satz folgen „Gaudi ist Macht", der das Zeitalter der Gaudi einleitet.

14. So wie Marx aus der Wissenschaft eine Revolution abgeleitet hat, leiten wir aus der Gaudi eine Revolution ab.

15. Die sozialistische Revolution mißbrauchte die Künstler. Die Einseitigkeit dieser Umstürze beruhte auf der Trennung von Arbeit und Gaudi. Eine Revolution ohne Gaudi ist keine Revolution.

16. Es gibt keine künstlerische Freiheit ohne die Macht der Gaudi.

17. Alle unzufriedenen Kräfte sammeln sich in einer Organisation der Antiorganisateure, die sich in einer umfassenden Revolution verwirklichen.

18. Wir fordern allen Ernstes die Gaudi. Wir fordern die urbanistische Gaudi, die unitäre, totale, reale, imaginäre, sexuelle, irrationale, integrale, militärische, politische, psychologische, philosophische... Gaudi.

19. Durch die Realisierung der Situationistischen Gaudi werden alle Probleme der Welt gelöst: Ost-West-Problem, Algerienfrage, Kongo-Problem, Halbstarkenkrawalle, Gotteslästerungsprozesse und sexuelle Verdrängungen.

20. Wir engagieren die ganze Welt für unsere Gaudi!

Gruppe Spur

STURM PREM FISCHER KUNZELMANN ZIMMER

Skandinavien-Reise ohnehin an. Nie wieder erreichte die Gruppe »Spur« das Niveau kollektiver Produktivität und spielerischer Selbstverwirklichung wie in diesen Monaten des Zusammenlebens. Kann sein, daß mir in jener Zeit erstmals die Idee der Gründung einer Kommune kam.

Postkarte von H.P. Zimmer mit einmontierten »Spur«-Köpfen, 1961

Drakabygget, 22. VII. 61

Meine Lieben!

Seit Muttis Brief vom 10.VII. (Geburtstagsglückwünsche) habe ich von Euch nichts mehr gehört. Von Otto kam vorgestern ein Briefpaket, wo er mir zwei von mir gewünschte Bücher geschickt hatte, was mich sehr freute, da er sich die Arbeit machte, eine Stunde auf der Post zu opfern. Vielen Dank auch für Helgas, Rudis und Liesels Glückwünsche. Besonders der Karte von Rudi kann man eine gewisse Originalität nicht absprechen.

Heute sind es vierzehn Tage, seit wir hier sind. Die Gegend ist mit einem deutschen Mittelgebirge zu vergleichen mit sehr viel Wald. Zu Omas Befriedigung muß ich sagen, daß ich in diesen vierzehn Tagen mich zu einem Tausendsassa entwickelt habe, da wir einen großen Boden total ausgebaut haben. Sägen, Nägel einschlagen kann ich nun perfekt. Der Bauernhof selbst ist sehr groß und 34 Tagwerk Wald gehören dazu. Bewirtschaftet ist er natürlich nicht. Nur ein norwegisches Reitpferd, ein Pony, Hund und Katzen gehören zum Viehbestand. Gesundheitlich habe ich mich noch nie so wohlgefühlt, was hauptsächlich auf die tolle Luft zurückzuführen ist. Das Wetter ist inzwischen wesentlich besser geworden und wir gehen sehr viel spazieren, baden, reiten und veranstalten Radrennen. Seit Kopenhagen habe ich keine deutsche Zeitung mehr gelesen und wenn wir nicht ständig von überall her Post bekommen würden, könnte man meinen, wir befänden uns am Ende der Welt.

26

Der Bauernhof ist auf Wechseln gekauft und die zeitweise Illiquidität wurde durch SPUR-Bilder aufgehoben. Mit anderen Worten: Wir versuchen hier eine kollektive kommunistische und situationistische Keimzelle innerhalb der kapitalistischen Gesellschaft aufzurichten. Drakabygget soll für jeden von uns ein ständiger Zufluchtsort werden und wenn unsere menschlichen Komplikationen gelöst werden können, wollen einige von uns innerhalb der nächsten zwei Jahre nach Deutschland nur noch besuchsweise fahren. Wenn meine Freundin aus München hierher kommt, könnte unter Umständen auch für mich diese Frage akut werden, da wir in Deutschland nicht solche Möglichkeiten haben wie hier in Skandinavien. Durch Asger Jorn und Jörgen Nash, die hier so berühmt sind wie bei uns Picasso und Heinrich Böll, stehen uns alle Türen offen. Stockholm, Randers, Göteborg, Kopenhagen, überall könnten wir Kontakte mit interessanten Leuten aufnehmen, die unsere Zeitschrift, unsere Skandale und Manifeste manchmal besser kennen als wir selbst.

Mit Börge Madsen, ein bekannter dänischer Schriftsteller, der demnächst ein revolutionäres Buch (er hat Theologie studiert, war zwei Jahre im Irrenhaus und besitzt einen Ausweis als staatlich anerkannter Irrer) über Jesus Christus (er kann hebräisch und kann alle Bibelverfälschungen korrekt und wissenschaftlich nachweisen) (Oma: »So ein Geschwätz« – ich möchte, daß sie es liest, auch wenn sie mir nicht zum Geburtstag gratuliert hat) herausgibt, wo bewiesen wird, daß er gehurt, gefressen und gesoffen hat, übersetze ich zur Zeit Asger Jorns Werttheorie, die wir dann in Deutschland herausgeben wollen, um eine Waffe gegen die rationalistische und wissenschaftliche Ästhetik von M. Bense zu besitzen. Ansonsten habe ich seit langem nicht mehr gelesen, da wir hier ständig körperlich arbeiten oder diskutieren. Um 10 Uhr oder 11 Uhr trinken wir im Hofe Café und gegen 3 oder 4 Uhr essen wir zu Mittag. Das Abendessen findet meist gegen 10 oder 11 Uhr statt und nach Mitternacht gehen wir schlafen – oder vorher machen wir einen Spaziergang, um im nächtlichen See – genauso sentimental wie es in schwedischen Filmen zu sehen ist – zu baden. (Die Mär mit den nackten Mädchen am nächtlichen See scheint tatsächlich eine Mär zu sein.) Soeben sind die zwei Töchter von Börge angekommen, die uns den Haushalt führen sollen. Die ältere hat I. Andric und andere Bücher ins Dänische übersetzt. Wenn sich alles gut entwickelt, wollen wir hier das »Nordische Bauhaus imaginiste« gründen. Voraussichtlich werde ich nach dem situationistischen Kongreß, der im September stattfindet, nach München zurückkommen. Ob ich über Bamberg komme, ist unwahrscheinlich, da wir hier wahrscheinlich ein Auto kaufen und zusammen zurückfahren.

Beiliegend den Zahlschein für meine Miete. Von meinen (?) 200,- DM zieht dann bitte 50,- DM und noch die 13,- DM (Otto weiß Bescheid) ab. Den Rest schickt bitte hierher; entweder durch Postanweisung oder über Bank, was aber komplizierter sein dürfte.

Die Tramp-Tour hierher ab Hamburg war grausam. Für die 200 km bis Flensburg brauchten wir bis zum späten Abend. Dann fuhren wir mit Bussen (von Kleinstadt zu Kleinstadt) bis Kolding und übernachteten dann aus Verzweiflung im teuersten Hotel. Am nächsten Tag versuchten wir weiterzutrampen. Aber vergebens. Dann setzten wir uns in den Zug und fuhren nach Kopenhagen. Vom dortigen Hafen setzten wir über nach Helsingborg. Es war schon Nacht, als wir dort ankamen. Im strömenden Regen versuchten wir noch per Autostop weiterzukommen. Wiederum vergebens. Dann setzten wir zu einem Gewaltmarsch an und liefen die ganze Nacht durch und erreichten am Morgen das 50 (!) km entfernte Örkeljunga. Mit anderen Worten: das Trampen im Ausland ist mir einmal mehr vergangen.

P.S. Wenn Ihr das Geld für meinen Geburtstag noch nicht abgeschickt habt, schickt es bitte mit dem übrigen Geld.
Vielen Dank! Gruß Dieter

KANON DER REVOLUTION

Tumeszenz, Ejakulation, Zigarette meines Lebens!
Die Gesellschaft wirft uns Brocken in unsere aufgesperrten
Mäuler – die Frage ist nur: stopfen sie es?
Es darf mich nicht stören, dass Du mit anderen schläfst. Die
Freiheit des Menschen ist seine Handlungsfreiheit.
Warum sind wir die einzigen Revolutionäre? Alle anderen
werden durch Nicht-Kreativität von riesigen Kulturkauf-
häusern gespeist; unsere Revolution fundamentiert nicht
auf der Passivität aller – das Maul des Zivilisationsdrachen
kotzt Meere von wohlverpackten Gütern auf die suggerierte
Nachfrage der manipulierten Verbraucher.
Jeder muss kreativ werden:
Wer gerne mit Glaskugeln spielt, bekommt einen Park mit
Glaskugeln. James Dean bekommt seinen Schamanenbaum,
der aussieht wie die Raketenbasis von Cap Canaveral.
Wer einen Mythos braucht, erhält spesenfrei und per Nachnahme seine Mutter Gottes ins Haus geliefert, damit er
sich im göttlichen Beischlaf befriedige.
Wer 'Panem et Circenses' schreit, wird in Schlagsahne ver-
sinkend die Holi-Orgien feiern, bis sein orgastischer Schrei
röchelnd ins Leere fällt.
Jeder muss kreativ werden! Ihr werdet Fliegen lernen, getrieben wie einer Windhose, alles zerstörend, und Ebe-
nen durcheinanderwirbeln und durchbrechen.
Ihr sollt nicht länger auf das Rauschgift warten, das die
Antinomien der Befindlichkeiten in das grosse Dritte fallen lässt.
Ihr sollt erkennen, dass der wahre Wert Eurer Autos und
Eurer Wohnmaschinen nicht in Rentabilität, Komfort und
kommerziellen Nutzen liegt, sondern einzig und allein in
der Absicht, den Mythos der Technik zu zerstören und die
Werke ihrer Offenbarung als blasphemisches Spielzeug
benutzen.
Jeder muss kreativ werden und wirst Du weiterhin fähig
sein, mich zu lieben? Die Bank in der Sonne war mein Wel-
tenbaum, doch Dich fand ich nicht an Gottes Thron. Dein
Haar war transsubstantiert in den brennenden Dornbusch
des Moses und Dein Körper in die Himmelsleiter des Jakob.
Wie konnte ich bei Dir wohnen, da doch das Volk sich um
uns drängte, um unser Lager als Vereinigung von Himmel
und Erde zu schauen ... Ich wusste um die Ambivalenz der
Hierophanien, und hörte schon damals das vernichtende
Gröhlen der Menge und sah Dein Ertrinken in Rosenblüten.
Sulphur, Merkurius, Sal – Synonyme wofür?
Wir sind die Rationalisten des Irrationalismus, und die Ir-
rationalisten des Rationalismus. Denken vor Sein, oder:
Sein vor Denken?

Die Frucht vom Baum der Erkenntnis wird auf den Märkten
feilgeboten; der Baum des Lebens ist immer noch nicht gefunden. Wir träumen in seinem Schatten.
Warum kamen sie alle über ihr Genie nicht hinaus? Warum
wähnten sie Revolutionäre zu sein? Sie waren Produzenten.
Hätten sie nicht wissen können, dass Lyrik und Konfekt,
Hochöfen und Opern, Plastiken und Sportartikel, Kaffee
und Film auf allen Weltmessen verschleudert werden? Ihr
Werk wird in den Silos der Kultur gespeichert, die revolutionären Ideen werden durch den stumpfen Konsum zum
alltäglichen Kaffeehausgeschwätz, wodurch der Keim des
revolutionären Feuers im Menschen schmerzfrei und
schuldlos abgetrieben wird.
Die Städte werden Sandspielkästen für erwachsene Kinder;
jeder Mensch besitzt seinen Weltraumvolkswagen; Staaten
werden zu Tischtennisbällen, die von transobjektiven Kräften zur allgemeinen Belustigung über Planeten geschmet-
tert werden.
Sie haben Dich getötet. In welche Räume hat Dich das weisse
Ross entführt? Und welcher Adler bewacht Deinen Schlaf?
Wie soll ich die Zeichen deuten? Wie die Rätsel lösen?
Dein Schatten umdüstert mich und führt mich zu den Was-
sern.

D. Kunzelmann

»Spur im Exil« (Heft 6)

Begeistert machten wir uns in Südschweden an eine neue Nummer unserer Zeitschrift »Spur« Nr. 6, »Spur im Exil«, ohne zu ahnen, daß dieses Heft den längsten
Prozeß in der bayerischen Justizgeschichte auslösen sollte. Ich pendelte zwischen Drakabygget und der Druckwerkstatt in København, die uns Asger Jorn vermittelt hatte,
hin und her. Da die Besitzer der Druckerei, Permild und Rosengreen, Kunstmäzene
und Sammler waren, spielten die enormen Kosten des Farbdruckes keinerlei Rolle,
bezahlt wurde mit Bildern.

Voller Tatendrang machten wir uns, als es soweit war, auf den Weg nach Göteborg
zum Situationisten-Kongreß. Bereits der Kongreßort, ein ekelhaft-riesiger Betonklotz
von Hotel, war falsch gewählt. Debord dozierte, Prem provozierte mit seinem nieder-
bayrischen Dickschädel und Hans-Peter und ich versuchten zu vermitteln. Um was es
inhaltlich ging? Ich weiß es nicht mehr. Selbst die Ereignisse beim legendären orgiasti-
schen Abschlußfest auf der Schiffsreise nach Dänemark kenne ich nur aus den Erzählungen der Beteiligten: angeblich mußte man mich in eine Kajüte einsperren, da ich

mehrmals versucht haben soll, Hölderlin zitierend (»Ach du Stille-Schöne, seelig hol-
des Angesicht …«), über Bord zu springen. Gut erfundene Legenden gewinnen ihre
Glaubwürdigkeit dadurch, daß nicht auszuschließen ist, die Geschichte hätte tatsächlich so ähnlich ablaufen können.

Nach langer Abwesenheit wieder in München, im Spätherbst 1961, zogen wir durch
die Schwabinger Kneipen und verkauften sehr erfolgreich unsere bunte »Spur«-Zeit-
schrift für 5 Mark, heute erzielt sie bei Auktionen den hundertfachen Preis. Ein ver-
klemmtes Pärchen fühlte sich durch unsere Texte, besonders durch mein Sigmund
Freud/C.G. Jung-Gedicht, derart aufgegeilt, daß sie unsere Zeitschrift der Münchner

Flugblatt

**HEUTE, am 9. November 1961, besaß die Münchener
Staatsanwaltschaft die herausfordernde Frechheit, die
gesamte Auflage aller sechs Nummern der Künstler-
zeitschrift SPUR zu beschlagnahmen.**

**Zum ersten Mal seit 1945 werden bei Künstlern wie-
der Hausdurchsuchungen durchgeführt. Durch plumpe
Drohungen sollen die SPURISTEN eingeschüchtert
werden. Diese zynische Polizeiprovakation will uns
mit Publikationsverbot, Prozeß und Gefängnis drohen.
Agenten veralterter religiöser Institutionen oder der
herrschenden Klasse müssen uns denunziert haben.**

**Wir rufen alle Künstler und Intellektuellen, sowie alle,
die für ihre Selbstverwirklichung durch eine mensch-
liche Handlungsfreiheit kämpfen, zur Solidarität auf.
Zusammen sind wir fähig, die heutige Zwangsbevor-
mundung der menschlichen Ausdrucksfreiheit von-
seiten nichtkompetenter Institutionen wie Bürokratie,
Polizei, Kirche und Justiz zu zerbrechen.**

Verantwortlich:
Sturm, Fischer, Zimmer, Kunzelmann, Prem
Solidarisch:
Lausen, Kotanyi, Debord, Jorn, Nash, Martin, Larsson, J. de Jong,
Vaneigem, Lindquist, Elde, Trocchi, Straram, Ovadia, Bernstein, Eisch,
Stadler, Strack, Laber, Senfft-Hohburg, Engelhard, Hesterberg, Reichert,
Grieshaber, Rainer, Feuerstein, Döhl, Pzillas, Röhl, Platschek, Dohmen.

Druckerei Holzinger München 2 Harmr. 13

Postkarten von Dieter Kunzelmann, an seine Eltern, München, 1962 und 1961

Staatsanwaltschaft übergab. Dort wollte sich ein junger Staatsanwalt profilieren und leitete das Heft an das erzbischöfliche Ordinariat weiter; wobei er im Begleitbrief an den Weihbischof die Frage stellte, ob nicht Anstoß zu nehmen sei an dem pornografisch-gotteslästerlichen Text eines gewissen Dieter K.. Dies ließ sich der gottesfürchtige Mann, Ratzinger hieß er leider nicht, nicht zweimal sagen, nahm den gewünschten Anstoß und stellte Strafanzeige. Der Staatsanwalt sah sich bereits auf der Leiter zum Generalstaatsanwalt hochklettern und holte sein Hämmerchen aus der Hose: Beschlagnahme-Beschluß für alle noch vorhandenen Exemplare der »Spur«-Zeitschrift Nr. 6, Hausdurchsuchung in meinem Keller, eine dicke Anklageschrift wegen »Pornografie und Gotteslästerung« gegen alle vier Mitglieder der Gruppe »Spur«. Trotz wissenschaftlicher Gutachten von Kunsthistorikern wie z.B. Werner Haftmann, die übereinstimmend die Auffassung vertraten, daß es bei den Texten und Zeichnungen um Kunst in der Tradition des Dadaismus und des Surrealismus gehe, und die Freiheit der Kunst grundgesetzlich geschützt sei, wurden wir in der ersten Instanz zu fünf Monaten Gefängnis ohne Bewährung verurteilt und die beschlagnahmten Zeitschriften der Vernichtung anheimgegeben. Heimrad Prem, Freitod 1978, und Helmut Sturm, heute Professor an der Akademie der Künste in München, sahen sich schon für Jahre hinter Gefängnismauern verschwinden. Ängstlich geworden wollten sie nicht mal gegen dieses Inquisitions-Urteil in einem laizistischen Staat Berufung einlegen. Hans-Peter Zimmer (gestorben 1992) und ich wollten zum Leidwesen unseres juristisch ausgefuchsten und in den Künsten bewanderten Verteidigers Sieghart Ott in der Berufungsverhandlung

30

Offene Erklärung
vor dem Urteil der zweiten Instanz im SPUR-Prozeß

1. Die Gesellschaft und ihr geltendes Strafrecht, das weitgehend Theologie und Moral der tradierten Vorstellungen aus dem Mittelalter ist, muß endlich anerkennen, daß sich die Zahl der Menschen, die jenseits von Gut und Böse stehen, zusehends mehrt.

2. Der krampfhafte Versuch der Ankläger, die Sexualität in überschaubare Kanäle abzuleiten, ist daher zum scheitern verurteilt.

3. Die genehmigten Reservate einer Scheinfreiheit wie Ehe und Bordell sind nur noch Reproduktion des bürgerlich-kapitalistischen Zeitalters und seiner verlogenen Wertmaßstäbe.

4. Die platonisch-christlich-idealistischen Postulate unseres Verdummungszeitalters züchten durch das Mittel des organisierten Ärgernisses lediglich einen Komplextyp heran, der nicht mehr fähig ist, sein Leben zu verwirklichen und dieses ihm aufgezwungene Versagen am angeklagten Künstler rächt.

5. Es gilt, die Freiheit des Sexus zu erwirken, und wiederum einen Bezug zu finden zu einer wollüstig-pornographischen Literatur, die sich als solche bekennt, und die Mär vom verletzten Schamgefühl endlich widerlegt.

6. Wir verlangen also von den gleichgeschalteten und spezialisierten Wächtern der Kulturindustrie die Freigabe und Publikation aller Werke der Weltpornographie von Poggio, Aretino, de Sade, Rétif de la Brentonne, F. Schlegel, Mark Twain, Alred de Musset, Schröder-Devrient, Henry Miller, Jean Genet und der Pornographie aus den Geheimarchiven des Vatikans, der Polizei und der Staatbibliotheken. Die Klassiker: Aristophanes, Horaz, Ovid, Lukian, Petronius, Martial, Catull und unser ehrenwerter Goethe sollen als ungekürzte Volksausgaben und als Schullektüre gediegene Bildungswege zu neuen Zielen eröffnen.

7. Pornographie, die sich als Kunstwerk verbrämt durch die Zensur schmuggelt, steht in heimlichem Einverständnis mit der Sexualmoral eines untergehenden Zeitalters.

8. Es ist daher ein Gebot der Stunde, daß sich der Künstler eindeutig zu der von ihm verfaßten Pornographie bekennt, ohne sie als Kunst zu drapieren.

Baldeney   **Kunzelmann**   **Petersen**   **Zimmer**

München, den 4. November 1962

Der Zentralrat der Situationistischen Internationale hat in der Zusammenkunft in Paris am 10. Februar 1962 beschlossen, aus der deutschen Sektion der S.I. die für die Herausgabe der Zeitschrift «Spur» verantwortliche Gruppe auszuschliessen (D. Kunzelmann, H. Prem, H. Sturm und H.-P. Zimmer). Es ist bewiesen, dass die fraktionistische Aktivität dieser Gruppe auf einem systematischen Missverständnis der situationistischen Thesen basierte; und dass die Mitglieder dieser Gruppe vollkommen die Disziplin der S.I. missachtet haben, um als Künstler zu arrivieren.
Die Zeitschrift «Spur» wird durch eine neue Zeitschrift als Organ der S.I. in Deutschland ersetzt.
Für den Zentralrat :
G.-E. DEBORD, Attila KOTANYI, Uwe LAUSEN, Raoul VANEIGEM.

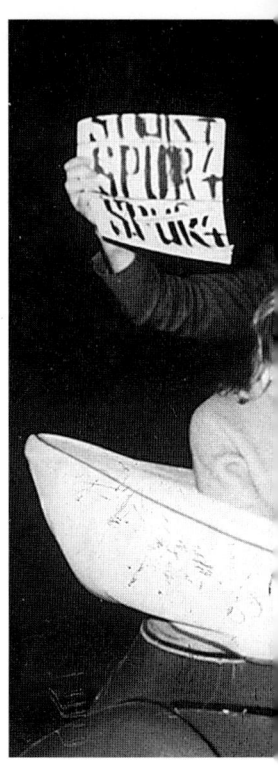

Mit Sturm, Zimmer und Prem (die Frau ist nicht bekannt), Schwabing 1961

dem Münchner Justizspektakel die Krone aufsetzen: »Jawohl, Euer Ehren Landgerichtsrat, ich bekenne mich zum Verfassen pornografischer Texte und mit Begeisterung lästere ich Gott. Was soll daran strafbar sein?« Da bleibt kein Spielraum mehr für einen Rechtsanwalt zur Verteidigung seines Mandanten, und konsequent legte er das Mandat nieder. Wir wurden erneut verurteilt, doch diesmal mit Bewährung, das Bayerische Oberste Landesgericht bestätigte das Urteil, der Bundesgerichtshof verwies zurück ans Landgericht, dieses sprach Geldstrafen aus, das Oberste bestätigte, dann wurde Verfassungsbeschwerde eingelegt, erfolgreich, ich weiß bis heute nicht, wie alles ausging. Anfang der siebziger Jahre soll der Prozeß sein Ende gefunden haben.

In der Kommune I haben uns die ständigen Attacken der Moabiter Justiz in unserer selbstbewußten Perseveranz sehr wohl getan, 1962/63 war der Angriff der Münchner Justiz auf die Gruppe »Spur« ein nicht unwesentlicher Grund für das Auseinanderbrechen einer Künstlergruppe, die singular war in den langdüsteren Jahren der rheinisch-katholischen Adenauerzeit.

Von den Mitgliedern der Gruppe »Spur« habe ich mich trotz unterschiedlicher Positionen gerade auch gegenüber der Justiz friedlich getrennt. Als ich 1966 nach Berlin ging, habe ich von jedem ein, zwei Bilder bzw. Plastiken geschenkt bekommen. Bei meinen vielen freiwilligen und unfreiwilligen Umzügen habe ich alle verloren. Die Bilder der damals Verfemten werden heute mit 150. bis 200.000 DM gehandelt ...

Inga Buhmann: *Kunzelmanns Keller*

Die Gruppe nannte sich »Subversive Aktion« und tagte im Keller von Kunzelmann. Meine erste Konfrontation mit ihr fand im Dezember 63 statt. Die Subversive Aktion hatte ein Flugblatt gemacht, das in intelligenter, fast zynischer Schärfe, in adornoschem Sprachstil die Massentrauer anläßlich der Erschießung Kennedys analysierte. Da es nur drei Verteiler gab, wurde ich gefragt, ob ich nicht mithelfen könne; ich lehnte es ab, weil ich mich prinzipiell nicht engagieren wollte, obwohl ich das Flugblatt sehr gut fand.

Doch noch wurde ich nicht aufgegeben. So gelangte ich einige Male in den Keller: Kunzelmann war damals ohne Zweifel die dominierende Figur der Münchner; mit beißender Schärfe machte er sich über die Schwächen der Anwesenden lustig. Ich blieb sehr vorsichtig und abwartend. Ich wollte mich vorerst mit den Gedanken auseinandersetzen, die zur Subversiven Aktion führten; so übersetzte ich aus dem Französischen für die Gruppe Artikel von den »Internationalen Situationisten« und las die »Unverbindlichen Richtlinien« und den »Deutschen Gedanken«.

Kunzelmann gehörte vorher der Gruppe »Spur« an, einer Gruppe von Malern und Bildhauern, die sich nicht auf Malen und Bildhauern beschränkten, sondern schon früh eine Vereinigung von Kunst und Leben anstrebten und eine aggressive Zeitschrift herausgaben, Manifest ihrer Gedanken, Vorstellungen und Malereien.

Für mich war der Prozeß gegen die Zeitschrift »Spur« der erste, den ich miterlebte. Angeklagt wurden die Verfasser wegen Verbreitung unzüchtigen und gotteslästerlichen Schrifttums. So wurde z.B. Kunzelmann wegen Sätzen wie »Laß doch die Länge des Penis ambivalent dialektisch und asymptotisch im exzeptionellen Augenblick in deine verpestete Vagina eindringen« oder »Wer einen Mythos braucht, erhält spesenfrei und zur Nachnahme seine Mutter Gottes ins Haus geliefert, damit er sich im göttlichen Beischlaf befriedige« angeklagt.

Die Gruppe »Spur« wurde damals außer Uwe Lausen von den »Internationalen Situationisten« aufgrund ihrer gemäßigten Haltung in irgendwelchen Punkten ausgeschlossen. Es war bei diesen aus zehn Mitgliedern bestehenden Gruppen üblich, im Laufe eines Jahres mindestens fünf auszuschließen, mit heftigsten Dehatten darüber, ob jemand die Reinheit der Radikalität verletzt hatte oder einer ideologischen Abweichung bezichtigt werden konnte.

Die Subversive Aktion übernahm sozusagen Bestandteile der Gruppe »Spur« und führte sie weiter. In ihrem Entwurf steht als Erklärung: »Eine bestimmte Denkschule zu vermuten, wäre verfehlt; es ist auch nichts damit gesagt, daß man uns als Freudsche Marxisten bezeichnet: Durch die Übernahme des dynamischen Prinzips entziehen wir uns jeder Katalogisierung – oder auch nicht. ... Das für uns typische Empfinden fällt schwerer ins Gewicht: Unser Unbehagen an der Konstellation der gesellschaftlichen Tatbestände in ihrer Wirkung auf den Einzelnen nimmt schon beinahe ketzerische Formen an. Aus dem Druck dieser Emotion haben wir uns durch intellektuelles Tasten befreit. ... Die Offenheit, die wir gewonnen haben, soll konkrete Gestalt gewinnen: wer uns liest, soll dies im Auge behalten: Er muß bereit sein, den Funken überspringen zu lassen.« Der »Homo Subversivus« hat sich »entschieden, alle Möglichkeiten des Menschlichen hic et nunc im lebendigen Vollzug experimentell zu realisieren.« Das stammt vom Dezember 1963.

Deutlich spürbar ist nicht nur der Einfluß des Surrealismus und der Frankfurter Schule, sondern auch der des Existentialismus.

Das alles war mir nicht unvertraut und hätte eigentlich dazu führen müssen, mich der Subversiven zuzugesellen; aber ich wollte keiner Gruppe angehören; außerdem war ich ängstlich, eingeschüchtert und abgestoßen von dem brutalen autoritären Verhalten einiger Typen, die glaubten, sie könnten es sich, weil sie die Wahrheit dieser Welt besäßen, erlauben, jeden fertigzumachen, der noch Skrupel hatte oder einfach enorme Schwierigkeiten. Es herrschte da ein Sadismus, vor allem Frauen gegenüber, der unglaublich war ...

Inga Buhmann, geschrieben 1983

Brief von D.K. an seine Mutter (Vorderseite) vom 25. Juni 1962, Rückseite Seite 36

Im Sommer 1962 geriet Schwabing völlig überraschend aus dem Ruder und in die Schlagzeilen. Auf der Leopoldstraße spielten zu vormitternächtlicher Stunde, die Straßencafés waren noch überfüllt, einige im Dorf bekannte »Langhaarige« (im heutigen Maßstab war ihr Haar eher mittelkurz geschnitten) einige Stücke auf ihren Gitarren. Anwohner beschwerten sich, eine Funkstreife fuhr vor, um die Musiker zu vertreiben. Für die Polizei überraschend solidarisierten sich die Umstehenden mit den Gitarristen, die Funkstreife rief Verstärkung, aus den Cafés strömten immer mehr Menschen hinzu, der Autoverkehr kam zum Erliegen. Die Polizei versuchte, die Straße zu räumen, verfolgte Protestierer oder auffällig Aussehende quer durch die Reihen der Café-Stühle, Tische fielen um, Gläser und Geschirr schepperten auf die Straße, und

München 25.VI.62

Liebe Mutti!

Ich war heute bei Otto und er sagte mir, daß er am Donnerstag nach Bamberg fährt und ich soll Wäsche mitgeben. Eigentlich habe ich ja noch gar keine neue schmutzige, doch "prappen" die blue jeans vor Dreck. Wäre es möglich, daß Otto die blue-jeans __ohne__ Reißverschluß wieder mitbringt, da ich nun im Moment keine einzige Strapazierhose habe. Wenn es nicht geht, ist auch nicht so schlimm. Meine restliche Wäsche kam ja so schnell und das Essen zu einem richtigen Zeitpunkt! Vielen Dank. Sage auch Oma vielen Dank für ihre Pfingstkarte.

Hoffentlich habt Ihr Euch nicht aufgeregt wegen der Krawalle in der Leopoldstraße. Ich gehe nämlich seit einiger Zeit nur noch sehr selten nach Schwabing und am Wochenende überhaupt nie mehr. Ich bin die ganzen Krawalltage gar nicht aus dem Haus gegangen, da ich einerseits einen Sonnenbrand hatte und andererseits ..... Ich erfuhr die ganze Sache teils aus Zeitung, Radio, teils von Freunden, die mich besuchten.

Wie war Liesels Abitur? Hoffentlich ist alles gut gegangen.

Viele Grüße, auch an die übrige Familie Dein
Dieter

die Wut der Leute über diesen maßlosen Polizeieinsatz wuchs. Bis in die Morgenstunden dauerten die Auseinandersetzungen. Am nächsten Abend, stimuliert durch die ausführlichen Berichte in Zeitungen und im Funk, strömten Jugendliche aus allen Stadtteilen Münchens nach Schwabing, um mit bajuwarischer Spielfreude den ungeliebten Ordnungskräften zu zeigen, wo der Bartel seinen Most holt.

Der Oberbürgermeister, ein gewisser Hans-Jochen Vogel, und sein Polizeipräsident sahen die Autorität des Staates in Gefahr, schickten berittene Polizei in das aufmüpfige Künstlerviertel. Das allerdings war so ganz nach dem Geschmack der Münchner, deren Rauflust sich schon in vielen Bierzelten bewiesen hatte. Verwirrt von der einmütigen Antipathie, die den Polizeireitern entgegenschlug, jagten diese ihre Pferde direkt in Menschengruppen, verletzten dabei auch friedlich vor sich hin trinkende

Wirtshausgäste. Nachrückende Fußtruppen räumten Cafés und Gaststätten und machten auf ihre Weise Schluß mit der Münchner Gemütlichkeit. Doch auch die Gegenseite wurde aktiv: Polizisten wurden von den Pferden gezerrt, Maßkrüge flogen gegen Polizeiautos und statt Gitarrenklänge hörte man nur noch klirrendes Glas.

Fast eine Woche gab die Münchner Polizei ihre Schwabinger Sommerabend-Festspiele. Der Oberbürgermeister entschuldigte sich für die überzogenen Polizeieinsätze, einige Polizeiführer wurden versetzt, die Schwabinger Bohème hatte gemeinsam mit den gestandenen Münchnern ihren kleinen Freiraum verteidigt, auf den Straßen rollte wieder der Verkehr, die Cafés waren überfüllt wie zuvor: Frieden war wieder eingekehrt.

Zum ersten Mal hatte ich erlebt, daß Hunderte von Menschen sich mit gitarrespielenden »Gammlern« solidarisierten und daß es nur eines banalen Anlasses bedarf, Ruhe und Ordnung schnell in prächtiges Chaos umschlagen zu lassen. Diese Erfahrung beeindruckte mich so tief, daß ich in den folgenden Jahren keine Gelegenheit ausließ, sie in anderer Form noch einmal erleben zu dürfen …

Zu dieser Zeit flatterte mir ein Brief des Bamberger Kreiswehrersatzamtes in meinen Schwabinger Keller; die Bundeswehr rief. Schon lange hatte ich beschlossen, den Kriegsdienst zu verweigern, machte mich sachkundig, schrieb einen Antrag und bekam dann eine Ladung zur Anhörung in Bamberg, in der ich meine Verweigerungsgründe einer Kommission vortragen sollte – damals wurden nur religiöse und ethische Gründe anerkannt. In einer stundenlangen, nichtöffentlichen Sitzung trug ich ausschließlich politische Gründe vor: ich erklärte die Wiederaufrüstung der Bundesrepublik wegen des Potsdamer Abkommens von 1945 für rechtswidrig, verteidigte die cubanische Revolution und beendete meinen sicherlich anstrengenden Vortrag mit den Worten: »Wenn Sie mich nicht als Wehrdienstverweigerer anerkennen, werde ich alles unternehmen, um so schnell wie möglich aus der Bundeswehr rauszufliegen.« Nach langer Erörterung, ich mußte im Vorraum warten, wurde mir verkündet, meine Verweigerung sei mit 2:1 Stimmen anerkannt worden. Höflich bedankte ich mich für diese weise Entscheidung.

Zum ersten Mal traf ich den Herrn K. aus München in einem Nachtcafé am Kurfürstendamm, dort wo heute die Schaubühne residiert. Das war im Herbst 1963. Rodolphe Gasché und Herbert Nagel, zwei ungleiche Scholaren der Berliner Philosophie, hatten Rudi Dutschke und mich gebeten, Dieter K. an diesem nächtlichen Ort zu treffen.

Rodolphe Gasché hatte das Flair eines Pariser Bohèmien. Er versteckte sein Gesicht hinter einem riesigen Bart, aus dem zwei fröhliche Augen hervorlugten. Seine Stimme intonierten den französischen Sound in dem luxemburgisch eingestimmten Deutsch. Schwarz war seine Farbe, in Cord getaucht, was die Blässe seiner schmalen Hände und seines langen Halses zur Geltung brachte. Er war schlank, eher unscheinbar und klein. Er lachte gern, nickte mit dem Kopf und zeigte Zähne.

Herbert Nagel vermittelte den Eindruck der Imitation. Irgendwem, irgendeinem Vorbild, das wir nicht kannten, wollte er gleich sein. Zu diesem Versteckspiel gehörte die Beredsamkeit, eine artikulierte Sprechweise, deutlich, betont und laut, jedoch ohne eine innere Anteilnahme. Nach außen wirkte er wie der Buchhalter einer Speditionsfirma, bartlos, rundes Gesicht, Nickelbrille, Kleidung von der Stange. Selbst sein Lachen erinnerte an Parodie. Er gab sich belesen und nachdenklich. Kennengelernt hatten Dutschke und ich ihn bei einer Statistikklausur, wo wir durchgefallen waren. Am Rande eines Ergänzungskurses kamen wir in lange Gespräche. Er gab uns die Flugblätter und Schriften der Subversiven Aktion und machte uns auch in der Mensa mit Gasché bekannt. Diese westliche Intelligenz, ihre Dekadenz und Maskerade amüsierte uns und machte uns zugleich neugierig.

Heute Nacht sollten wir nun Dieter K. treffen, den Geheimnisvollen aus München. Es hieß, er habe lange in Paris gelebt und sei dort mit den Exponenten der »Situationisten« zusammengetroffen. Später war er in der Gruppe »Spur«. Jetzt hatte er die »Subversive Aktion« ins Leben gerufen. Er war einer der Komponisten der »Unverbindlichen Richtlinien«, eine Mischung aus Manifest, Poem, Proklamation, Agitation und Kunstwerk. Uns hatten die Kohortenbilder und die Ansammlung von Fremdworten, die Sinnhaftigkeit von Unsinn in diesem Opus belustigt.

Dutschke schleppte an seiner schweren Tasche. Sie war vollgepackt mit den Büchern aus der Bibliothek Stein, Revolutionsliteratur der Ereignisse von 1918. Wir durchlebten diese Zeit. Für uns war ein Problem, warum die unterschiedlichen Revolutionäre damals sich nicht durchsetzen konnten gegen die Bleigewichte der Mehrheitsgesellschaft. Das gescheiterte Experiment des Sozialismus zu diesem Zeitpunkt schien Folgen zu haben für die Sackgassen in der DDR. Wir waren Abhauer und fühlten uns als die Verräter an einer großen Idee. Diese aufzuarbeiten, zu interpretieren und Abstand zu gewinnen, war unser Anliegen.

Für uns war es vollkommen neu, gegen Mitternacht ein Café aufzusuchen. Unser Tagesrhythmus folgte noch den Perspektiven der »Werktätigen«: Früh aufstehen, Seminare, Veranstaltungen, die Bibliotheken aufsuchen, lesen, lesen und noch mal le-

Der Entwurf der SUBVERSIVEN AKTION bereitet den Herausgebern einiges Kopfzerbrechen. Die Gründe dafür liegen auf der Hand: abgesehen davon, daß wir nur ein sehr kleiner Kreis sind, der noch nicht einmal gewillt ist, jeden „Revolutionär" in seine Reihen aufzunehmen, fehlen uns alle finanziellen Mittel, um eine Organisation, die in die Öffentlichkeit wirken könnte, aufzuziehen. Freilich, wie schon aus unseren theoretischen Texten ersichtlich wird, liegt das auch gar nicht in unserer Absicht.

Vielmehr gehen wir davon aus, daß es uns gelingen muß, die Elemente zu sammeln, die bereits in ihrem Denken und Empfinden von den Intentionen der Gesellschaft sich gelöst haben.

Eine bestimmte Denkschule zu vermuten, wäre verfehlt; es ist auch nichts damit gesagt, wenn man uns als Freudsche Marxisten bezeichnet: Durch die Übernahme des dynamischen Prinzips entziehen wir uns jeder Katalogisierung, – oder auch nicht.

Das für uns typische Empfinden fällt schwerer ins Gewicht: Unser Unbehagen an der Konstellation der gesellschaftlichen Tatbestände in ihrer Wirkung auf den Einzelnen nimmt schon beinahe ketzerische Formen an. Aus dem Druck dieser Emotion haben wir uns durch intellektuelles Tasten befreit.

Die Offenheit, die wir gewonnen haben, soll konkrete Gestalt gewinnen: wer uns liest, soll dies im Auge behalten:

Er muß bereit sein, den Funken überspringen zu lassen.

München/Berlin/Assens, Dezember 1963

Die Herausgeber

.... und

PROJEKT

Wir sind uns darüber im klaren, dass die folgenden Ausführungen bei der Mehrzahl unserer Leser wenig Verständnis finden werden. Ihr Inhalt ist nicht dazu angetan, das Herz des Bundesbürgers zu erfreuen. Auch in der Form und im Stil mussten wir vom althergebrachten Schema abweichen: Die Hintergründe der Gesellschaft, die wir aufzeigen wollen, sind so vielfältig und verworren, dass sie zum gegenwärtigen Zeitpunkt in einem logischen Zusammenhang nicht mehr dargestellt werden können. Darüber hinaus wissen wir, dass die gültige Logik und der gebräuchliche Sprachschatz lediglich dazu geeignet sind, die Grundmauern der Gesellschaft zu festigen, die wir erschüttern wollen. Unsere Einsicht verpflichtet uns zu dieser Revolte. Der Leser wird nicht umhin können, seinen Standort zu wählen.

»Unverbindliche Richtlinien«, hrsg. von Christofer Baldeney, Rodolphe Gasché, Dieter Kunzelmann, 1963, 1962

sen, Notizen machen und gegen 22 Uhr totmüde, aber stolz über das Tagwerk ins Bett sinken. Jetzt hatten wir uns die Zeit totgeschlagen in einer Spätvorstellung im Kino am Steinplatz, waren zum Bus gehastet und betraten innerlich gähnend das Etablissement der Nacht. Alle waren schon da. Herbert Nagel winkte übermütig oder beflissen. Gasché zeigte seine Zähne und nickte. Ein rothaariges Teufelchen feixte. Sein lockenähnliches Rothaar zeigte an der Stirn erste Kahlschläge. Dafür war der Bart üppig, Sichtblende und Versteck, aber auch hier waren die Augen Signalpunkte für Freude, Spaß und Wut. Irgendwelche Urlaute, fränkisch und münchnerisch durchmischt, für brandenburgische Preußen unerkennbar, drangen an unser Ohr. Neben dem Kerlchen saß eine Frau. Er stellte sie vor: »Marion«. Dann drückte er uns die Hände. Die Frau schien alle zu überragen an Anmut, Schönheit und Sinnlichkeit. Ihre aufgeworfenen und grell geschminkten Lippen waren Blickfang und erregten Phantasien, zumal sie in Kontrast standen zur weißen und gepuderten Gesichtshaut. Ihre lange und spitze Nase war ein weiterer Gegenpol. Ihre Augen waren eingefaßt in die schwarzen Striche von Wimpern, Brauen und Augenrund. Das Haar war kurzgeschnitten und dunkelrot eingefärbt. Das hatten wir nicht erwartet. Ein schönes Weib wurde für Augenblicke magisches Zentrum in der Runde von Subversion und Dekadenz, bis die trockenen Worte und Dispute auch diese Verführung überlagerten.

Alle schlürften schwarzen Kaffee und qualmten französische Zigaretten. Ich schielte zur Karte und zu den Preisen. Dann bestellte auch ich einen Kaffee. Dutschke verlangte nach Faßbrause, war dann aber auch zufrieden mit einer Coca. Dieter K. bot uns Zigaretten an. Wir lehnten ab. Ich ertappte mich immer wieder dabei, wie ich die Schöne der Nacht anstarrte. K. war zufrieden, lehnte sich zurück und musterte uns. Dutschke warf mit einer Kopfbewegung sein schwarzes Haar aus der Stirn und zog aus seiner Tasche griffbereit die »Richtlinien« hervor. Er schüttelte den Kopf und trug mit seiner dunklen und festen Stimme Bedenken vor. Sein Blick war wie festgenagelt auf Seiten und Sätze der Schrift.

Die Subversiven hatten Rede und Antwort zu stehen. Wir hielten uns bedeckt. Wir ließen uns nun nicht mehr ablenken von der Fremdheit eines Cafés, der nächtlichen Zeit. Die Gesten und Gewohnheiten der Tischgenossen verunsicherten uns nicht und auch die schöne Frau rückte aus dem Mittelpunkt meiner Aufmerksamkeit. Wir fühlten uns ganz als Kritiker und wollten diese Dekadenz des subversiven Denkens nicht an uns herankommen lassen. Wir lebten noch in den Raum-Zeit-Perspektiven, in der Begriffs- und Kategoriensprache der Welt- und Revolutionsgeister, in Zitaten, im Bannkreis großer Männer und revolutionärer Epochen. Dieter K. feixte, Nagel gestikulierte, rückte zurecht, erklärte, Gasché lachte, ließ sich hinreißen zu Interpretationen und Marion schwieg. Ihr schweres Parfüm drang in unsere Nasen und verwirrte dann doch wieder ein wenig.

Immerhin erreichten wir, daß wir uns in den folgenden Tagen im Zimmer von Gasché am späten Nachmittag trafen. Er wohnte im vierten Stock eines Miethauses in der Niebuhrstraße. Eine große Wohnung, die von mehreren Mietern bewohnt wurde. Sie hatten allerdings keinerlei gemeinsame Anliegen, auch keine eingebildeten Vorsätze. Sie blieben sich fremd. Ein paar Jahre später würde solch ein Zusammenleben durch die Initiativen von Gemeinschaft und Kollektiv verfremdet werden. Der Mann aus München würde derartige Experimente vorleben. Gasché hatte Mühe, so früh aufzustehen und von seinen Gewohnheiten zu lassen, gleich nach dem Aufstehen ins Kino zu gehen, später durch die Stadt zu flanieren, dann ins Café zu schlendern, dort Zeitungen zu lesen, Freunde zu treffen, um später, weit nach Mitternacht, nach Hause zu gehen, um Bücher zu lesen, Notizen zu machen, und dann am späten Vormittag das Bett aufzusuchen. An einem Tag in der Woche besuchte er Seminare am Philosophischen Seminar. Ihre Anfangszeit mußte in den Abendstunden liegen. Er studierte abwechselnd bei den Professoren Wilhelm Weischedel, Hans-Joachim Lieber, Jacob Taubes. Auch bei Klaus Heinrich war er ab und zu zu sehen. Primär verließ er sich auf die eigene Sichtweise und Interpretation der Texte.

In seinem Zimmer dominierte seine Schlafstatt. Darin und davor waren Bücher gestapelt. Die Regale waren mit ihnen vollgestopft. Das Bücherbett oder die Bettbücher ließen kaum Platz für Tisch und Stühle. Dicke Vorhänge ließen kein Licht ins Zimmer. Jeden Tag kamen neue Bücher hinzu. Die Subversiven eiferten darin, die Bücherläden der Innenstadt auszuplündern. Wir Ostler fühlten uns umstellt, einge-

A D R E S S E   A N   D I E   B U N D E S V E R S A M M L U N G

Die altvertraute Schaumschlägerei der Bundespräsidentenwahl ist im
Grunde gespenstisch - es geht um nichts.Die aufgebauschte Persönlichkeit soll nur ihre bereits stattgefundene Liquidation verschleiern.

Es ist bezeichnend für die Struktur dieser Gesellschaft, daß ihre
höchste Autorität zugleich das Überflüssigste ist: unentbehrlich
allein ist die Autorität der Ware.

Die Funktion des Vatersymbols als Exekutive des versagten Lebens geht
in der hochindustrialisierten Gesellschaft über auf alles, was dem
Einzelnen entgegentritt und auf dessen autoritäre Psyche selbst.

Der Konsum von Politik ist das beliebteste Gesellschaftsspiel unserer
Zeit.Politik als ideologischer Überbau vollstreckt nur,was im Unterbau
bereits vorentschieden ist: da der Mensch keine Welt mehr hat, muß er
unausgesetzt neue Fetische produzieren. In Ost und West ist der Lebens-
standard die Fata Morgana des Lebens, das in dieser Gesellschaft nicht
möglich ist.

Politische Systeme - sei es westliche Demokratie oder östliche Dikta-
tur - als manipulierte Schauspiele Energien bindender Antagonismen und
als Leerlauf formalistischer Betriebsamkeit sind das Korrelat zum Lei-
stungsprinzip: es hat alle Bereiche durchdrungen, es gibt nichts außerhalb von ihm, und es erscheint gleichsam als Natur, der wir machtlos
ausgeliefert sind.

Bewußtsein von dem, was noch formulierbar ist, fordert den Widerstand:
es gilt nicht mehr gegen Attrappen anzugehen; d e r   K a m p f   m u ß
a n   d e n   W u r z e l n   d e r   E n t m e n s c h l i c h u n g
b e g i n n e n .

Wer gegen die gütige Null Lübke ist, ficht gegen Windmühlenflügel;
durch ihn soll Kritik aufgefangen werden, damit nicht das falsche
Ganze negiert werden muß.

                S U B V E R S I V E   A K T I O N

                                     Berlin, den 1.Juli 1964

Verantwortlich: Peter Pusch, 1 Berlin 19, Hölderlinstr. 11

Flugblatt, von D.K. an seine Mutter geschickt mit Brief auf der Rückseite (siehe Seite 42), 1./2. Juli 1964

München 2.VII.64

Liebe Mutti!

Vielen Dank für Dein Geburtstagsgeschenk. Wahrscheinlich werde ich mir einen Schlafanzug oder ein paar Schuhe kaufen. Meine Berlinreise ist bereits gesichert: ich verkaufte ein SPUR-Buch für DM 200.- und war zwei Tage sogar arbeiten. Wenn Du den Brief erhältst sind wir schon auf der Fahrt nach Berlin.

schüchtert, eingeschnürt, uns wurde vorgeführt, was wir alles nicht wußten und was wir alles nicht gelesen hatten. Wie zum Trotz schleppte Dutschke inzwischen zwei Taschen mit sich herum, vollgefüllt mit den ausgeliehenen Exemplaren revolutionärer Schriften. Er packte aus und zitierte und ließ sich nicht irritieren von dieser westlichen Übermacht an bedrucktem Papier.

Dieter K. aus München war freundlich, interessiert, zugleich immer auch mißtrauisch gegenüber Gestalten, die derartig eingegraben zu sein schienen in längst verstaubten Revolutionsgeschichten. Gleichgültig schien ihm die Lektüre der Bloch, Lukacs, Korsch, Trotzki, Lenin, Marx, Engels, Feuerbach, Hegel. Die einzelnen Bücher dieser Autoren hatte er nach seinen Angaben in Stunden, höchstens in einem Tag, verschlungen und ausgespuckt. Sie enthielten nach seiner Vorstellung keinerlei Aktualität und lebten von den Legenden vergangener Zeiten. Dutschke und ich reagierten verärgert. Wir brachten oft Stunden damit zu, einzelne Seiten durchzubuchstabieren und uns einzulesen in Logik und Argumentation dieser Theoretiker. Deshalb gab es zwischen uns immer ein hin und her von Nachfragen und Erklärungen. Dicke Unterstreichungen, Notizen, Farbwechsel gaben Zeugnis der inneren Mühsal des Verstehens. Eine Zeit hatte ihr Ziel nicht erreicht, hatte sie ihren »Plan« und ihre Aufgaben nicht erfüllt, die soziale Freiheit und Gerechtigkeit war nicht verwirklicht. Schon aus diesen Gründen war das Denken angewiesen auf die alten Revolutionstheorien, weil das begonnene Werk der Revolution längst nicht vollendet war. Den Ursprung des Freiheitsdenkens aufzuspüren, um die Fehler und Niederlagen aufzuzeigen, jetzt alles besser zu machen, war das Anliegen von Dutschke und wohl auch von mir.

Für Dieter K. waren all diese Theorien und Ideologien in Europa spätestens 1933 verloschen mit den zwei Diktaturen, die die Erbschaft von Despotismus und Parlamentarismus angetreten hatten. Die USA hatten nach seiner Überzeugung eine kapitalistische Zivilisation erst nach Kriegsende neu implantiert und diese folgte anderen Konflikten, Gesetzen und Motiven als die alten Klassengesellschaften. Diese Zusammenhänge aufzuspüren verlangten Intuitionen, aber vor allem die Praxis der Provokation, weshalb die Aufhebung der Kunst durch die Situationisten Mittel war, soziale Verhältnisse in ihrer Widersprüchlichkeit darzustellen. Die Theorie mußte über die Praxis neu erschlossen werden, weshalb für Dieter K. Literatur, Psychologie, Film, Musik, Kunst wichtiger war als die Revolutionstheorien vergangener Epochen. Sie waren verhangen durch Lüge und Rechtfertigung von Gewalt und Verbrechen. Die Sozialisten, die es noch gab, waren für ihn Reaktionäre, Verblendete, Sektierer oder einfach nur Dummköpfe.

Der Mann aus München hatte keinerlei prophetische Züge. Er war kein Theoretiker, nicht einmal ein guter Geschichtenerzähler. Er war fahrig, zupfte nervös an seinem Bart, folgte keinerlei Logik in seinem Gespräch, spielte auch nicht den Gebildeten oder den Durchblicker. Er ging oft auf die Argumente der Ostler nicht ein, sondern erwähnte nebenbei seine Sicht der Dinge und sprang von Thema zu Thema, so daß erst nachträglich, oft erst Tage später deutlich wurde, was er wollte. Nie war eindeutig, ob er Witze machte, Ironie verbreitete oder sich um ernsthafte Kommentare bemühte. Er kam wohl aus gutem Elternhaus, aber das Universitäts- und Bildungsmilieu war ihm suspekt. Er war lässig gekleidet, allerdings nie zerrissen und verschlissen. Nach außen wirkte er skurril, eine Mischung Lebenskünstler mit Pariser Flair und verkanntem Genie, eben ein Aussteiger. Er mochte diese Universitätsintelligenz nicht und machte sich lustig über ihren Habitus. So gesehen war er schon damals antiintellektuell, ein Außenseiter eh. Gasché und Nagel wirkten dagegen wie Scholaren, die sich zwar absonderten vom Bildungsbetrieb, aber doch eines Tages in ihn eintauchen würden. Dutschke und ich waren die typischen Aufsteiger aus dem provinziellen Unterschichtmilieu. Uns war anzusehen, daß wir alles fremd fanden und daß wir uns durchbeißen mußten, um Anerkennung zu finden. Für uns war Theorie vorerst nicht primär Diskussionsgegenstand oder Medium der Reflektion, sondern existenzielles Mittel, uns zu orientieren und eine Position zu finden. Theorie besaß noch die Nähe zum Glauben und war Ausdruck von Profilierung, Standpunkt und Identifizierung. Ob wir je die Hürden der akademischen Bildung nehmen würden, um uns hier zu etablieren, war fraglich. Dieter K. hatte also emotional weder etwas gemeinsam mit Gasché und Nagel, aber auch nicht mit Dutschke und Rabehl. Allerdings schien er auf dieses Universitätsmilieu angewiesen zu sein, denn hieraus kamen die Leute, mit denen er etwas anstellen wollte, aber was, das ließ er vorerst im Dunkeln.

Eigentlich hätten Dutschke und Rabehl gehen können. Der Kaffee war schlecht. Es gab keine Faßbrause, kein Bier, kein Wein, kein Butterbrot. Nagel redete in seinem verfremdeten Jargon. Gasché zeigte die Zähne. Dieter K. feixte. Trotzdem blieben alle, Tag für Tag, fast eine Woche. Zwischendurch wurde Neuland entdeckt: Interpretationen der pornographischen Sichten bei Henry Miller, Elemente der sexuellen Revolution bei Wilhelm Reich, der Eros als anthropologische Utopie bei Herbert Marcuse, die negative Dialektik bei Theodor Wiesengrund-Adorno. Die Ostler konterten. Jetzt wiesen auch ihre Erörterungen auf Zusammenhänge und auf Bezugspunkte zur Gegenwart. Die Aufstände der Dritten Welt schnürten die erste Welt ein. Die Ungleichzeitigkeit von nationaler Befreiung und sozialer Emanzipation fanden Gleichklang in Revolten in den Metropolen. Alle einigten sich darauf, daß eine historische Epoche abgeschlossen war. Die Nachkriegszeit war beendet und die Hegung der Welt durch die Großmächte fand ihr Ende. Aufstände, Revolutionskriege, Riots in den westlichen Großstädten, Revolten der Außenseiter rissen den künstlichen Bau von Politik nieder. Darauf wollten alle der Anwesenden gewappnet sein.

Trotzdem gab es noch keine innere Einheit. Gasché und Nagel setzten auf Distanz, auf Beobachtungsposten, die nicht in den Strudel historischer Ereignisse gerieten. Sie hegten die Befürchtung, daß sie deren Objekt und Opfer wurden und die Übersicht verloren und eintauchten in neue Ideologien und Mythologien. Dadurch zersplitterten alle Methoden und Gaben der Kritik. Diese Nähe zur Konkretion und zum Augenblick suchten Dutschke und Rabehl und sicherlich auch Kunzelmann. Aus der Praxis, aus der Aktion entstand erst das Neue, auch die Bausteine einer neuen Theorie. Sich zu lösen und zu befreien aus der Vergangenheit, aber auch aus der Last der Gegenwart, aus den Verblendungen, Inszenierungen und Manipulationen, aus den Kopfbesetzungen und der psychologischen Disposition, immer nur der andere zu sein, Masse darzustellen und zu reproduzieren, war primäres Anliegen von Denken und Sein. Es mußte riskiert werden, dem Irrtum und dem Falschen zu folgen, Aktionen könnten Lawinen lostreten, Bewegungen entzünden, Extreme eröffnen, die wiederum Medium sein konnten, das Falsche und ideologische Befangenheiten abzustoßen. In diesem Risiko von Aktion und Engagement ließ sich aktuell so etwas erschließen wie »Wahrheit«, die das falsche Ganze karikierte und Auswege wies. Das gefiel dem Herrn K., denn sein Wirken als Provokateur war angewiesen auf den Szenenwechsel, Verunsicherungen, auf Illusionen, Einsturz, Situationen, Leidenschaften.

Im Verlauf unseres ersten Treffens erwies sich Dutschke als alle überwältigende Persönlichkeit. Seine theoretischen Konklusionen waren primär Persönlichkeitsbild, aber seine Ungeduld und sein Missionseifer, seine innere Unruhe, sein Willen, sich nicht zu versöhnen, ließ vieles erwarten. Nicht was er sagte und wie er es begründete erschien vorerst wichtig, sondern wie er es sagte. Das spürte Dieter K.. Hier braute sich etwas zusammen. Am letzten Tag der Diskussionen lud er die beiden Ostrevoluzzer ein, teilzuhaben am Konzil der Westsubversiven in Hamburg. Marion war wieder anwesend. Ihre Lippen glänzten. Ihr Parfüm erregte wie im Nachtcafé die Sinne.

Bernd Rabehl, geschrieben im Sommer 1998

DIE ANFÄNGE DER

ANTIAUTORITÄREN BEWEGUNG

Die Auflösung der Subversiven Aktion geschah in Form eines Vatermordes. Ich wurde wegen meiner Kontakte zu Rolf Gramke und seiner rätesozialistisch orientierten »Gesellschaft für wissenschaftlichen Sozialismus« unter die Anklage des Reformismus gestellt und auf dem letzten Konzil in München aus der Gruppe ausgeschlossen. Inhaltlich drehte sich der Streit eigentlich weniger um die gewerkschaftliche Orientierung der Münchner Rätesozialisten, als vielmehr um den Vorwurf, Dutschke, Rabehl und ich hegten hegelianische Illusionen, wir hätten uns zu sehr auf Marx und seine überholte Analyse der kapitalistischen Gesellschaft des 19. Jahrhunderts eingelassen. Mit dieser veralteten Weltsicht lasse sich die moderne Industriegesellschaft mit ihren Integrationsmechanismen theoretisch nicht durchdringen. Die Rückbesinnung auf den veralteten Marxismus bedeute den Ausstieg aus der Permanenz subversiven Denkens, eine Orientierung auf alte Strategieansätze, die eine Entfernung aus der Realität der gegenwärtigen Welt mit sich bringen müßten. Das Ganze gipfelte in dem nun wirklich absurden Vorwurf des Reformismus.

Aus meiner Sicht waren das Spiegelfechtereien. Es ging eigentlich um etwas anderes, es ging darum, daß diejenigen, die sich nicht mehr auf eine rein künstlerisch und theoretisch-politische Orientierung innerhalb der Subversiven Aktion beschränken, sondern den Schritt zu einer praktischen Tätigkeit wagen wollten, mit jenen aneinandergerieten, die im analytischen Kosmos der Frankfurter Schule kreisten und in der Negation der bestehenden Verhältnisse verharrten, ohne sich in reale politische Prozesse einmischen zu wollen. Mein Ex-Freund Frank Böckelmann, heute Professor in München, stand an der Spitze derjenigen, die mich aus der Subversiven Aktion – die ich selbst mitbegründet hatte – ausschlossen. Rudi Dutschke nahm an diesem Konzil nicht teil, weil er mit einer SDS-Delegation zum Komsomol nach Moskau gefahren war, Bernd Rabehl lag krank in seinem Berliner Bett. Beide solidarisierten sich jedoch sofort nach meinem Ausschluß mit mir und traten aus der Subversiven Aktion aus. So kam es, daß sie nach dem Vatermord niemanden hatten, den sie an die Stelle des Vaters setzen konnten. Die Söhne verkamen in den folgenden Jahren aufrecht und wenig subversiv im akademischen Sumpf.

Die Geschichte der Subversiven Aktion und der Anschlaggruppe war damit zu Ende. Unser Ausschluß war faktisch die Vereinsauflösung, die anderen haben nichts mehr zustandegebracht. Zur Vorbereitung einer neuen revolutionär-subversiven Gruppierung wurde das Treffen in Kochel im Juni 1966 organisiert. Der Vater unseres SDS-Freundes Lothar Menne, ein Krefelder Textilfabrikant, hatte am Rande des schönen oberbayrischen Ortes Kochel am Kochelsee eine feudale Villa mit mehreren Nebengebäuden. In einem dieser Nebengebäude fand das Treffen statt, auf dem die Idee der Kommunegründung in Berlin konkrete Formen annahm.

Aus München waren angereist: meine verflossene Lebensgefährtin und Mutter meiner Tochter Marion Stergar, meine damalige Lebensgefährtin Dagmar Seehuber, Lothar Menne, seine Freundin Inge Presser, möglicherweise auch deren Schwester. Aus Berlin erschienen: Eike Hemmer, Rudi Dutschke, Gretel Klotz, Hans-Joachim Hameister, Bernd Rabehl und Horst Kurnitzky. Der Tagesablauf in Kochel sah während der ungefähr zehn Tage unserer Anwesenheit etwa so aus: Vormittags trafen wir uns in einem großen Raum in einem der Seitengebäude des Anwesens und diskutierten über eingangs der Sitzung vorgetragene Kurzreferate. Es folgte ein opulentes Mittagessen, zu dem die Haushälterin des Anwesens, angetan mit akkurat weißer Schürze, mit freundlicher Stimme bat. Gelegentlich kochten auch einige von uns, d.h. diejenigen, die kochen konnten, zu denen ich mich allerdings nicht zählen durfte. Zu meiner Entlastung hier und immerdar sei angeführt, daß ich noch oft in meinem Leben diverse Küchenhilfsarbeiten wie Spülen, Wischen und Kartoffelschälen übernahm. Nach dem Essen trieb uns Rudi Dutschke durch die Gebirgstäler des Bayernlandes, als ob wir fit gemacht werden sollten für den Einsatz in einer Indianerguerilla in den Anden. Nach diesen paramilitärischen Gewaltmärschen setzten sich die Diskussionsrunden bis in die späte Nacht fort, unterbrochen nur durch das Abendessen.

Die Abendrunden fielen selbstredend immer dann aus, wenn eine Life-Übertragung von der Fußballweltmeisterschaft aus England anstand. Da es bei Mennes Vater kein Fernsehgerät gab, zogen wir dann in die nächstliegende Dorfwirtschaft und wunderten uns am nächsten Tag, daß nicht die Polizei auf dem Anwesen einrückte, weil wir zur Verwunderung der in größerer Zahl vor dem Fernsehschirm erschienenen Sennbauern mit lautem Geschrei besonders die nordkoreanische Fußballmannschaft angefeuert haben, wobei sich besonders Rudi hervortat. Mich begeisterten mehr Eusebio und das portugiesische Team. Bekanntlich wurde ja am Ende durch einen russischen Linienrichter, der ein zweifelhaftes Tor für England gab, die Weltmeisterschaft gegen Deutschland entschieden, was mich, der ich, im Gegensatz zu Heinrich Lübke, die krasse Fehleinschätzung sofort erkannte, zu heftigen antisowjetischen Gefühlsausbrüchen zwang.

Die inhaltlichen Auseinandersetzungen in Kochel drehten sich zum einen um die Gründe für das Scheitern der Subversiven Aktion und der Anschlag-Gruppe; weiterhin ging es um die Einschätzung der damals für uns interessantesten SDS-Gruppen, in denen wir als Subversive Aktion seit zirka zwei Jahren tätig waren, um weitere Mitstreiter für uns zu gewinnen, und schließlich war zu bilanzieren, was wir bis dato in den ausgesprochen schwierigen Auseinandersetzungen mit den damaligen »DDR-Freunden« und den im Kern immer noch sozialdemokratisch denkenden Traditionalisten im SDS erreicht hatten. Die SDS-internen Konflikte hatten sehr viel Energie verschlissen, und es stand die Frage, ob man besser einen Schlußstrich zieht und sich um dieses Potential nicht weiter kümmert, oder ob man sich auf die beiden interessantesten SDS-Organisationen konzentriert, nämlich die Frankfurter und die Berliner SDS-Gruppen.

Der zweite Komplex der allgemeinen Lageeinschätzung im SDS betraf vor allem die Berliner Situation. Rudi Dutschke, Bernd Rabehl, Hans-Joachim Hameister, Eike Hemmer, der damals noch die rechte Hand von Harry Ristock in der Charlottenburger Linken war, berichteten über den Einflußzuwachs, den die Linke durch das Frühjahrs-Sit-In an der Freien Universität innerhalb kürzester Zeit verzeichnen konnte. In den SDS-Arbeitsgruppen über Rätesozialismus und Psychoanalyse hatte sich schon eine hohe Affinität zu unseren Auffassungen gezeigt. Im Gegensatz zu uns in München, verfügte der antiautoritäre Kern in Berlin schon über einen enormen Einfluß im SDS und das Sit-In hatte ja selbst für die beteiligten SDS-Leute vollkommen überraschend bewiesen, daß es möglich war, Hunderte von Studenten auf die Beine und zu Aktionen zu bringen, die passiven Widerstand gegen die Räumung des Universitätsgebäudes durch die Polizei einschlossen. Das wurde von uns in Kochel als qualitativer Umschlag eingeschätzt, den es weiterzutreiben galt.

Als zeitgeschichtliches Vorbild dienten uns die aufsehenerregenden Aktionen der Amsterdamer Provos. Rudi und ich hatten die Provos erstmals zu Gesicht bekommen, als wir uns 1964 eine Woche im Amsterdamer Institut für Sozialgeschichte aufhielten, um die dort im Archiv zugänglichen Texte von Pannekoek, Otto Rühle und anderen zu kopieren. Für die Linke waren diese verschollenen Texte neu zu entdecken und zu interpretieren. Wir ließen sie als Raubdrucke im SDS und seinem Umfeld kursieren, wo sie unter der Hand rasch den Status von Standardtexten des neuen Theorieansatzes einnahmen. Wer mitreden wollte – ein wenig elitär waren wir schon –, mußte sie gelesen haben.

Als Rudi und ich 1964 in Amsterdam waren, knüpften wir zwar noch keine direkten Kontakte zu den Provos, aber atmosphärisch und in Gesprächen mit Amsterdamer Freunden bekamen wir einiges von ihren Aktionen und Ideen mit. Später ergaben sich persönliche Kontakte, wir lasen die Flugblätter und Texte der Provos, korrespondierten mit ihnen, ihre Sprecher wurden in SDS-Gruppen eingeladen und erläuterten Strategie und Taktik des holländischen Aktionismus. Kurzum, die Provo-bewegung spielte während der Diskussionen in Kochel eine erhebliche Rolle ebenso wie die Erfahrungen der amerikanischen Studenten- und Bürgerrechtsbewegung, die uns sowohl über Texte von Mike Vester in der SDS-Zeitschrift »Neue Kritik« als auch über Erfahrungsberichte von SDS-Mitgliedern, die sich als Stipendiaten in den Staaten aufgehalten hatten, einigermaßen vertraut waren. Natürlich hatte insbesondere Rudi durch seine amerikanische Freundin Gretel unmittelbare Einblicke und sog diese Erfahrungen geradezu sinnlich auf, wie alles, was ihm aus der Praxis anderer, uns seelenverwandter Gruppen berichtet worden ist.

Im Mittelpunkt der Debatte standen in Kochel, soweit ich mich erinnere, zwei Schlüsseltexte: Herbert Marcuses gerade erschienenes Buch »Der eindimensionale

Mensch« und Franz Fanons »Die Verdammten dieser Erde«, zu dem Jean Paul Sartre das Vorwort beigesteuert hatte. Unsere Überlegungen kreisten um die Einschätzung der Befreiungsbewegungen in der Dritten Welt und die Rolle der Avantgarde in den Metropolen. Erörtert wurden dabei nicht ausschließlich abstrakte Fragen, sondern ins Spiel kamen besonders Rudis Erfahrungen aus seiner Schulungsarbeit mit einer Gruppe von haitianischen Studenten, die sich in Berlin auf eine Landung in ihrem Land und die Aufnahme des Guerillakampfes gegen das Duvalier-Regime vorbereitete.

In einem Kurzreferat hatte ich, gestützt auf die Frühsozialisten Fourier und Owen, letzterer hatte zu Beginn des 19. Jahrhunderts in Amerika Kommunen gegründet, und gestützt auf Ideen des Dessauer Bauhauses, die Vorstellung konkretisiert, daß für uns Subversive eine neue Form des Zusammenlebens, Zusammenarbeitens und politischen Einmischens auf der Tagesordnung stand. Rudi Dutschke referierte über die Pariser Commune, besonders über die Position Blanquis – weniger über Marx –, weil die Blanquisten den für uns faszinierenden Schritt über die Selbstverwaltung der Stadt hinaus zur Selbstverwaltung der Menschen gehen wollten, was mit den von uns favorisierten rätesozialistischen Konzepten kompatibel war. Wenn ich mich recht erinnere, hat Bernd Rabehl ein Referat über die experimentellen Ideen und Projekte von später kaltgestellten oder durch die Stalinisten ermordeten russischen Revolutionäre gehalten. Dabei spielte besonders Kollontais libertäre Sexualutopie und wiederum der Gedanke von Wohnkommunen eine Rolle.

Über alle Referate wurde in Kochel immer unter dem Gesichtspunkt diskutiert, inwieweit sie uns nutzen könnten, etwas Neues zu realisieren. Vergessen hatten wir bezeichnenderweise bei unserer Kommunediskussion, wie mir später klar wurde, die deutsche Frühromantik, besonders die Jenaer Kommune mit den Brüdern Schlegel, mit Caroline Schlegel-Schelling und Novalis; vergessen hatten wir aber auch die von der Künstlergruppe in Worpswede realisierten Kommunevorstellungen. Auch wenn letztere ausgesprochen schnell vom Kunstmarkt kommerzialisiert wurden, haben sich Fortentwicklungen aus dieser Erfahrung ergeben, die in das Experiment des Monte Verità einflossen, wo zu Beginn des 20. Jahrhunderts schon unter ökologischen und künstlerischen Gesichtspunkten ein interessanter Gegenentwurf vorgelebt wurde. Die Bewußtseinslöcher, die der Nationalsozialismus gerissen hatte, waren zu diesem Zeitpunkt noch nicht wieder geschlossen. Viele Erfahrungen unserer Vorläufer waren vergessen und mußten neu gemacht werden. Wenn wir die Geschichte des Monte Verità gekannt hätten, wären wir sicher auch auf Friedrich Wolf gekommen, der in den frühen Jahren von Stuttgart auf die Schwäbische Alb zog und sich dort als Arzt niederließ, um mit den Bauern Stücke über den Bauernkrieg aufzuführen und ökologischen Landbau zu betreiben. Er war als Mitglied der KPD mit seinen Positionen damals vollkommen isoliert, aber ein interessanter Querkopf, der sich leider später in der Moskauer Emigration von der Ulbricht-Clique und den Stalinisten in Dienst nehmen ließ.

Das entscheidende an Kochel aber war neben all den Detaildiskussionen die einmütig getroffene Entscheidung, unsere Kräfte auf eine Stadt zu konzentrieren, was aufgrund der Standortvorteile nur Berlin sein konnte. Dort sollte unter den Leuten, mit denen Rudi und Bernd bereits innerhalb und außerhalb des Berliner SDS zusammenarbeiteten – ein Kern aus zirka dreißig bis vierzig Antiautoritären – eine Diskussion über die sofortige Gründung von Kommunen in Gang gesetzt werden. Die Entscheidung für Berlin fiel auch deshalb, weil sich die Stadt in vorausgegangenen Aktionen, z.B. bei der Demonstration gegen Tschombé, gegenüber München als geradezu idealtypisches Provokantenparadies erwiesen hatte. In München war das Foyer des Bayrischen Hofes, in dem Tschombé logierte, mit Stinkbomben zur unbetretbaren Zone gemacht worden, ohne daß es zu beachtenswerten öffentlichen Reaktionen kam. In Berlin hingegen führte die Demonstration gegen Tschombé und der dabei gelungene Durchbruch durch eine Polizeikette an der Schöneberger Bannmeile zu riesigen Schlagzeilen. Die Medienresonanz war exzellent, die Springerpresse nahm die geringste linke Aktivität zum Anlaß für eine reißerische Berichterstattung und Hetze. Für solche Aufmerksamkeiten hatten wir ein gewisses Fingerspitzengefühl entwickelt. Die Erfahrung in den »Spur«-Prozessen hatte mich gelehrt, wie man Medien so benutzen kann, daß sie trotz ihrer negativ gefärbten Berichterstattung gerade die Ideen verbreiten und bekannt machen, die sie eigentlich unterdrücken oder verschweigen wollen. Als mir bewußt wurde, welche Möglichkeiten sich uns im Kontext der West-Berliner Frontstadthysterie und der extraordinären Medienlandschaft eröffnen würden, schwanden meine Vorbehalte gegen einen Umzug in die Mauerstadt zusehends: Berlin war reif für ein Spektakel.

Durch meine Freundschaft mit Künstlern in München und in der Situationistischen Internationale war mir schon lange klar, daß meine spezifische Ausdrucksform sich nicht auf Leinwand und Papier realisieren lassen würde oder hinter einer Filmkamera, sondern daß meine schöpferische Begabung in der Produktion öffentlicher Erregung, im Kreieren von Happenings und Aktionen lag, die im Moment ihres Entstehens Neues hervorbrachten, etwas Unerwartetes und zugleich Flüchtiges, das sich durch seine Einmaligkeit dem Gedächtnis der Zeit und der beteiligten Individuen einprägte, sich aber nicht als käufliches Objekt auf dem Kunstmarkt in Bares ummünzen ließ. Sehr früh schon haben mich Revolutionäre wie Bakunin fasziniert, für die die Wirkung einer Tat entscheidender war als das, was in einer Hinterstube als Theorie fixiert oder als Kunstwerk der Nachwelt überlassen wird.

SPEKTAKEL IM
■ BERLIN-PEKING
SEITENFLÜGEL

Obwohl Rudi Dutschke und ich die treibenden Kräfte dafür waren, in Berlin unsere erste Kommune zu gründen, fiel es mir ausgesprochen schwer, von München nach Berlin zu ziehen. München war 1966 sowohl vom Leben als auch von seiner Architektur her eine wesentlich lebendigere und attraktivere Stadt als Berlin, das von den Spuren des Krieges und der Teilung gezeichnet blieb. Aber Rudi war für den Umzug, um möglichst rasch gute Ausgangsbedingungen für die Entwicklung einer aktionsfähigen revolutionären Gruppe zu schaffen. Gretchen, die mit Hosea Che schwanger ging, stand dieser Entwicklung übrigens mit größtem Mißtrauen gegenüber. Sie sah darin ganz offenbar ein Konkurrenzunternehmen zur dem von ihr angestrebten kleinfamiliären Nestbau.

Als ich mich schließlich im Spätsommer 1966 auf den Weg nach Berlin machte, stieg ich, obwohl ich üblicherweise alle Strecken quer durch West-Europa getrampt war, brav und bieder mit einem Fahrschein ausgestattet im Münchner Bahnhof in einen Interzonenzug. Dummerweise hatte ich meine Habe in nur zwei Kartons verstaut und ließ viele Wertsachen in meinem Keller in der Bauerstraße zurück. Ich dachte daran, sie später nachzuholen. In München blieben mein ganzes Archiv, die Bilder meiner »Spur«-Freunde, zahlreiche Exemplare der »Spur«-Zeitschrift, und zum Leidwesen meiner Mutter auch ihr Biedermeier-Sekretär, den sie mir geschenkt hatte. 1967, als ich erstmals die Kellerwohnung wieder aufsuchte, war alles verschwunden. Am meisten trauere ich heute meinen verlorenen Tischtennis-Meisterschaftsurkunden nach.

In Berlin angekommen, nistete ich mich zunächst bei Gertrud und Eike Hemmer ein. Ihre Wohnung lag Ecke Kurfürsten-/ Potsdamer Straße in einem Seitenflügel, der heute abgerissen ist. Die beiden hatten einen kleinen Sohn, Nessim, der später mit seiner Mutter in die Kommune I einzog. Obwohl das damals noch pulsierende, altmodisch verkommene Rotlichtmilieu in der Potsdamer Straße um die Ecke lag, fühlte ich mich zunächst überhaupt nicht wohl, weder in diesem Stadtteil noch anderswo. Berlin stellt sich für jeden, der neu ankommt, zunächst einmal als undurchschaubares ausgedehntes Dickicht dar. Es dauert einige Zeit, bis man sich auch nur annähernd heimisch fühlt. Inzwischen war auch meine Freundin Dagmar Seehuber eingetroffen. Wir zogen nach Neukölln in eine Seitenstraße des Richard-Platzes. Dort stand in einer Ladenwohnung unsere Rotaprintmaschine, auf der die ersten Raubdrucke produziert wurden. Es handelte sich um Schriften von Wilhelm Reich (u.a. mit seinem damals als regelrecht unappetitlich empfundenen Buch »Funktion des Orgasmus«), rätesozialistische Texte, die Dialektik der Aufklärung, frühe Horkheimer-Schriften usw. Jeder aus unserem Kreis war verpflichtet, eine gewisse Zeit an der Druckmaschine zu stehen. Es war deshalb praktisch, gleich im Hinterhaus zu wohnen, selbst wenn es nur eine kleine Einzimmerwohnung war, in der wir lebten.

Außer den regelmäßigen Druckarbeiten und unseren wöchentlichen Kommune-Vorbereitungstreffen in einer Wohnung in der Crellestraße bei einer Freundin von Horst Kurnitzky kamen wir immer in der damals billigsten und besten Pizzeria West-Berlins, im »Rosario« an der Goebenstrasse, zusammen, wo charmante Italiener eine Riesenpizza für 6,50 DM servierten, von der man zwei Tage lang satt war. Nach den SDS-Sitzungen haben wir uns meistens an der Ecke Wilmersdorfer Straße/Kurfürstendamm herumgetrieben. Dort hatten die alliierten Bombenangriffe eine große Brache geschaffen, auf der eine ganze Galerie von Curry- und Schaschlikbuden stand; und auf der anderen Seite, in der Brandenburgischen Straße, gab es den Hühner-Hugo, wo man sich für wenig Geld den Bauch angenehm vollschlagen

Flugblatt von 1966

konnte. In der Nähe des Bahnhof Zoo war das einzige Lokal, wo wir Kontakt mit Normal-Berlinern pflegten, das »Aschinger« in der Joachimsthaler Straße. Dort konnte man ebenfalls gut, billig und reichlich speisen. Als besonderen Service durfte sich der Gast zu einer Erbsensuppe, die 1,- DM kostete, soviele Schrippen holen, wie er essen mochte. – Das Lokal mußte später einer grauenhaften Eckbebauung für Büros und Pornoläden weichen. Schon Anfang 1966, als ich mich nur besuchsweise in Berlin aufhielt, hatten wir, nachdem wir im Zoopalast den Louis-Malle-Film »Viva Maria« gesehen hatten, im »Aschinger« die Gruppe »Viva Maria« gegründet, die nach dem Motto, Revolution muß Spaß machen, sich auch als Provokationszusammenhang gegenüber den Krawattenmarxisten und Gewerkschaftsberatern im Berliner SDS verstand. In den damaligen Diskussionen im »Aschinger« fiel auch die Entscheidung, nicht in die Anden zu ziehen und an der Seite der Indianer den Guerillakampf aufzunehmen, sondern auf eine andere Art und Weise dem Kapitalismus zu Leibe zu rücken.

Die Misere der Universität ist die Misere derer, die an ihr studieren müssen. Unerträglich sind die Zustände an der Freien Universität
für uns Studenten.

Wir müssen uns herumschlagen mit schlechten Arbeitsbedingungen, mit
miserablen Vorlesungen, stumpfsinnigen Seminaren und absurden Prü-
fungsbestimmungen. Wenn wir uns weigern, uns von professoralen Fachidioten zu Fachidioten ausbilden zu lassen, bezahlen wir mit dem Risiko, das Studium ohne Abschluß beenden zu müssen.

Administration und Senat erklären die Misere der Universität zur Misere des einzelnen Studenten, nicht um sie zu lösen, sondern um sie
los zu sein. Der gesellschaftlichen Forderung nach Mehrausstoß von
anpassungswilligen Spezialisten entsprechen sie mit der Reglementie-
rung des Studiums, verschärft durch die Drohung der Zwangsexmatriku-
lation. Wer in dieser Situation die Autonomie der Universität be-
schwört, tut das um zu verschleiern. Die Disziplinierung der Studentenschaft vernichtet mit den Resten des liberalen Studiums auch die
Illusion der Selbstverwirklichung. In der Fabrik "Universität" soll
der Student seine Scheine machen und am Feierabend als Privatmann
der erlernten Humanität sich hingeben. Wer sich damit nicht abfinden
will, für den wird das Herausfallen aus der Universität zur Gewißheit, denn der Formierungsprozeß ist offensiv, die Disziplinierung
geht an den traditionellen Reservaten nicht vorbei.

Unsere erste Aktion nach dem Umzug nach Berlin fand anläßlich einer Diskussi-
onsveranstaltung an der Freien Universität statt – es ging um die Rücknahme der
gegen Studenten erstatteten Strafanzeigen durch den Rektor, und es sollten der
Rektor, der ausgewiesene Marx-Kenner Hans-Joachim Lieber, und der aus einer
hanseatisch-sozialdemokratischen Honoratiorenfamilie stammende brave Vorsit-
zende des AStA, Knut Nevermann, miteinander diskutieren. Auf dieser Veranstaltung verteilten wir das »Fachidioten«-Flugblatt: »Von diesem Gespräch haben wir
nichts zu erwarten«. Eike Hemmer griff sich das Mikrophon und verlas den Text des
Flugblattes, während wir es im Saal verteilten. Damit waren der akademische Kon-
sens und diese Veranstaltung gesprengt. Prompt herrschte Aufregung in der Freien
Universität, und in den Blättern des Springer-Konzerns, Berlin schaute ja auf Dahlem, fragte man sich, wer diese akademischen Rüpel wohl sein mochten, die eine so
vornehme und gestandene Magnifizenz vom Podium geekelt hatten. Man begann
sich mit uns zu beschäftigen.

Vor fünf Monaten hatten wir genug von der bornierten Arroganz, mit der Administration und Senat über unsere Schwierigkeiten hinweggehen. Vor fünf Monaten schien es auch klar, daß die Studentenschaft eine Lösung ihrer Probleme nurmehr von sich selbst erwarten kann. Aber wir fielen hinter unsere Forderungen zurück. Die Protestaktion wurde zur Feierstunde, wir erwarteten ernsthaft, daß die konventionelle, bereits integrierte Studentenvertretung unsere Forderungen nachdrücklich vertreten, unsere Probleme praktisch lösen könnte.

Die Studentenvertretung kann nur im konzessionierten Rahmen agieren. Im Clinch mit den Autoritäten macht sie aus unseren Forderungen Konzessionen. Nach fünf Monaten Kollaboration ruft uns der AStA zu diesem Gespräch mit dem Rektor, bei dem der Mensch Lieber verständnisvoll in das Publikum horcht, während der Funktionär Lieber beschämt in der Ecke wartet.

VON DIESEM GESPRÄCH HABEN WIR NICHTS ZU ERWARTEN.

An unserer Lage wird sich nichts ändern, solange nicht diejenigen. s i c h   s e l b s t   o r g a n i s i e r e n

die es wirklich betrifft
die ausscheiden oder ausgeschieden werden
die diese Freie Universität nicht mehr aushalten
die sich mit ihr nicht mehr arrangieren wollen
die sich bewußt verweigern.

Provisorisches Komitee zur Vorbereitung
einer studentischen Selbstorganisation

26.November 66

```
K I
Kaiser Friedrich Str. 54a
Liebe Kommunehospitanten!            Berlin 27.8.67

Die Massenschlächterei in China geht weiter.Bevor alle
Chinesen abgemurkst sind,habt Ihr noch eine Chance,
leibhaftige zu besichtigen.Wir haben einen Termin mit
ihnen ausgemacht:

              Mittwoch,30.August,18 Uhr
              in der Chinesischen Botschaft.
Einen gültigen westdeutschen Ausweis benötigt Ihr,
Berliner gibt es unter uns sowieso nicht.
Wir sehen zwei Filme,einen über den 5. und 6. Empfang
der Rotgardisten durch unseren großen Lehrer,großen
Führer,großen Oberkommandierenden und großen Steuermann
Tschiang Kai-schek,und einen anderen Film über die
Atombombenexperimente in China,die uns noch allen
das Leben kosten werden.Nach den Filmen gibt es
leckere Sachen,z.B. chinesische Karamellbonbon mit
Gehirnwäschespurenelementen.
Genaue Anschrift der Botschaft:
Berlin-Karlshorst,Herbert-Dunckerstr. 26
S-Bahnhof Karlshorst.

              Euere  K I
```

In dieser Zeit hielten wir bereits intensiven Kontakt zur chinesischen Botschaft in Ost-Berlin. Der SDS-Vorstand, dem auch Rudi Dutschke damals angehörte, hatte zuvor nur gelegentliche Beziehungen zu den Gesandten der Kulturrevolution unterhalten. Wir haben die Angelegenheit stellvertretend (wie damals so oft) für den SDS in die Hand genommen und fuhren regelmäßig bis zu zweimal monatlich nach Ost-Berlin. Das Personal der chinesischen Botschaft war infolge der Kulturrevolution vollständig ausgewechselt worden, man traf nur auf junge Leute, keiner über dreißig Jahre alt, also in dem Alter, dem wir blind vertrauen wollten.

Unsere Besuche begannen am Grenzübergang mit einer Ganzkörpermassage durch die Volkspolizei, die uns von oben bis unten, von außen bis nach innen durchsucht und abgetastet hat. Auf unserem Weg in die Hermann-Duncker-Straße, wo sich die chinesische Botschaft befand, wurden wir von starken Kräften der Stasi unauffällig, aber aufdringlich beschattet. Vor der Botschaft registrierte ein Volkspolizist, der in einem kleinen grünen Wachhaus saß, schriftlich unser Eintreffen und später den Zeitpunkt, wenn wir das Gebäude wieder verließen. Von den jungen Diplomaten wurden wir nach überaus freundlicher Begrüßung am Eingang in die große Empfangshalle ge-

leitet, wo wir in wuchtigen Polstersesseln Platz nahmen. Zur Begrüßung wurden Jasmin-Tee und Bonbons gereicht. Zur Freude der Chinesen trank ich meinen Tee immer mit fünf bis sieben Löffeln Zucker. Mao soll ihn ähnlich genossen haben.

Nach einer kürzeren oder längeren Information über den jüngsten Fortgang der Kulturrevolution in China führte man uns in den botschaftseigenen Filmsaal, wo die neuesten Filme aus der Kreativ-Abteilung der Volksrepublik vorgeführt wurden. Bei einem Besuch durften wir aus mehreren Filmen auswählen, welchen Streifen wir in West-Berlin im Auditorium maximum vorführen wollten. Unsere Entscheidung fiel auf den Vorbeimarsch der Roten Garden vor dem Großen Vorsitzenden Mao auf dem Tien-An-Men-Platz. Diesen Film haben wir dann wenige Tage später klandestin abgeholt, unter der Kleidung auf den Bauch geschnallt – bei der Ausreise fiel in der Regel die östliche Ganzkörperkontrolle aus – und nach West-Berlin geschmuggelt. Es bestand dort unter jungen Leuten ein großes Interesse, etwas über die Ereignisse in China zu erfahren, da es den Anschein hatte, als bestünde ein innerer Zusammenhang zwischen den chinesischen Studenten, die der Parole »Bombardiert das Hauptquartier« folgten, und dem, was sich an Unzufriedenheit und Unruhe in Deutschland und anderen westlichen Ländern zu entwickeln begann. Auch in der Wahrnehmung derjenigen, die im SDS schon lange über Alternativen zum Kommunismus ostdeutscher bzw. Moskauer Prägung nachdachten, ging von der chinesischen Kulturrevolution eine starke Faszination aus. Die Revolte der Roten Garden richtete sich, so glaubten wir, genauso wie unsere Bemühungen, gegen verkrustete autoritäre Strukturen, und genau wie hier, gingen die Aktionen von einer jungen Generation aus, die die Überreste des Alten überwinden und die Permanenz der Revolution an ihre Stelle setzen wollte. Welchem Irrtum wir mit dieser Projektion unserer Vorstellungen auf das ferne China aufgesessen waren, habe ich erst lange Zeit später begriffen.

Für die neuesten kulturrevolutionären Schriften, die in deutscher Sprache in der Ost-Berliner Botschaft auslagen, hatten die Chinesen in der von ihnen als revisionistisch attackierten DDR keine Absatzmöglichkeit mehr. Wir bestellten, nachdem wir vor Ort eine Auswahl getroffen hatten, reihenweise Broschüren und Zeitschriften, die in größerer Auflage per Post von Guozi Shudian aus Peking nach West-Berlin gesandt wurden. Dieses Material, Peking Rundschau und Mao-Bibeln etc., das wir natürlich umsonst erhielten, haben wir neben unseren Raubdrucken auf unserem Büchertisch gewinnbringend umgesetzt, die Peking Rundschau pro Stück für 50 Pfennige. Bei gut besuchten Veranstaltungen belief sich der Absatz schon auf zwei- bis dreihundert Exemplare. Insofern hatte die Springerpresse ein wenig recht, wenn sie seinerzeit reißerisch behauptete, wir seien von Peking finanziert.

Es war allerdings eine aufwendige Aktion, die schwere Post aus Peking vom Schöneberger Zollamt abzuholen, man vermutete eine Sendung Sprengstoff und Waffen. Jedes Paket wurde in unserer Anwesenheit geöffnet und penibel durchsucht, was nicht nur einige Zeit in Anspruch nahm, sondern auch ausgiebig Gelegenheit zu politischen Diskussionen mit den leicht genervten Zollbeamten bot.

Neben China rückte gleichzeitig, befördert durch den Berliner Vietnam-Arbeitskreis im SDS, aber auch durch die Antikriegsbewegung in Amerika selbst, der Vietnam-Krieg immer mehr in das Blickfeld. Von unserer engeren Gruppe waren Ulrich Enzensberger und Hans-Joachim Hameister als aktive Mitglieder des Vietnam-Arbeitskreises Spezialisten auf diesem Feld. Die Flugblattserie, die dieser Kreis herausbrachte, wurde bundesweit von den SDS-Gruppen in den anderen Universitätsstädten verteilt. Diese mit »Vietnam-Infos« gekennzeichneten hektographierten Blätter hatten erheblichen Anteil an der Formierung der Anti-Vietnam-Kriegs-Bewegung in Deutschland. Bundesweite öffentliche Aufmerksamkeit fanden die vom antiautoritären Flügel des Berliner SDS organisierten Aktionen, die an den vorweihnachtlichen verkaufsoffenen Samstagen in der Berliner City stattfanden. Das waren Happenings, die das Ziel hatten, die zu erwartenden Polizeieinsätze demonstrativ ins Leere laufen zu lassen. In Flugblättern wurden die vom Weihnachtschaos geplagten Berliner dazu aufgerufen, die Polizei bei ihrer schweren Arbeit nicht allein zu lassen, sich auf dem Kurfürstendamm einzufinden und die City nicht den Protestierern zu überlassen. Den Demonstranten wurde andererseits empfohlen, in ordentlicher Verkleidung zum »Weihnachtseinkauf« zu erscheinen und sich unter die Normal-Berliner zu mischen. Nach kurzen Aktionen auf der Straße sollten sie sich dadurch die Möglichkeit sichern, wieder in der Menge verschwinden zu können.

Die aktionsunfähige und ziemlich verwirrte Berliner Polizei nahm im Verlauf dieser Samstagsaktionen fortgesetzt neben einigen bekannten Demonstranten auch massenhaft gut gekleidete normale Familienväter und andere Berliner fest und schaffte es so, daß von Samstag zu Samstag eine zunehmende Aufregung und Nervosität in der Berliner Innenstadt herrschte. Jeder Samstag endete

Kurfürstendamm, 17. Dezember 1967

Ministerium für Staatssicherheit · Hauptabteilung XX/5Berlin, den 18. Jan. 1967/We.
Abschrift vom Tonband

Zur Lage im SDS
Momentan existieren drei Gruppen:
a)die Anarchisten um KUNZELMANN
ihr Ziel: an allen Orten sozialer Unzufriedenheit und sozialer Konflikte durch Demonstrationen die Obrigkeit ad absurdum zu führen, also lächerlich zu machen und so Bewußtsein von den Konflikten in der gleichgültigen Gesellschaft zu schaffen.
Ihre Methode: Demonstration um jeden Preis, Zusammenstöße mit Polizei und Obrigkeit auch aus nichtigen Anlässen.
Ihre bisherigen Erfolge: Spaziergängerdemonstrationen am Kurfürstendamm – 87 Verhaftete.
Ihre weiteren Pläne: Am Abend des sogenannten Heiligen Abends am Kurfürstendamm Weihnachtsbäume in Brand zu setzen.
Ihr konkretes politisches Programm für die Zukunft: Auf dem Kurfürstendamm ein politisches.Forum zu machen,d.h., auf dem Kurfürstendamm permanent und unaufhörlich gegen alle sich nur bietenden sozialen und politischen Mißstände vorzugehen. Ihr Einfluß im SDS ist momentan nicht genau zu bestimmen. Es hat aber den Anschein, daß von etwa 220 SDS-Mitgliedern gut 100 ihnen mangels besserer Kenntnis zu folgen bereit sind. Ihr Auftreten im SDS hat dazu geführt, daß sich die Falken, daß sich der SHB und daß sich der humanistische Studentenunion nur noch schwer zu gemeinsamen Veranstaltungen mit dem SDS bereit finden, weil sie fürchten müssen, daß sie in Aktionen verwickelt werden, die sie nicht wollen.
b)DieFreunde von Rudi DUTSCHKE.
DUTSCHKE ist im Grunde ein Einzelgänger, der ständig neue Ideen produziert und ständig neue Anhänger gewinnt. Anhänger allerdings, die nicht über seine Intelligenz verfügen und seine Ideen daher verbessern. DUTSCHKE ist ein verschworener DDR-Gegner. Auf DUTSCHKE ist es zurückzuführen, daß bei der damaligen Vietnam-Demonstration fast ein Bild Walter Ulbrichts verbrannt wurde. DUTSCHKE spricht ausschließlich von Scheiß-Sozialismus in der DDR. Ein klares Konzept DUTSCHKES ist nicht zu erkennen. DUTSCHKE ist aber der Initiator der Bewegung zur Gegenuniversität und zur Bildung einer Kommune in Westberlin. Vom Gedanken also, die jetzt von der Gruppe um KUNZELMANN ganz handfest diskutiert und offenbar auch vorbereitet werden.
Das Ziel der KUNZELMÄNNER, um das nachzutragen, geht dahin, an der Universität ständig Konflikte zu provozieren, um damit. ein Teil der Studentenschaft dazu anzuregen, die Universität zu verlassen und an einer sogenannten Gegenuniversität (Vorbild amerikanisches Modell), das zu studieren, was an der Universität nicht geboten würde und sich darüber hinaus in einer Kommune, d.h., in einer Lebens- und Wohngemeinschaft zusammenzuschließen, in der permanent sozialistische Politik diskutiert werden soll. DUTSCHKES Einfluß ist mehr theoretisch, mehr rhetorisch. Konkrete Gruppenbildungen und Absichten sind bei ihm nicht zu sehen. DUTSCHKE dürfte, ohne daß er es jemals ausgesprochen hat, aber durchaus Sympathien für die Kulturrevolution und damit für den chinesischen Weg aufbringen. In allen Diskussionen ist es gerade er, der um Verständnis für derartige Exzesse, die in China stattfinden, aufruft.
c) Die 3. Gruppe, die sogenannte Keulenriege. Eine Gruppe alter SDS-Mitglieder, die versucht, und zwar handfest versucht hat, die KUNZELMÄNNER-Fraktion aus dem SDS zu verdrängen oder zumindest ihren Einfluß zurückzudrängen. Hier ist es auf der letzten Landesvollversammlung, am 7. Jan., gelungen, eine Resolution zur Annahme zu bringen, die Aktionen, wie die an der Universität, bei der dem Direktor das Mikrophon entrissen wurde, verurteilt und dazu zu führen scheint, daß der SDS jetzt eine festere organisatorische Gestalt bekommt, die es dem jeweiligen Landesvorstand ermöglicht, alle geplanten oder in Vorbereitung befindlichen Aktionen zu kontrollieren und zu sanktionieren.
Alle Gruppen sind sich jedoch darüber einig, daß die begonnene Demonstrationswelle fortgesetzt werden muß. Während sich die KUNZELMÄNNER vorallem um die Auseinandersetzung, also auch um unpolitische Konflikte bemühen; versucht die KEULENRIEGE, die den Begriff einer permanenten Universitätsrevolte in die o.g. Resolution eingebracht hat, um konkrete politische Ziele, d.h. vorallem, um Studien- und Universitätsreformen zu kümmern. Setzt sich diese Konzeption durch, dann dürfte die sehr in Frage gestellte Bündnispolitik mit dem SHB; der humanistischen Studentenunion und auch mit den Falken wieder in Bewegung kommen, d. h., gemeinsame Aktionen zwischen allen Verbänden möglich sein.
Die KEULENRIEGE ist identisch oder weitgehend identisch mit den Mitgliedern der o.g. November-Gesellschaft.   Erich

Bericht von Dietrich Staritz (Deckname »Erich«), Mitglied des SDS und Mitarbeiter sowohl des MfS als auch des Bundesamtes für Verfassungsschutz

traditionell mit großem Wasserwerfereinsatz. Im Berliner Volksmund rangierte die Chose bald als »die Wasserspiele vom Kurfürstendamm«. Im Sommer 1967 nahm der populäre Polizeisprecher, Hauptwachtmeister Textor, diese Wendung auf und kündigte, nach dreimaliger vergeblicher Aufforderung, den Kreuzungsbereich Kurfürstendamm/Joachimsthaler Straße zu räumen, den Einsatz des nassen Elements aus dem Lautsprecherwagen heraus mit den Worten an: »Hiermit sind die Wasserspiele auf dem Kurfürstendamm eröffnet«.

Diejenigen von uns, die so dumm waren, sich bei einer »Einkaufsdemonstration« erwischen zu lassen, fanden sich Samstagabends gemeinsam mit einer größerer Zahl vorsorglich und versehentlich festgenommener Normalberliner in einem großen Ausbildungssaal des Polizeireviers am Sophie-Charlotte-Platz wieder. Dort waren am späten Nachmittag zirka drei- bis vierhundert Festgenommene anwesend, und es bestand ausreichend Gelegenheit, die mitgefangengehaltenen Normalbürger für mehrere Stunden einer umfassenden Agitation durch unsere Spezialisten in Sachen Vietnamkrieg auszusetzen. Barmherzige Wachpolizisten erlösten die geplagten Familienväter von meinem für Berliner Ohren schwer zu ertragenden, weil in fränkischem Dialekt dahinpolternden Redeschwall, indem sie mich in eine abgesonderte Einzelzelle sperrten.

Das Entscheidende dieser Aktionen gegen den Vietnamkrieg war für Hunderte der aktiv Beteiligten das Erlebnis, wie durch diese Art des Protestes auf spielerische und lustvolle Weise eine Provokation des Staatsapparates gelang, die zur Folge hatte, daß jeden Samstag mehr Demonstranten und Zuschauer erschienen, die an dem Spektakel auf die ein oder andere Weise teilhaben wollten. Sogar der Berlin-Tourismus profitierte davon, nachdem die Aktionen durch das deutsche Fernsehen in der Bundesrepublik bekanntgemacht wurden.

Am Weihnachtsabend schließlich erschien unsere Gruppe mit zwei Gipsköpfen und einem Weihnachtsbaum am Kranzlereck. Die Köpfe, Reproduktionen von Walter Ulbricht und Lyndon B. Johnson, wurden links und rechts des Weihnachtsbaumes auf

zwei Stangen aufgepflanzt, das Arrangement mit Benzin übergossen, angezündet und dazu »Stille Nacht, heilige Nacht« gesungen. In Ost-Berlin hat man dieses Vorkommnis, wie man heute im Parteiarchiv der SED nachlesen kann, Walter Ulbricht schriftlich rapportiert und es besonders Rudi Dutschke zu Last gelegt, den man als Drahtzieher eines antikommunistisch-anarchistischen Flügels im SDS geoutet hatte.

OBEN EIN BORDELL, UNTEN EIN BORDELL
■ DIE GRÜNDUNG DER KOMMUNE I
UND DAZWISCHEN FREIE LIEBE

Zwei, drei Tage nach den Weihnachtsaktionen – viele Studenten fuhren damals noch über die Festtage zu ihren Eltern, was den Nebeneffekt hatte, daß es unweigerlich zu unfestlichen Diskussionen im Familienkreis über die »Berliner Krawalle« kam, wobei jüngere Geschwister und mancher Verwandte gleich mit den neuen Ideen infiziert wurden –, wenige Tage später also setzten wir in der ruhigen Zeit zwischen Weihnachten und Silvester unsere Kommunediskussion fort. Am 31. Dezember 1966 kam es zum entscheidenden Treffen in der bereits erwähnten Wohnung in der Crellestraße. Zu dieser Sitzung – sie begann am Nachmittag und endete, unterbrochen von einem ausführlichen Abendmahl, am nächsten Morgen um 6 Uhr – waren alle erschienen, die seit Kochel kontinuierlich an der Kommunediskussion teilgenommen hatten. Das waren etwa 15 Leute. Bei diesem Treffen wurde die entscheidende Frage gestellt: »Ziehen wir ab morgen zusammen, ja oder nein?« Die Möglichkeit, sofort zusammenzuziehen, hatte sich ergeben, weil Ulrich Enzensbergers Freundin, Dagrun Enzensberger, sowohl über Schlüssel zur Arbeitswohnung von Uwe Johnson, einem großräumigen Dachatelier, und zu seiner zwei Ecken weiter liegenden eigentlichen Wohnung in der Stierstraße, als auch über die zum ebenfalls in Friedenau liegenden Haus ihres Mannes, Hans Magnus, verfügte. Johnson befand sich in New York und Hans Magnus Enzensberger irgendwo anders in der Welt, vermutlich bei einer Geliebten in Rom. So ergab sich mit diesen drei Wohnungen die Möglichkeit, nun endlich das zu wagen, worüber wir seit einem halben Jahr diskutiert hatten.

Wie es weitreichende Entscheidungen so an sich haben, ging es hin und her. Anfangs beantworteten fast alle die Frage, ob sie einziehen wollten, mit einem mehr oder weniger deutlichen Ja. Im Verlauf der Debatte änderte sich das aber. Während der langen Essenspause sprachen die Pärchen gesondert miteinander, Rudi mit Gretchen, Bernd mit seiner Freundin – wobei er später offenherzig bekannte, daß er befürchtete, in der Kommune würde er seiner Geliebten verlustig gehen –, und so begab es sich, daß im Verlauf dieser Silvesternacht ständig neue Gründungskonstellationen des für die nächsten Tage geplanten Kommunestarts im Gespräch waren. Früh um vier oder fünf Uhr wurde zum letzten Mal die Frage gestellt, ja oder nein. Und da stellte sich bedauerlicherweise heraus, daß ungefähr die Hälfte der Anwesenden nicht bereit war, sofort mit dem Experiment zu beginnen. Dies sei – beteuerten sie unentwegt – keine grundsätzliche Ablehnung. Vielmehr sei nicht auszuschließen, daß sie in den nächsten Wochen doch noch zu der Gruppe stoßen würden. Nur Rudi Dutschke lehnte unter gar nicht sanftem Druck von Gretchen dezidiert das Konzept Kommune I ab und kündigte an, er wolle parallel zu uns eine Wissenschaftskommune aufbauen. Das haben wir sehr befürwortet, weil der Grundgedanke des Experiments ja war, daß ein Netzwerk verschiedenartigster Kommunen das Rückgrat der antiautoritären Bewegung bilden müsse. Als exotisches Einzelprojekt, so war unsere feste Überzeugung, würde eine Kommune wie die, die wir gerade gründen wollten, nicht überleben. Das Kommune-Modell sollte als Form des Zusammenwohnens und Zusammenarbeitens, des sich gegenseitigen Helfens in allen Lebenslagen die adäquate Alternative zur Kleinfamilienexistenz bzw. zum isolierten und von politischen Zusammenhängen abgesonderten Leben in zellenartig engen Studentenbuden darstellen.

Am 1. und 2. Januar 1967 zogen in die genannten Wohnungen dann ein: Fritz Teufel, Volker Gebbert, Dagmar Seehuber, Ulrich Enzensberger, Dagrun Enzensberger, Hans-Joachim Hameister, Dorothea Ridder und ich. Rainer Langhans kam erst später dazu. Wir haben in dieser ersten Kommune-Zeit unseren Lebensunterhalt durch den Verkauf von Raubdrucken und durch Jobben verdient. Fritz Teufel und ich arbeiteten als Punktschweißer bei Rotaprint in der Reinickendorfer Straße im Wedding, die anderen in ähnlichen »Positionen«, wo man nur ein paar Mark in der Stunde verdiente. Lediglich Hans-Joachim Hameister bekam als Stipendiat der »Studienstiftung des Deutschen Volkes« die astronomische Summe von 1.000 DM, die auch in die gemeinsame Kommunekasse floß, eine Investition, die dem deutschen Volk, wie man heute in allen einschlägigen Zeitgeistanalysen nachlesen kann, letztendlich einige alltagskulturelle Innovationen eingebracht haben soll. Insgesamt haben wir die zu unserem Lebensunterhalt benötigten Mittel auf niedrigem Finanzvolumen halten können, weil einige – obwohl es noch kein Plastikgeld gab – sich sehr findig mit den Segnungen des bargeldlosen Einkaufens in den großen Kaufhäusern vertraut gemacht hatten. Trotz geringen Realeinkommens konnten wir uns und unsere Gäste – die nur mal beiläufig reinschauten, wie es in der Kommune wohl zugehe – bei Hirschkeule, bestem Lachs und anderen Delikatessen auf heiterste Weise von den Vorzügen der neuen Lebensart überzeugen. Durch unsere souveräne Wirtschaftsführung kam langsam auch das Geld für die Kaution zusammen, das man auf den Tisch blättern mußte, wenn man eine der größeren Berliner Wohnungen mieten wollte. Und wir wollten, damit wir – dreigeteilt niemals! – uns endlich wie geplant an einem Ort vereinigen konnten.

Herr K. in einem neuen Bundesland, Altmark, 1993

Disz. 22/67

An den
Vorsitzenden des Disziplinarausschusses
Herrn Prof. Dr. R. H e r z o g

Berlin 33
Van't-Hoff-Str. 8

Anschuldigungsschrift

Der

      stud.phil. Fritz T e u f e l
      geb. am 17. 6. 43 in Ingelheim/Rh.
      wohnhaft Berlin 12, Pestalozzistr. 57a
      Matr.-Nr. 45 665

wird angeschuldigt,

in Berlin
am 24. 1. 1967

      vorsätzlich oder grob fahrlässig seine Pflichten
      als Student der FU Berlin dadurch verletzt zu
      haben, dass er sich nicht so verhielt, wie dies
      von einem akademischen Bürger erwartet werden
      muss,
            indem er in einem Selbstbedienungsgeschäft
            in Berlin-Charlottenburg ein halbes Pfund
            Butter, eine Dose Lederspray und 2 Paar
            Strümpfe entwendete.

Verstoss gegen die §§ 1,3 der DO in Verbindung mit § 21 Ziff.2
der Universitätsordnung in der Fassung vom 1.4.66.
              Beweismittel
Strafakten 276 Cs-180/67 des Amtsgerichts Tiergarten.

Eines von vielen Schreiben des späteren Bundespräsidenten Roman Herzog an die Mitglieder der Kommune I

Polizeifoto, FU, 27. Januar 1967, D.K. mit der »1« markiert

Je mehr Geld wir ansparten, um so intensiver studierten wir die Immobilienseiten der »Berliner Morgenpost« durch und befaßten uns mit der Suche nach einem geeigneten Großobjekt. Natürlich ging die laufende politische Arbeit im SDS und in den Arbeitskreisen weiter, und seit Anfang April 1967 liefen außerdem die Vorbereitungen zur ersten großangelegten eigenen Aktion der Kommune I, die zugleich ihre Initiation als Einrichtung des öffentlichen Lebens in West-Berlin und der Bundesrepublik Deutschlands nach sich ziehen sollte.

In den ersten Monaten unserer dreigeteilten Kommunardenexistenz trafen wir uns in jeweils einer der Wohnungen und führten die berüchtigten »Psychodiskussionen«, bei denen es um nichts anderes ging, als sich kennenzulernen. Jede und jeder erzählte über ihre oder seine Biographie, über Pläne und Probleme. Es ging zunächst darum, sich der sehr unterschiedlichen Lebensgeschichten bewußt zu werden, die nun mit einem Mal in der gemeinsamen Wohnung zusammenliefen. Natürlich kamen auch Probleme der einzelnen Kommunemitglieder zur Sprache und Widersprüche, die sich aus der für alle ungewohnten Form der neuen Existenz in einer Kommune im Alltagsleben ergeben hatten. Nach meiner Erinnerung erfolgte das auf solidarische Weise, auf keinen Fall in diffamierender Form. Ausdrücklich galt es als unzulässig, zynische Kommentare abzugeben, wenn jemand seine Seele an solchen Diskussionsabenden offen auf den Tisch legte. Es ging in diesen, von unseren Kritikern im SDS als »Psychogespräche« diffamierten Runden, aber auch um ganz praktische Fragen des Lebensunterhalts. Angesichts der schwierigen Lage auf dem Wohnungs- und Versorgungsmarkt wurden auch Überlegungen darüber angestellt, ob wir nicht ein leerstehendes Haus besetzen sollten und ob die Probleme unserer Lebensmittelversorgung nicht durch die Besetzung eines Supermarktes zu lösen wären, wobei neben unserer Selbstversorgung auch an eine gerechte Güterteilung mit bedürftigen und mittellosen Restberlinern gedacht war.

Im gesamten Zeitraum der anfänglichen Kommuneexistenz erschienen immer wieder Außenstehende, meist SDS-Mitglieder, zu unseren abendlichen Diskussionen, um mit uns darüber zu beraten, ob sie sich uns anschließen oder aber weitere Kommunen gründen sollten. Dagmar Seehuber und Dorothea Ridder haben in dieser Zeit auch noch einmal mit Rudi Dutschke gesprochen, ob er nicht doch noch einziehen wolle. Er hat das strikt abgelehnt. Zu denen, die unbedingt in die gemeinsame Wohnung

A u s w e r t u n g s b e r i c h t

Einzelnen Tagebucheintragungen im Taschenkalender (1967)
des Dieter K u n z e l m a n n sind Hinweise auf Flugblatt-,
auf die Ostermarsch und auf die H u m p h r e y-Aktion sowie
auf Besuche der rotchinesischen Botschaft im Sowjetsektor
zu entnehmen.

Die entsprechenden Eintragungen werden nachfolgend chrono-
logisch ausgewertet:

3. 1. 1967	Matrizzen kaufen,
5. 1. 1967	Entwürfe austauschen, Bernd wegen Papier fragen, Leute kommen zum Abziehen,
6. 1. 1967	Papier kommt, tagsüber die verschiedenen Entwürfe ver- suchen, zusammenzubringen,
8. 1. 1967	21.00 SDS-Besprechung wegen PH,
14. 1. 1967	SDS-Beiratsitzung 16.00 , 24. Demonstration <u>Chinesische Botschaft</u>
18. 1. 1967	Materialien geben lassen 5ter Zettel
27. 1. 1967	13.00 Protestversammlung
28. 1. 1967	15.00 Demonstration nachher Lübke-Empfang
21.2. 1967	Tipporganisation
23. 2. 1967	Transport-Maschine u. Drucken
25.2. 1967	Maschinetransport
1. 3. 1967	ROTAPRINT arbeiten anfangen
6. 3. 1967	Bestellung bei ROTAPRINT aufgeben
7. 3. 1967	ROTAPRINT einkaufen
17. 3. 1967	<u>Ostberlin Verhandlungen Moa-Bibel</u>
21. 3. 1967	18.00 Botschaft mit Truppe essen 19.00 <u>SDS-Ostermarsch keine Abendsitzung</u>
24. 3. 1967	SDS-Besuch 19.00 Ostermarsch-Besprechung
26. 3. 1967	Großaktion verhaftet worden (Kunzelmann wurde festgenommen, weil er auf dem Kurfürstendamm während einer Demonstrationein Polizeifahrzeug mit roter Farbe verschmutzte.)

Auswertungs-
bericht der
Kriminalpolizei

miteinziehen wollten, gehörte Rainer Langhans, der als Mitglied des SDS-Landesvorstandes im SDS-Gebäude am Kurfürstendamm mit anderen, späteren Gründungs-
mitgliedern der Kommune 2, darunter Jan-Carl Raspe, zusammenlebte.

Als bekannt wurde, daß der Vizepräsident der Vereinigten Staaten von Amerika,
Hubert Horatio Humphrey, am 5. April 1967 West-Berlin einen Besuch abstatten
würde, stimmten wir sofort darin überein, daß dies der Anlaß für unsere erste größere
eigene Aktion sein mußte. Mir war klar – nach allem, was ich bislang an Erfahrungen
über politische Happenings gesammelt hatte –, daß unsere Aktion erstens in einem

Schein-Angriff auf den Konvoi des Vizepräsidenten bestehen könnte und zweitens dieser Angriff so zu gestalten sei, daß er die interessierte Öffentlichkeit mehr zum Lachen brachte als Anlaß für Furcht- oder Bedrohungsszenarios zu bieten. Es lag indes nicht in der Reichweite unserer Phantasie, daß interessierte Dritte aus unserer Happeningplanung ein Ereignis machen würden, das einmalig in der Geschichte der Protestbewegungen sein dürfte: Ein Nichtereignis wurde zum weltweit beachteten Spektakel, der Berliner Staatsschutz und die Springer-Presse produzierten einen geplanten Bombenanschlag auf den US-Vizepräsidenten. Die Ermittlungsbehörde konnte, wie sich bald herausstellte, den in höchster Alarmstimmung erschienenen Vertretern der Weltpresse statt einer Bombe nur Puddingpulver

und Mehl als corpus delicti präsentieren. Wir selbst wurden bei den vorbereitenden Wurfübungen im Grunewald, einen Tag vor dem Humphrey-Besuch, festgenommen und mußten wenig später unter dem Gelächter der internationalen Öffentlichkeit aus der Untersuchungshaft entlassen werden.

Nie werde ich vergessen, wie intensiv unser Anwalt Horst Mahler morgens um fünf im Gefängnis Moabit auf mich einredete, um mich zu einer Erklärung vor dem Ermittlungsrichter zu bewegen, daß wir tatsächlich keine Bomben gebastelt hatten. Sachaussagen vor der Justiz galten bei uns als verpönt. »Nur die Wahrheit bringt euch aus dem Knast!«, hämmerte er mir minutenlang ein. In gleicher Richtung bearbeitete er die anderen Verhafteten und nach kürzester Zeit saßen wir gemeinsam im Café Möhring am Kurfürstendamm, verschlangen Berge von Rühreiern mit Speck, dazu reichlich gedeckten Apfelkuchen und schickten die Rechnung an den Berliner Polizeipräsidenten. Hat er sie beglichen? Oder an die US-Mission in der Clay-Allee weitergereicht?

Neben dem Berliner Staatsschutz war auch der amerikanische Geheimdienst blamiert. Letzterer hatte die Telefone in der Wohnung von Uwe Johnson abgehört und aus unserem konspirativen Geflüster um Puddingpulver, Mehl und Nebelkerzen die Vorbereitung eines Bombenattentats herausgehört. Vermutlich wußte der Staatsschutz schon vor unserer Festnahme, daß wir kein Bombenattentat, sondern einen Klamauk planten. Doch benötigte man endlich einmal einen richtigen Erfolg im Konkurrenzkampf mit dem Landesamt für Verfassungsschutz und hat deswegen die harmlose Sache zum Bombenanschlag hochstilisiert.

Für uns hatte die Affäre neben Jux und Dollerei aber auch einen negativen Aspekt. Uwe Johnson erfuhr am Tag nach unserer Festnahme durch eine Schlagzeile der »New York Times«, daß in seiner Berliner Wohnung ein Attentat auf den Vizepräsidenten seines Gastlandes vorbereitet worden sei. Johnson rief sofort seinen Friedenauer Nachbarn und Freund Günter Grass an und erteilte ihm den Auftrag, uns aus der Wohnung zu werfen, was mit Hilfe der Polizei dann auch geschah.

Die wegen Verdachts des Attentats-Versuchs Festgenommenen (von links): Fritz Teufel, Dagmar Seehuber, D.K., Dorothea Ridder, Ulrich Enzensberger, Hans-Joachim Hameister, Berlin, 7. April 1967

Brief von Uwe und Elisabeth Johnson an Dagrun Enzensberger aus New York, 4. April 1967

nyc
4. April, 1967

Liebe Dagrun:

Hier ist heute ein Dienstag, und diesen Brief wirst du bekommen am Sonnabend oder Montag, der Montag wird der 10. April sein, und am Sonnabend danach, dem 15. April, musst du unsere Wohnung verlassen und die Schluessel bei Frau Fucker abgegeben haben. Du solltest uns nicht sagen dass du vor deinem letzten Brief zwei lange Schreiben an uns gerichtet hast, denn es ueberfordert uns das zu glauben. Als wir dir unsere Wohnung ueberliessen, war es so gedacht dass keiner einen Schaden hat und du eine Unterkunft. Es war nicht so gedacht dass du der armen Frau Kaiser Wasser auf den Kopf laufen laesst; es war nicht so gedacht dass du uns fremde Leute, aus welch edlen Gruenden immer, bei uns beherbergst; es war nicht so gedacht dass deine Gaeste laermen und unsere Nachbarn belaestigen. Wir geben schamlos zu dass wir diese Wohnung behalten wollen, auch was darin ist, auch freundliche Beziehungen zu den Mietern rings um diese Wohnung, und wir lassen uns das nicht lange beschaedigen. Wir haben uns eine Anstandsfrist darueber gewundert warum du in unserer Wohnung dich benimmst wie wir uns in deinen nicht benommen haben; danach bleibt uns nur uebrig zu begreifen dass du uns schaedigst, und deswegen musst du unsere Wohnung am Sonnabend, dem 15. April, verlassen und die Schluessel bei Frau Fucker abgegeben haben.

Mit verstaendnislosen Gruessen,

Uwe · Elisabeth.

nyc
5. April, 1967

Liebe Dagrun,

dein Brief vom 3. Februar ist heute bei uns angekommen,
wir haben ihn gelesen, wir bedanken uns dafür, und wir
glauben ihn auch. Wir haben uns vorher nicht vorstellen
können, dass zwei Briefe von dir verloren gegangen sein
sollen, weil ja sogar die Drucksachen von Möbel-Hübner
regelmässig uns erreichen, und weil wir nicht annehmen
konnten, dass du nach New York schreibst, ohne eine
Hausnummer anzugeben. Dieser Brief ist dann wieder in
Westberlin verschiedentlich bestempelt worden, bis eine
Konferenz der verwirrten Postämter ihn probehalber Suhr-
kamps in Frankfurt zuwarf, die ihn mit der gewöhnlichen
Post weiterleiteten. Und wir glauben nun auch den zweiten
Brief, den du erwähntest, und hoffen er erreicht uns im
Juni.

Wir wären gerne in der Lage, unseren Brief von gestern
zurückzunehmen. Dein Verhalten in unserer Wohnung hat
es uns unmöglich gemacht. Es mag sein dass du dich durch
rasche Fragen bei uns davor hättest bewahren können, dass
unsere Nachbarn sich bei der Hauseigentümerin beschweren;
es ist sicher, dass du uns keine Gelegenheit gabst, deine
uns unbekannten Gäste zu verteidigen; nun kann dich nicht
wundern, dass wir uns einer Kündigung aus Wut nicht aus-
setzen wollen.

Unsere Pläne, nach denen du fragst, richten sich immer
noch darauf, dass wir hier bleiben für einige Monate
und einige Monate. Wahrscheinlich wird einer von uns
im Juni nach Westberlin kommen, und es wäre uns recht,
wenn du wünschen solltest, mit einem von uns über die
Schwierigkeiten in der Verständigung zwischen dir und
uns zu sprechen.

Yours, Truly,

hJ.

Liebe Dagrun,
es tut mir leid - was Du von Eurer Kommune schreibst,
taugt doch nur für sehr junge und sehr unorientierte Leute;
wie denn für Dich? Wenn ich hoffen könnte, dass es darüber Verständigungsmöglichkeiten gibt, würde ich wünschen,
Du schreibst.
Elisabeth

Brief von Uwe und Elisabeth Johnson an Dagrun Enzensberger aus New York, 5. April 1967

Berlin, den 8. 4. 1967
                                   intern: 2534

              B e r i c h t

Über den Dauerdienst I-A wurde Unterzeichnender benach-
richtigt, daß Herr G r a s s nunmehr im Besitze des
Schlüssels zur Wohnung des Herrn J o h n s o n sei
und eine Entsiegelung der Wohnung nun durchgeführt werden könne.

Gegen 10.30 Uhr suchte Unterzeichnender Herrn G r a s s
in dessen Wohnung auf und traf hier auch mit dem Studenten

              Ulrich E n z e n s b e r g e r ,
              Pers. bekannt,

zusammen.

Nach der Begrüßung stellte Herr G r a s s an den Unterzeichnenden die Frage, ob die Polizei in der Wohnung des
Herrn

              Uwe J o h n s o n

eine Abhöranlage eingebaut hat. Diese Frage von Herrn
G r a s s wurde von Unterzeichnendem mit einem "Nein "
beantwortet.
Darauf begaben sich Herr G r a s s , Herrn E n z e n s -
b e r g e r und der Unterzeichnende zum Hause Niedstr. 14,
wo festgestellt wurde, daß sich im fünften Stock des Hauses,
in unmittelbarer Nähe der Wohnungstür zur Wohnung des
Herrn J o h n s o n , folgende Personen befanden:

              Dieter K u n z e l m a n n ,
              Pers. bekannt,
              Klaus G i l g e n m a n n ,
              Pers. bekannt,
              Volker G e b b e r t ,
              Pers. bekannt.
              Rainer L a n g h a n s ,
              Pers. bekannt.
              Dagmar S e e h u b e r ,
              Pers. bekannt und
              Dorothea R i d d e r ,
              Pers. bekannt.

Ferner standen dort einige Fotoreporter der Zeitschrift
" Stern ", unter ihnen einen Reporter A h r e n d t
aus Hamburg.

Als Herr G r a s s diese Ansammlung sah, machte er
Herrn E n z e n s b e r g e r heftige Vorwürfe, doch
dieser antwortete ihm gar nicht.

Mit der Entsiegelung der Wohnung konnte noch nicht begonnen werden, da die Fotoreporter mit Herrn G r a s s
sprachen und von ihm die Erlaubnis forderten, die Wohnung
des J o h n s o n fotografieren zu können.   - 2 -

Während dieser Unterhaltung, die von dem Studenten
K u n z e l m a n n desöfteren gestört wurde, wurde dieser mehrmals von Herrn G r a s s zurechtgewiesen.
Daraufhin bezeichnete er den Unterzeichnenden als den
" Boss, der uns alle hat hochgehen lassen ". Er (K.) trat
dicht an den Unterzeichnenden heran und sagte wörtlich:
" Der Haftrichter war ein moderner Mensch und hatte für
uns Verständnis ". Dann bezeichnete er den Unterzeichnenden als " Befehlsempfänger ", dem aber kein " Befehlsnot-
stand " zur Seite stünde. Dann verlangte er von ihm die
Aushändigung der Dienstkarte, mit dem Bemerken, daß er
schon mehrere davon besitze, um gegen diese Personen ein
Verfahren bei dem Haftrichter einleiten zu können.
Die Dienstkarte wurde dem K. ausgehändigt. (S. Vordruck
95, Nr. 114/67)

Nach ca. 10 Minuten Wartezeit erklärte Herr G r a s s ,
daß die Wohnung nun entsiegelt werden könne. Daraufhin
nahm der Unterzeichnende die Entsiegelung vor.
Der Vorgang der Entsiegelung wurde von den Anwesenden
nicht gestört, jedoch nahm K u n z e l m a n n eine
provozierende Haltung ein, während die anderen Personen
sich vollkommen ruhig verhielten.
Nach der Entsiegelung verlangte Herr K u n z e l m a n n
in frechem Ton von Unterzeichnendem die Aushändigung der
Klebestreifen und Siegelmarken, was jedoch strikt abgelehnt
wurde.

Der Unterzeichnende verließ gegen 11. 30 Uhr das Haus
Niedsstr. 14.

- Heindke, KHM -

Bericht der Kriminalpolizei, 8. April 1967

MIETVERTRAG FUR GEWERBLICHE RÄUME

(● Fettgedruckte Punkte am Rande weisen auf auszufüllende Lücken und besondere Regelungen hin! Nichtzutreffendes streichen!)

Unter Mieter und Vermieter werden die Mietparteien auch dann verstanden, wenn sie aus mehreren, ggf. auch juristischen Personen bestehen. Alle genannten Personen müssen den Mietvertrag unterschreiben. Nichtzutreffende Teile des Mietvertrages sind durchzustreichen, freie Stellen sind auszufüllen oder durchzustreichen.

● Zwischen ...... Frau Ellen W e i n b e r g .... geb. Herte ....

● in .... Berlin 21, Händelallee 28 .... als Vermieter

● vertreten durch ....

● und ● .... Herrn Volker G e b b e r t ....

● .... Erlangen, Sophienstr. 85 .... als Mieter
wird folgender Mietvertrag geschlossen.

§ 1 — Mieträume
1) Zum Betriebe ~~eines~~ / eines ..... Fremdenheimes, ~~Pension oder Hotels~~ ....

Mietvertrag vom 11. April 1967 für die Wohnung der Kommune I

Bis zum 5. April 1967 gab es auch im Berliner SDS erhebliche Vorbehalte gegen uns. Viele hielten uns für ausgeflippt und kompensierten ihre Unentschiedenheit gegenüber dem Kommuneexperiment und ihr Verharren in hergebrachten bürgerlichen Lebensverhältnissen mit wilden Spekulationen über unsere angeblichen »Psychodiskussionen«. Das Humphrey-Ereignis machte diesen Skeptikern deutlich, daß wir nicht bloß privatisierende Spinner waren – und zugleich wurde die Idee der Lebensform Kommune I zu einem landauf, landab debattierten Thema.

Durch den Rausschmiß aus unseren bisherigen drei Unterkünften waren wir von heute auf morgen gezwungen, uns eine neue Wohnung zu beschaffen. Erste Hilfe erhielten wir durch einen Schriftsteller, der uns seine völlig verwahrloste Wohnung in der Kohlfurter Straße zur Verfügung stellte. In dieser Notunterkunft hausten wir mit acht bis zehn Leuten in drei Räumen, was uns zu einer um so intensiveren Wohnungssuche zwang. So fanden wir endlich die gewerblich vermietete Wohnung am Stuttgarter Platz, Kaiser-Friedrich-Straße 54 a, hatten die nötige Kaution von 1.000 Mark angespart sowie die erste Miete in Höhe von 750 Mark und zogen am 1. Mai 1967 dort ein. Im Erdgeschoß befand sich ein Nachtlokal mit Animierdamen, im Hochparterre ein Bordell, in Stockwerk eins ein Bordell, im Stockwerk zwei ein Bordell, darüber wir und über uns noch ein Bordell.

Zu den Ausgangsüberlegungen des Kommuneexperiments gehörte, daß unsere Ideen – Zusammenleben, sich selbst verändern, Veränderung des Alltagslebens und politische Aktion – möglichst breit bekanntgemacht werden sollten. Deswegen waren uns Schlagzeilen immer angenehm. Nach dem »Humphrey-Attentat« haben wir, aufgescheucht durch den Ansturm interessierter Berichterstatter von Funk, Fernsehen und Presseorganen des In- und Auslandes, auch einmal grundsätzlich über unseren Umgang mit den Medien diskutiert. Dabei ging es vor allem darum, wie wir in Zukunft mit all diesen neuen Anforderungen und Ansprüchen umgehen wollten; welche persönlichen Beschädigungen für einzelne von uns entstehen könnten, ob es zu Konkurrenzen zwischen uns oder zum Ausleben persönlicher Eitelkeiten kommen würde etc.. Wir wollten alles möglichst so handhaben, daß die Medien uns weder auseinanderdividierten noch Macht über uns und unser Handeln gewinnen konnten. Diese Diskussion stärkte unser Selbstbewußtsein und unsere Autonomie, so daß es uns gelang, mehr mit den Medien zu spielen und sie zu benutzen, als umgekehrt. Bei den Zeitungsauswertungen (wie am Morgen nach einer Theaterpremiere) während unseres Kommunefrühstücks haben wir uns immer köstlich darüber amüsiert, wie die Streicheleinheiten neu verteilt waren und der eine als größerer Star als der andere herausgestellt wurde. Entscheidender war dabei allerdings, daß uns über die Presseresonanz immer auch neue Aktionen einfielen, die als nächste in Angriff genommen werden könnten. Am Stuttgarter Platz hatten wir die Eingangstür zu unserer Wohnung mit dem Spruch versehen: »Erst blechen, dann reden«, und es war dann auch wirklich so, daß wir bald einen Teil unseres Lebensunterhaltes aus solchen Einkünften bestreiten konnten, die wir der öffentlichen Neugier zu verdanken hatten.

```
Erst Geld
dann Ware      u. Porto


        KOMMUNE I
1 Bln 12 Kaiser Friedr Str 54a
```

Wenn wir mit den einzelnen Beziehungen untereinander, besonders mit den festen Beziehungen innerhalb der Kommune, so gut hätten umgehen können wie mit den Medien, wäre sicherlich der eine oder andere Auszug zu verhindern gewesen. Dagmar Seehuber ist kurz nach dem 2. Juni 1967 ausgestiegen, weil ich das Kind, das sie erwartete, nicht haben wollte, da ich aufgrund meiner Perspektive keine Verantwortung zu übernehmen bereit war oder meinte übernehmen zu können. Das Verhältnis zwischen Dagrun Enzensberger und Uli Enzensberger ging auseinander, da ihm ein blonder Engel aus dem verarmten hessischen Kleinadel erschienen war. Häufig hatten wir Besuch von Freundinnen und Bekannten, manche blieben über Nacht und ließen Probleme zurück, manche verschwanden sogleich und ließen ebenfalls Probleme zurück. Viel zu oft ergaben sich gewollte und ungewollte Verstrickungen, die Rückwirkungen auf die Verhältnisse innerhalb der eigentlichen Kommunegruppe hatten. Die in diesem Kontext aufbrechenden Konflikte waren mindestens so gravierend wie alles, was infolge der zunehmenden Verfolgungen durch Polizei und Justiz auf uns einprasselte.

Im Nachhinein betrachtet ist auch für mich nur noch schwer nachvollziehbar, was innerhalb weniger Wochen im April, Mai und Juni 1967 im Taumel vieler Ereignisse von der Kommune I, sowohl an Selbstfindungs- und Selbstverständigungsprozessen unter uns als auch an Aktivitäten und Aktionen nach außen, geleistet wurde. Noch im Chaos der Kohlfurter Straße verfaßten wir die fünf Flugblätter für die AStA-Neuwahlen an der Freien Universität, die schließlich auch zu unserem Ausschluß aus dem SDS führten. Ziel dieser Flugblätter, die wir fröhlich anmaßend mit SDS unterzeichneten, war eine Radikalisierung der Studentenschaft. Insofern trifft es nicht zu, daß uns die SDS-Politik an der Universität nicht interessiert hätte, wie man uns vom SDS-Bundesvorstand vorwarf, oder daß wir die Hochschulpolitik des SDS schädigen wollten. Was wir aber bezweckten, war die Zerstörung von Mitbestimmungsillusionen

Kommune-Essen, Kaiser-Friedrich-Straße, 1968

und die Loslösung möglichst vieler Studentinnen und Studenten von einer Fixierung
auf pseudoparlamentarische Spielwiesen in den Universitätsgremien bzw. im Konvent
der FU. Wir wollten die ersten Ansätze des studentischen Aufbegehrens sofort über ihre eigenen Grenzen hinaustreiben und keine Reintegration durch Selbstbeschränkung
auf eine wie auch immer geartete Hochschulpolitik zulassen. Das hat tatsächlich funk-
tioniert, und deshalb empfanden wir den Ausschluß aus dem SDS als ziemlich unbe-
deutende und beckmesserische, ja lächerliche Angelegenheit. Rainer Langhans, der
Mitglied des Berliner SDS-Landesvorstandes, aber gleichzeitig frischgebackener Kom-
munarde war, hat der Suspendierung unserer und seiner SDS-Mitgliedschaft mit
großem Jux sogar zugestimmt und somit der Absurdität des Verfahrens noch die Krone aufgesetzt. Zu der SDS-Mitgliederversammlung, auf der über den Ausschluß der
Kommune I beschlossen wurde, sind wir anderen erst gar nicht hingegangen. Wir haben stattdessen Rudi Dutschke ein Flugblatt mitgegeben, als er vor der Sitzung bei
uns vorbeischaute, und sind Fußballspielen gegangen. Unseren Ausschluß mochte
man als letzten Erfolg auf das Konto der Apparatschiks und Verbandsbürokraten ver-
buchen – danach ging es jedoch mit ihrem Verein bergab. Wir haben den Beschluß
übrigens nie als Trennung von unseren Freunden im SDS empfunden, im Gegenteil:
frei und ungebunden konnten wir tun, was wir für angebracht hielten. Die Antiautoritären im SDS machten eh mit, und die Karteileichen waren sowieso hinterher immer schon vorher überzeugt gewesen, daß eigentlich sie es waren, die zum Erfolg der

Studenten, Lahmärsche und Karrieremacher,
ALLE MAL AUFPASSEN !
Ihr sitzt ja doch am kürzeren Hebel !
Kein Mensch hat was dagegen, wenn ihr bei Konventswahlen und
Urabstimmungen Demokratenpflicht erfüllt. (Auch Bettermann
nicht !)
Politische Aktionen an der FU überlaßt doch lieber CIA und
Verfassungsschutz !
Paukt gefälligst, damit ihr hier nicht rausgeschmissen werdet !
Was habt ihr denn gegen das Disziplinarrecht ? Zuchthäusler,
Soldaten und Idioten müssen schließlich auch härter angefaßt
werden.
Wenn ihr schon zum sit-in geht, bewahrt gefälligst Haltung !
Hört zu, was man euch erzählt !
Macht keinen Blödsinn !
Macht keine Diskussionsbeiträge !
Macht keine Wandzeitungen !
Aber wenn ihr schon Wandzeitungen macht, denkt an das akade-
mische Niveau ! (10 Fremdwörter/qm)
Macht keine Sprechchöre !
Macht das Tor auf !
Hört, was die Funktionäre sagen !
Vögelt nicht im Audimax !
Denkt immer dran, daß das Fernsehen kommen und eure Großmut-
ter euch beobachten könnte !
Tretet euch die Schuhe ab,
TRETET LIEBER LEISE !
Aber tretet !
Denkt dran, daß eure Großmutter euch immer beobachtet, auch
wenn das Fernsehen nicht da ist !
Vögelt nicht im Henry-Ford-Bau !
Lebt geräuschlos ! Ruhe ist akademisch !
Bleibttreu, bleibtdeutsch, bleibtdoof !
NUR DIE RATIONALE DISKUSSION
VERHINDERT ALLGEMEINE KOPULATION
Es lebe Lübke !
Es lebe unsere freiheitliche demokratische Ordnung !
Es lebe die Springerpresse !
Nieder mit dem Faschmismus (den es nie gegeben hat), nieder
mit dem Kommunismus, nieder mit der Kommune, nieder mit dem
ASTA, nieder mit den Studenten !
NIEDER !

                              SDS

BESCHLUSS DES BUNDESVORSTANDES DES SDS VOM 29./30. APRIL 1967

....

Es ist nicht zu verkennen, daß die »Provo«-Aktionen der Mitglieder der Psycho-Kommune eine radikalisierende Wirkung auf die Studentenschaft ausüben, indem die pathologischen Reaktionen von Berliner Verwaltung, Berliner Presse und Universität geeignete Anlässe für das mit Aktionen verbundene politische Lernen der Studentenschaft darstellen. Dies bedeutet aber zugleich, daß die, diesen Lernprozeß vorantreibende Kraft in der Studentenschaft, dem SDS, von dem unnötigen und den Politisierungsprozeß gefährdenden Zwang, sich mit diesen Aktionen zu identifizieren bzw. sich davon zu distanzieren, befreit werden muß. Der Berliner Landesverband muß deshalb den inneren Neukonsolidierungsprozeß anstreben, in dessen Vollzug die Abtrennung der Psycho-Kommune einen wichtigen, vorantreibenden Schritt darstellen wird.

Der Bundesvorstand hofft deswegen, daß der Landesverband Berlin des SDS in dem gegenwärtigen Kampf an der FU den existenzialistischen Voluntarismus und den politischen Zynismus der Psycho-Kommune nicht nur theoretisch überwindet, sondern zugleich in diesem Kampf seine eigene Reorganiation soweit voranzutreiben vermag, daß er auch zu praktischen Konsequenzen, zum Ausschluß der Mitglieder der Psycho-Kommune, stark sein wird.

(Bei einer Gegenstimme)

jeweiligen Aktion den entscheidenden Beitrag geleistet hatten. Wir hatten in der Zeit seit Januar 1967 soviel Selbstbewußtsein und Tempo gewonnen, daß wir uns von solchen Lapalien gar nicht mehr aufhalten ließen. Bald war es so, daß man und frau einfach dabei gewesen sein wollten, selbst wenn die Bedenkenträger im SDS sie vorher mit all ihrer geschulten Zungenfertigkeit vom unverantwortlichen Voluntarismus unserer Aktionen zu überzeugen wußten. Die Verhältnisse waren zum Tanzen gebracht, und auch der SDS tanzte mit. Wir waren überzeugt, unser Ausschluß setze den Beginn einer Serie von Neuanfängen und die antiautoritäre Bewegung würde sich dadurch vervielfältigen, daß immer mehr Gruppen selbständig agierten.

Berlin, den 10. Mai 1967

                    V e r m e r k

Wie bekanntgeworden, ist K u n z e l m a n n in München
einschlägig in Erscheinung getreten:

1. Die Staatsanwaltschaft München I führte gegen ihn und ander
   unter Az. 10c Js 2505/61 ein Ermittlungsverfahren wegen
   Verbreitung unzüchtiger Schriften und Beleidigung durch.
   Der Ausgang des Verfahrens ist hier nicht bekannt.

2. Ein Verfahren wegen Übertretung nach dem Pressegesetz war
   bei der StA München I unter Az. 30 Js 58 a-e/63 anhängig.
   K u n z e l m a n n wurde am 12.5.1964 vom AG München
   (Az. 42 Cs 269/64) zu 50,-- DM ersw. 5 Tg. Haft verurteilt.
   Das Verfahren entstand wegen der Herausgabe und Verbreitung
   eines Flugblattes mit der Überschrift "Auch Du hast
   Kennedy erschossen", das mit "Subversive Aktion" unter-
   zeichnet war.

3. Am 8.5.1964 störte er mit anderen Beteiligten eine Tagung
   des Bundes Deutscher Werbeberater in Stuttgart durch Ab-
   spielen von Tonbändern und Verbreiten von Flugblättern der
   "Subversiven Aktion".

4. Bei der StA München I war unter Az. 30 u Js 30/64 gegen
   K u n z e l m a n n und andere ein Ermittlungsverfahren
   wegen Verstoßes gegen das Pressegesetz anhängig. Er stand
   im Verdacht, am 6./7.5.64 an der Universität München
   Plakate mit falschem Impressum angebracht zu haben. Der
   Ausgang des Verfahrens ist hier nicht bekannt.

5. K u n z e l m a n n stand im Verdacht, am 2./3.9.64 an einer Plakataktion der "Subversiven Aktion" im Raume Stuttgart beteiligt gewesen zu sein. Die Ermittlungen wegen
   öffentlicher Verunglimpfung der christlichen Kirchen
   (§ 166 StGB), Sachbeschädigung und unerlaubten Plakatan-
   schlags wurden von der Kripo Stuttgart durchgeführt.

6. Am 19.2.65 nahm K u n z e l m a n n an der angemeldeten
   Demonstration gegen die Vietnam-Politik der USA vor dem
   Amerikanischen Generalkonsulat in München teil.

7. Ein Ermittlungsverfahren wegen Beleidigung des damaligen
   kongolesischen Ministerpräsidenten Tschombe, groben Unfugs
   u.a. am 14.12.1964 war gegen K u n z e l m a n n und
   andere bei der Staatsanwaltschaft München I - Az. 1 Js
   111a-f/64 - anhängig. Der Ausgang des Verfahrens ist hier
   nicht bekannt.

8. K u n z e l m a n n klebte in der Nacht vom 20./21.5.1965
   mit zwei weiteren Personen in München Plakate der"Aktion
   für Internationale Solidarität" an, die kein ordnungsgemäßes
   Impressum aufwiesen. Das eingeleitete Ermittlungsverfahren
   wurde von der StA München I - Az. 30 Js 28a - gem. § 154/II
   StPO eingestellt.

9. Am 26.5.1965 veranstaltete die "Kampagne für Abrüstung"
   in München eine Demonstration. Im Anschluß daran kam es zu
   "wilden" Demonstrationen an der Baader-/Rumfordstraße und
   vor dem Amerikahaus am Karolinenplatz, an denen sich auch
   K u n z e l m a n n beteiligte. U.a. wurde auch gegen ihn
   bei der StA München I - 3 Js 47/65 - ein Ermittlungsverfahren wegen Verdachts des Auflaufs und des Aufruhrs eingeleitet. Die 2. Strafkammer des LG München (Az.: Ns 806/66 -
   II 43/66 / 3 Ls 2 ab/65 - 42 AK 141 ab/65) verurteilte ihn
   am 28.9.1966 in 2. Instanz wegen Auflaufs in TE mit Widerstand gegen die Staatsgewalt zu einer Strafe von 3 Wochen
   Gefängnis (ob die Verurteilung bereits rechtskräftig wurde,
   ist hier nicht bekannt).

10. Anläßlich einer Zusammenkunft zwischen Bundeskanzler Prof.
    Dr. Erhard und dem US-Sonderbotschafter Harriman am 24.7.65
    in München kam es zu einer nicht-angemeldeten Demonstration
    vor dem Hotel "Vier Jahreszeiten". Gegen 10 Personen,
    darunter auch K u n z e l m a n n, wurden bei der StA
    München I Ermittlungsverfahren wegen Verdachts des Auflaufs
    u.a. eingeleitet. Am 26.4.1966 wurde K u n z e l m a n n
    vom AG München (Az.: 3 Js 106/65 - 42 Ds 82/66) freige-
    sprochen.

11. Nach Beendigung einer ordnungsgemäß angemeldeten "Vietnam-
    Demonstration" am 4.7.1966 in München kam es zu Aus-
    schreitungen, wobei Steine, Glasbehälter mit roter Flüssig-
    keit und Eier gegen das Gebäude des US-Generalkonsulats
    geworfen wurden. K u n z e l m a n n sol sich dabei auch
    als Werfer beteiligt haben. Gegen ihn wurde deshalb bei
    der StA München I unter Az. 1 Js 112/66 ein Ermittlungsver-
    fahren wegen Verdachts des Landfriedensbruchs, Widerstands
    u.a. eingeleitet. Das Verfahren ist noch nicht abgeschlossen.

(Roggentin) KOK

Vermerk der Kriminalpolizei, 10. Mai 1967

Frage: 1967 lief die Entwicklung der Studentenrevolte ihrem Höhepunkt zu. Die Situation wurde allmählich unübersichtlich. Erklärungen und Beteuerungen vieler Künstler häuften sich, die Zeit der Kunst sei endgültig vorbei, jetzt müsse Politik gemacht werden. Manche drückten das etwas anders aus: gerade wenn wir Künstler sind, müssen wir die Gesellschaft dazu zwingen, unsere Nicht-Kunst, unsere VERWEIGERUNG als schöpferische Provokation zu akzeptieren ... Doch in der allgemeinen Verwirrung konnte niemand sagen, ob diese kulturelle Revolution gegen verkrustete Strukturen der Kultur gerichtet war oder eine politische Revolution gegen die Kultur war. Jedenfalls kam blanker Haß auf die Kunst hoch. Mitglieder des SDS musterten mißtrauisch meine Finger, ob ich gemalt hatte. Mit einem Bild unter dem Arm durfte man sich nirgendwo blicken lassen: affirmative Scheiße, weg damit auf den Müllhaufen der Geschichte! Am radikalsten waren oft die, die eine hübsche Villa im Grünen und reiche Eltern mit einer Fabrik im Hintergrund hatten, so daß es ihnen leichtfiel, sich als Moralapostel aufzuspielen ... Und alle sprachen in einer wirklichkeitsfremden, abstrakt-geschraubten Sprache, die völlig unverständlich war – im Gegensatz zu heute, wo ganz konkrete Forderungen gestellt werden ... Hast Du eigentlich auch mitdemonstriert?

Antwort: Natürlich. Einmal vermummt mit einer Teufelsmaske vom Fasching ... Ein andermal riß ein Polizist von Veras Pelzmantel, den ich für 80 DM beim Sperrmüll-Trödler erstanden hatte, den Ärmel ab. So ein Mist!

F: Von Zeit zu Zeit kamen beunruhigende Nachrichten aus Berlin.

A: Dieter Kunzelmann hatte dort mit einigen Gesinnungsgenossen die »KOMMUNE I« gegründet, abgekürzt K1. Sie sollte bald als »Horrorkommune« bekannt werden, landauf, landab wild berüchtigt.

F: Die stellten »politisch« und auch sonst einiges an, was ein guter Bürger nicht tut. Z.B. bereiteten sie ein Puddingattentat auf den US-Vicepräsidenten vor.

A: Sie machten politische Happenings auf eine spielerische Art ...

F: Die Kunzelmann bei der Spur gelernt hatte. Genau das warf ihm der Sozialistische Studentenbund vor, der wollte »seriöse« Politik ...

A: Nicht ganz zu unrecht ... Jedenfalls wurde die K1 sehr schnell der auslösende Funke der Berliner Alternativ-Szene ... Auf einer Pressekonferenz erklärte Kunzelmann, er habe Orgasmusschwierigkeiten. Dieses Bekenntnis erregte weltweit Aufsehen ... Und dann das Begräbnishappening ... Für einen verstorbenen Politiker fand vor dem Rathaus ein feierlicher Staatsakt mit Fahne und Trauerhymne statt. Die Herren der Regierung blickten ernst, die Wache salutierte. Ein Sarg wurde herbeigetragen, man war irritiert – mit einem Ruck sprang der Sargdeckel auf – und heraus hüpfte wer? Dieter Kunzelmann im weißen Nachthemd. Diese Geschmacklosigkeit war kaum noch zu überbieten ... Der »Stern« brachte große Fotos davon und ganz Deutschland lachte Tränen ... Heute, 1983, sitzt Kunzel nicht

Nach der Beerdigung von HP Zimmer, 18. September 1992.
Von links: Gerhard Schröder, Vera Zimmer

mehr im Knast, sondern, oh Wunder, als Abgeordneter im Berliner Senat und ist
Mitglied des Rechtsausschusses! – Damals besuchte mich auch Ulrich Enzensberger, der jüngere Bruder des Dichters, ebenfalls Mitglied der K1, in Schwabing und
trug mir einen verwegenen Plan vor. Ich sollte mitmachen bei der Gründung eines »befreiten Territoriums«, mit eigenem Sender und echten Waffen. »Was soll
ich bei Euch als Maler machen?« – »Fahne entwerfen, Flugblätter gestalten,
Wandparolen erfinden«. – »Das ist mir zu wenig.« – »Hast Du wenigstens ein
Grundstück?« – »Nein.« – »Du bist und bleibst reaktionär!« Dennoch erhielt ich
alle 14 Tage die neuesten Flugblätter von der K1 zugeschickt. Vielleicht hoffte
man, mich doch noch zu gewinnen. Es waren dicke Bündel voll witziger Unver-
schämtheiten. Ein besonders gelungenes hatte Fritz Teufel verfaßt, der im Knast
saß, weil er angeblich den Schah mit Steinen beworfen hatte. Es endete mit dem
Reim   »Still sitz ich hier in meiner Zelle,
                     Fritz Teufel, Ausgeburt der Hölle.«

HP Zimmer, geschrieben München 1984

77

TANZ AUF DEM
■DER SOMMER 1967
BOULEVARD

Als im Mai 1967 während einer Exportmesse der USA in einem Brüsseler Kaufhaus ein Brand ausbrach, waren wir derart fasziniert, daß wir aufgrund der vorhandenen Zeitungsberichte die Kommuneflugblätter Nr. 6 bis 9 über diesen Kaufhausbrand herausbrachten und an der FU verteilten. Als diese Flugblätter an die Presse gelangten, brach große öffentliche Empörung über uns herein. Obwohl der Ablauf des Geschehens des Brüsseler Kaufhausbrandes, bei dem vierhundert Menschen zu Tode kamen, für die Polizeibehörden in Brüssel vollkommen ungeklärt war, wurde in einem unserer Flugblätter der Kaufhausbrand als eine bewußte Aktion einer belgischen Anarchistengruppe dargestellt.

Unsere Texte schienen so glaubwürdig – obwohl sie rein erfunden waren –, daß die Berliner Polizei direkten Kontakt mit den Brüsseler Ermittlungsbehörden aufnahm. Sie ging davon aus, daß wir in Verbindung mit den angeblichen Brandstiftern stehen würden. Besondere Empörung löste das Flugblatt Nr. 8 »Burn, warehouse, burn!« aus, das meiner Feder entstammte. Auf Druck der Springer-Presse und der Berliner Kaufhausketten stellte die Berliner Staatsanwaltschaft Strafanzeige wegen der Aufforderung zur Brandstiftung, was wiederum unseren Anwalt Horst Mahler veranlaßte, bei verschiedenen Schriftstellern und Literaturwissenschaftlern Gutachten über die literarische Qualität und strafrechtliche Relevanz unserer Flugblätter einzuholen.

Zu diesem Zeitpunkt war bereits bekannt, daß am 2. Juni 1967 hoher Staatsbesuch in West-Berlin eintreffen würde: der berüchtigte persische Schah mit seinem Regenbogen-Presse-Objekt Farah Diba. Die zahlreichen in West-Berlin lebenden und in einer eigenen Konföderation (CISNU) gut organisierten Exil-Iraner wandten sich an den SDS-Vorstand, um gemeinsam eine Veranstaltung und Demonstration zum Zeit-

Schlagzeile in B.Z., 27. Mai 1967

Wann brennen die Berliner Kaufhäuser ?

Bisher krepierten die Amis in Vietnam für Berlin. Uns gefiel
es nicht, daß diese armen Schweine ihr Cocacolablut im vietnamesischen Dschungel verspritzen mußten. Deshalb trottelten
wir anfangs mit Schildern durch leere Straßen, warfen ab und
zu Eier ans Amerikahaus und zuletzt hätten wir gern HHH in
Pudding sterben sehen. Den Schah pissen wir vielleicht an
oder, wenn wir das Hilton stürmen, erfährt er auch einmal,
wie ohltuend eine Kastration ist, falls überhaupt nocht was
dranhängt... es gibt das so böse Gerüchte.

Ob leere Fassaden beworfen, Repräsentanten lächerlich gemacht -
die Bevölkerung konnte immer nur Stellung nehmen durch die
spannenden Presseberichte. Unsere belgischen Freunde haben
endlich den Dreh heraus, die Bevölkerung am lustigen Treiben XXXXXXX in Vietnam wirklich zu beteiligen:sie zünden ein
Kaufhaus an, zweihundert saturierte Bürger beenden ihr auf-
regendes Leben und Brüssel wird Hanoi. Keiner von uns braucht
mehr Tränen über das arme vietnamesische Volk bei der Früh-
stückszeitung vergießen. Ab heute geht er in die Konfektions-
abteilung vom DaDeWe, Hertie, Woolworth, Bilka oder Necker-
mann und zündet sich diskret eine Zigarette in der Ankleide-
kabine an. Dabei ist nicht unbedingt erforderlich, daß das
betreffende Kaufhaus eine Werbekampagne für amerikanische
Produkte gestartet hat, denn wer glaubt noch an das "made
in Germany" ?

Wenn es irgendwo brennt in der nächsten Zeit, wenn irgendwo
eine Kaserne in die Luft geht, wenn irgendwo in einem Stadion die Tribüne einstürzt, seid bitte nicht überrascht.
Genauso wenig wie beim Überschreiten der Demarkationslinie
durch die Amis, der Bombardierung des Stadtzentrums von
Hanoi, dem Einmarsch der marines nach China.

Brüssel hat uns die einzige Antwort darauf gegeben:

                burn, ware-house, burn !

                        KOMMUNE I (24.5.67)

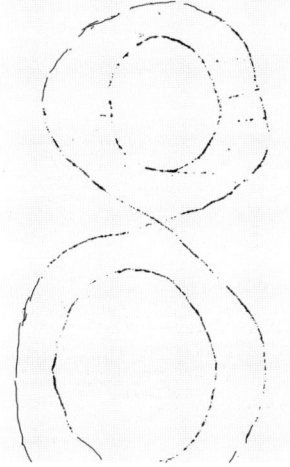

Wenn der Schah nach Berlin kommt !

Wenn der Schah nach Berlin kommt, dann ist wieder was los.
Schon jetzt schießen die Aktionskommittees wie Pilze aus dem
Boden, und die unzähligen Pläne, die in Studentenbuden, in
den Hochburgen der politischen Studentenverbände in den vielen Kommunen und wer weiß wo sonst noch ausgekocht werden,
strafen diejenigen Lügen, die behaupten den Berliner Demonstranten fiele nichts mehr ein.
Eine Ehrenrettung ist hier angebracht ! Die Berliner Linke
ist nicht so schlecht wie ihr Ruf. Noch immer ist sie aktiv
und einfallsreich !
Noch immer quillt sie über vor Begeisterung und Aktionsgemeinschaft für die gerechte Sache.
Niemand soll mehr das Gegenteil behaupten !
Als Beispiel hier nur ein Bruchteil der Vorschläge und Pläne,
die in diesen Tagen allerorts diskutiert werden !
In einem der größten Berliner Aktionsplanungszentrum - dem
SDS - bekamen wir ein Bild von der Vielseitigkeit und Rührigkeit unserer politisch Engagierten. In einem Raum tagten
gleich vier Aktionsvorbereitungskommittees.

1) das Notstands-Aktionskommittee: zwei Demonstrationen
   (Kreuzberg, Wedding),eine Unterschriftensammlung, drei
   offene Briefe

2) die Hochschulrevolten -.Planungsgruppe: ein Podiumsgespräch ("Die Situation der institutionellen Studentenvertretung, heute"), zwei Flugblätter, ein Gespräch mit
   dem Rektor, um Mißverständnisse zu beseitigen, ein offener Brief an den Wissenschaftsminister

3) Aktionskommittee gegen die Berliner Wirtschaftskrise:
   eine Petition, zwei Großveranstaltungen in der Hasenheide, Flugblattaktionen vor den Berliner Betrieben,
   ein Gespräch mit führenden Gewerkschaftsfunktionären.

4) der Vietnam-Volksfront-Koordinationsplanungsausschuß:
   eine Geldsammlung, drei Podiumsdiskussionen, eine angemeldete Demonstration (Taktik), Solidaritätstelegramme
   an den Vietcong, Bildung eines Unterausschusses zur Beschaffung von Vietcongfahnen, eine Dokumentation.

   Der Schah wird sich wundern !

                          KOMMUNE I, (30.5.1967)

Verantwortl: Volker Gebbert

GUTACHTERLICHE ÄUSSERUNGEN ZU DEN FLUGBLÄTTERN DER KOMMUNE I
(AUSZÜGE)

Da es mir nicht darauf ankommt, die Dokumente der Kommune I zu verharmlosen – ich lehne es ab, sie mit dem Prädikat »Schwarzer Humor« als ästhetisch vertretbar zu erklären –, und da ich andererseits nicht geneigt bin, diese Flugblätter zusammenhanglos zu sehen, ja, vielmehr meine, ihre Harmlosigkeit in der weitaus gefährlicheren Nachbarschaft der Werbeindustrie und der bewußt meinungsbeugenden Presse zu erkennen, sehe ich keinen Anlaß, diese pubertären Erzeugnisse einiger verwirrter, schon ältlicher Knaben als ernstgemeinte oder ernst zu nehmende Aufforderung zur Brandstiftung zu werten.
Der schwärmerische Anarchismus der Dokumente der Kommune I sagt viel über die Unzurechnungsfähigkeit der Kommune I aus, die allerdings auch ein Produkt und Spiegelbild unserer etablierten Gesellschaft ist. Diese Gesellschaft sollte die Ursache solcher Exhibition bei sich suchen und keine Märtyrer schaffen. Ein Staat, der die Kommune und ihre Produkte als öffentliche Gefahr wertet, beweist seine Unsicherheit und versucht die Wohltat demokratischer Nachsicht durch obrigkeitsstaatliche Härte zu ersetzen.
Günter Grass, Berlin, 5. Juli 1967

Die Texte sind sämtlich so geschrieben, daß sie buchstäblich genommen keinen Sinn haben. Erst in Beziehung auf die angegriffene Situation in Vietnam erhalten sie ihren Zusammenhang. Die Verfasser bedienen sich einer in der modernen Literatur möglichen Methode: etwas, das sie als Unrecht empfinden, an das sich aber die Phantasie der Menschen gewöhnt zu haben scheint, versuchen sie durch Vergleiche zu radikalisieren, die der Erfahrungswelt des Lesers näher sind. Gleichzeitig handelt es sich um in der Pop-Literatur entwickelte Formen, die wiederum auf Ausdrucksmöglichkeiten zurückgehen, die die große Literatur immer schon benutzt hat (Radikalisierung, Personalisierung, Identifikation bis zum Umschlagen in Distance, Satire, Aktualisierung, mimetische Nachahmung, Nachäffung). Die Verfasser haben sicherlich nicht angenommen, daß daraufhin Brandstifter in die Berliner Warenhäuser gehen.
Alexander Kluge, Ulm, 4. Juli 1967

Ziel der Flugblätter ist es, mit Hilfe der Koppelung von heterogenen Elementen (heterogen im Sinne der Logik) das fraglos Hingenommene wieder fragwürdig zu machen. Die bedeutende Literatur versucht seit langem mit Erfolg, was hier Dilettanten nachexerzieren. »Wenn Johnson kommt, demonstrieren wir gegen Wilson und wenn Wilson kommt, gegen Ky und wenn Stroessner kommt, gegen Lübke und wenn Lübke kommt, gegen Theodor Heuss ...« das ist verballhornter, mißverstandener Ionesco, das ist abgesunkenes Kultur-Gut, Gammler-Theorie in der Wohlfahrtsgesellschaft, genuiner Ausdruck des Establishments (das doch angeblich decouvriert werden soll), das ist pubertärer Anarchismus, ein peinliches Verkennen der Situation, für das aber kein Gericht zuständig ist ...
Professor Dr. Walter Jens, Tübingen, 4. Juli 1967

Bei jeder satirischen Schrift ist ihre Anstößigkeit gegeben, ja mitbezweckt. Anstoß erregt sie bei jedem Leser, der die Form eines literarischen Angriffs nicht akzeptiert oder der die ernsthaften Gegenstände ihrer Angriffe als inhumane Erscheinungen nicht gleichermaßen aufzufassen bereit ist.
Professor Dr. Eberhard Lämmert, Berlin, Juli 1967

punkt des Schah-Besuches vorzu-
bereiten. Der SDS lehnte jegliche
Aktivität ab, weil er zu diesem
Zeitpunkt seinen Schwerpunkt in
einer Kampagne gegen die Mi-
litär-Diktatur in Griechenland
sah. Daraufhin wandten sich die
iranischen Oppositionellen an
uns, und wir waren sofort ergriffen
von der Idee, dem persischen
Herrscher-Paar einen freundlichen Empfang zu bereiten. Zum
Schutz der Iraner, die bei erwiese-
ner politischer Betätigung alle
von einer Ausweisung bedroht
waren, besorgten wir uns aus Berliner Kaufhäusern Papiertüten,
druckten auf unserer Rotaprint-
Maschine die stilisierten Gesichter des Hohen Herrscher-Paares,
klebten diese in mühsamer Handarbeit auf die einzelnen Tüten,
und in noch sehr viel mühsamerer
Handarbeit schnitten wir mit
Scheren Schlitze für Augen und
Münder heraus. Diese Tüten wurden bei der Großveranstaltung am
Vortag im Audimax der FU verteilt, und wir erklärten, welche
Funktion diese Tüten für den
kommenden Tag haben sollten.

Die Ereignisse des 2. Juni 1967
sind bekannt, so daß es hier weiter
nicht nötig ist, darauf einzugehen.
Am Abend zeigte sich jedenfalls
auf der gegenüberliegenden Seite
der Deutschen Oper in der Bis-
marckstraße der damalige harte
Kern der antiautoritären Bewegung, darunter fast alle Kommunardinnen und Kommunarden,

Berlin, vor dem Schloß Bellevue, 2. Juni 1967

In Ihrer Disziplinarsache habe ich Termin anberaumt auf
    Freitag
    ~~Donnerstag~~ den 2. Juni 1967

~~Sitzungssaal Rektoratsgebäude, Ihnetraße 2½, Eingang über~~
~~die Terasse.~~ im Senatssaal (Henry-Ford-Bau) Bln.33, Garystr. 35
Sie werden hiermit zu diesem Termin geladen.

                    Prof.Dr. Herzog

An den
Vorsitzenden des
Disziplinarausschusses der
Freien Universität Berlin
Prof.Dr.Herzog   Berlin, den 1.6.67

Sehr geehrter Herr Vorsitzender !

Wir, die Unterzeichneten, wollen aus folgenden Gründen nicht
zu dem von Ihnen anberaumten Termin am 2.6.67 erscheinen:

1. Wir glauben grundsätzlich, daß die Gerichtsbarkeit der
    akademischen Bürokratie in Form von Disziplinarverfahren
    abgeschafft werden muß. Die Entscheidung über die Zugehö-
    rigkeit zur Universität steht der Studentenschaft zu.
    Um einen Schritt auf diesem Wege voranzukommen, erachten
    wir die Öffentlichkeit solcher Disziplinarverfahren wie
    der unsrigen in Form von Hearings für unerläßlich.

2. Der Termin fällt offenbar zufälligerweise in den Zeit-
    raum des Schah-Besuchs. Wir halten unseren Protest gegen
    den Schah und die Vertreter der BRD, die ihm Gastrecht
    gewähren, für so wichtig, daß wir nicht zu diesem Zeit-
    punkt vor dem Disziplinarausschuß erscheinen können!

                    Hochachtungsvoll

    Rainer Langhans   Fritz Teufel

    Volker Gebbert   Dorothea Ridder

    Ulrich Enzensberger   Hans-Joachim Hameister

83

die selbst in der ausweglosen Situation, als die Polizei mit der berüchtigten Leberwursttaktik die Demonstration vor der Deutschen Oper auflösen wollte, noch die Illusion hegten, durch einen Sitzstreik die Räumungsaktion stoppen zu können. Bis auf Fritz Teufel, der festgenommen wurde, gelang es allen anderen, noch in die Krumme Straße entkommen. Dort hörte ich den tödlichen Schuß, den Polizeimeister Kurras auf Benno Ohnesorg abgab. Da die Polizei über Funk und über die gleichgeschalteten Radiostationen RIAS und SFB bekanntgab, daß ein Polizist von den Demonstranten erstochen worden sei, begann bis in die Morgenstunden durch alle Straßen Charlottenburgs eine regelrechte Hetzjagd von Polizei, Taxifahrern und anderen »aufrechten« Berlinern auf alles, was sie aufgrund des Alters oder des Aussehens für Demonstranten hielten.

Trotz der Bedeutung des 2. Juni 1967 für die Ausbreitung der antiautoritären Bewegung in Westdeutschland bedeutete dieser Tag für uns selbst eine Niederlage. Unter vielen Oppositionellen entstand ausgesprochene Panik, weil jeder fürchtete, er könnte der nächste Tote sein. Der Albertz-Senat erließ ein absolutes Demonstrationsverbot über die Teil-Stadt.

Wegen der Verhaftung unseres geliebten Mitkommunarden Fritz Teufel, der zusammen mit einem Iraner als einziger in Untersuchungshaft kam, bemühten wir uns, das Demonstrationsverbot sofort zu durchbrechen, erhielten aber aufgrund der allgemeinen Einschüchterung wenig Zustimmung. Erst nach etlichen Tagen wurde das Demonstrationsverbot aufgehoben, und in situationistischer Tradition fand prompt die Persiflage einer genehmen Demonstration statt. Da die Polizei extreme Auflagen für diese erstmals wieder genehmigte Demonstration erlassen hatte, marschierte der Zug in folgender Formation durch die Stadt: Eine einzelne Person mit dem Schild »Demonstrant« ging jeweils einem Block von hundert »Ordnern« voran. Wir Kommunarden schritten in altkatholischer Tradition unter einem Baldachin als Büßerinnen

Links:
Vor der Deutschen Oper Berlin,
2. Juni

Oben:
Demonstration am 13. Juni.
Das Bild in der Mitte zeigt die
Mitglieder der Kommune I als
Büßer

Rechts unten: Mit Antje Krüger
und seiner Tochter Grischa,
Sommer 1967

Mit Tochter Grischa, 1991

DER SENATOR FÜR WISSENSCHAFT UND KUNST

Gesch.Z.: ....III A..........
(Angabe bei Antwort erbeten)

Sprechzeiten : 8.30—14 Uhr
(außer mittwochs und sonnabends)

BERLIN-CHARLOTTENBURG, DEN 29.9.1967

POSTANSCHRIFT: 1000 BERLIN 19
BREDTSCHNEIDERSTRASSE 5-8 (ECKE MESSEDAMM)
TELEFON: XXXXX...30200 265
(987) .... (nur im Innenbetrieb)

Herrn

Dieter Kunzelmann

1 Berlin 12
Kaiser-Friedrich-Str. 54 a

Für die Dauer der Berliner Festwochen 1967 (bis 11. Oktober
einschließlich) untersage ich Ihnen, folgende Grundstücke
bzw. Räumlichkeiten zu betreten:

Deutsche Oper Berlin

Schiller-Theater einschließlich Werkstatt-Theater

Schloßpark-Theater

Philharmonie, Kemperplatz.

Bei Zuwiderhandlungen behalte ich mir vor, Strafantrag
wegen Hausfriedensbruchs zu stellen.

Im Auftrage

Protestaktionen für die Freilassung Fritz Teufels. Links: Happening während der Trauerfeier für Paul Löbe, 9. August 1967, Mitte: In der TU, Rechts: Im evangelischen Studentenwohnheim der Freien Universität

und Büßer, die sich demütigst ihrer Schuld zu stellen bereit sind, dem Demonstrationszug voran.

Der inhaftierte Iraner wurde nach einer Woche freigelassen, gegen Fritz Teufel wurde Strafanzeige gestellt und Haftbefehl erlassen wegen »schweren Landfriedensbruchs und Aufruhrs«. Seit unserem Zusammenziehen in Friedenau standen wir erstmals vor der Situation, daß einer von uns hinter Gefängnismauern verschwunden war. Wir organisierten über Horst Mahler, den Verteidiger von Fritz, alles, was zu seiner Hafterleichterung möglich war: Mittagessen aus einem Restaurant, Ausschöpfung aller Besuchsmöglichkeiten, besonders von seinen zahlreichen Verehrerinnen, und so viel Post wie möglich.

Um ihn schnellstens aus dem Gefängnis herauszuholen, starteten wir – trotz beginnender Sommersemesterferien, bei der wie gewohnt fast alle Studies aus Berlin verschwanden –, in einer nicht abbrechenden Folge provokante Aktionen. Wir sprengten Opern-Aufführungen und Theater-Premieren, ich sprang beim Staatsbegräbnis von Paul Löbe, dem ehemaligen Reichstags-Präsidenten, aus einem Sarg – kurz, es gab keine öffentliche Veranstaltung, die vor uns sicher war, und wir hielten uns länger auf Polizeirevieren nach vorläufigen Festnahmen auf als in unseren geliebten Kommuneräumen.

In dieser Situation sahen wir uns nicht mehr in der Lage, unseren beiden Kommunekindern die nötige fürsorgliche Aufmerksamkeit zukommen zu lassen, setzten uns daher mit den in der Kommune II wohnenden Elternteilen zusammen und beschlossen, daß es für die Kinder besser sei, wenn sie in der zugespitzten Situation zu ihnen in die Giesebrechtstraße ziehen würden. Die Kommune II war regelrecht begeistert von dieser Idee, beschäftigte sich intensiv mit allen Modellen antiautoritärer Erziehung und gründete wenig später einen der ersten Kinderläden.

Abs.:Dieter Kunzelmann

    Volker Gebbert

    Ulrich Enzensberger

    Gertrud Hemmer

sämtlich Berlin-Charlottenburg

Kaiser-Friedrich-Str.54a

Berlin,den 27.Juni 67

An den Generalstaatsanwalt bei dem Landgericht

Sehr geehrter Herr Generalstaatsanwalt!

    Wir haben im Augenblick sowieso kein Geld - da wäre
es ganz gut,ins Gefängnis zu kommen.Aber zweie reichen
dafür nicht aus - es müssten schon alle sein.
Schliesslich haben wir die Flugblätter gemeinsam gemacht und vertrieben und irgendwo im Gesetz gibt es
doch sowas wie Recht auf geistiges Eigentum.Nicht
nur Fritz und Rainer gehören die Flugblätter nämlich,
sondern auch wir anderen

        Dieter Kunzelmann
        Volker Gebbert
        Gertrud Hemmer
        Ulrich Enzensberger

dürfen sie nutzen.Und wir wollen das auch.
Also sei bitte so gerecht und versuch uns doch alle
einzulochen.
Übrigens könntest Du vorher noch mal zu Kaffee und
Kuchen mit Deiner werten Gemahlin vorbeikommen - wir
waschen uns unsere dreckigen Hälse.

        Mit Hochachtung!

(Dieter Kunzelmann)   (Gertrud Hemmer)

(Volker Gebbert)   (Ulrich Enzensberger)

TEUFEL INS RATHAUS

Samstag 15.00 Uhr ku'damm
Amtsübernahme & Jubelfeier

Happening auf dem Kurfürstendamm nach Teufels Entlassung, 12. August 1967

Zum Glück begann im Juli der Prozeß gegen Fritz Teufel und Rainer Langhans wegen unserer Flugblätter zum Brüsseler Kaufhausbrand. Dies verschaffte Fritz die Möglichkeit, zweimal in der Woche mit Rainer gemeinsam auf der Anklagebank zu sitzen. Die Staatsanwaltschaft hatte die Selbstanzeige aller anderen Kommunardinnen und Kommunarden ignoriert, wohl aus der berechtigten Ahnung heraus, im Prozeß einer vollständig auf der Anklagebank präsenten Kommune nicht gewachsen zu sein.

Im August gelang es Horst Mahler, Fritz Teufel mit Auflagen auf freien Fuß zu bekommen, doch waren wir nach intensiver Diskussion noch am gleichen Tag zum Ergebnis gekommen, daß die Meldeauflagen, zweimal wöchentliches Melden im Polizeirevier in der Kantstraße, nicht eingehalten werden sollten, was einen erneuten Haftbefehl gegen Fritz zur Konsequenz hatte. Auf illegalem Wege brachten wir ihn nach Frankfurt zum dort stattfindenden SDS-Kongreß. Auf diesem Kongreß wurde das »Organisationsreferat« von Dutschke und Krahl vorgetragen, in dem erstmals für den gesamten SDS die Kommunen als wichtige Organisationszellen der antiautoritären Bewegung propagiert wurden.

Dann schleusten wir Fritz wieder zurück nach Berlin und besetzten mit ihm (er hatte sich dazu eigens den Bart abgenommen und auch sonst äußerst zivil gekleidet) unter der Parole »Teufel ins Rathaus« die Brandenburghalle im Rathaus Schöneberg während einer Abgeordnetenhaus-Sitzung. Hierbei wurde er verhaftet. Im November

EINE GEFAHR GEHT UM IN BERLIN

Seit einer Woche ist der Teufel los.
Reuig, bußfertig, haftgeläutert?
Mitnichten!
Statt sich zweimal wöchentlich zu melden, wie die Justiz es befahl, tollt er trunken auf dem Kudamm.
Statt dem dicken Albertz den Hintern zu küssen, wälzt er sich wiehernd in Kommunebetten.

Im Schweiße ihres Angesichts hat die Berliner Bevölkerung Luftbrücke und Mauer gebaut,
Ernst Reuter, Paul Löbe verscharrt, Kennedy und Schah bejubelt.
Und jetzt sollen wir zusehen, wie der Teufel hier frei rumläuft.
Als ob nie ein Polizist erstochen worden wäre.
Als ob nie ein Kaufhaus gebrannt hätte.
Als ob Ohnesorg noch lebte.
Als ob!
Und redet nicht von überfüllten Gefängnissen.
In einer Stadt, in der es mehr Pflastersteine als Polizisten und mehr Streichhölzer als Kaufhäuser gibt,
darf die politische Kapazität der Haftanstalten nicht geringer sein als die Zahl der Studienplätze.

Benno Ohnesorg hat Paul Löbe erschossen. Deshalb soll der Teufel wieder sitzen!

Kommune I, 18. August 67,
wo es uns nicht gelang, den Fritz im Untersuchungsgefängnis Moabit abzuliefern.

Freilassung von Fritz Teufel, 1. Dezember 1967. Hinter D.K.: der Verfassungsschutzagent Peter Urbach (mit Hut)

Seite 90: Im Rathaus Schöneberg. Von links: Volker Gebbert, Rainer Langhans, D.K., Ulrich Enzensberger, Dagmar von Doetinchem, 11. Juli 1967

begann der Prozeß gegen ihn wegen des Werfens eines »Arguments« beim Eintreffen des Schahs vor der Berliner Oper. Gemeinsam mit dem SDS organisierten wir am ersten Prozeßtag den bisher einmaligen Versuch, das Kriminalgericht Moabit zu stürmen, was jedoch durch massiven Polizeieinsatz verhindert werden konnte. Noch vor seinem Freispruch wurde der Haftbefehl außer Vollzug gesetzt, Fritz kam raus, es war Advent, und wir holten ihn in vorweihnachtlicher Stimmung, geschmückt mit Adventskränzen, an der Pforte des Untersuchungsgefängnisses Moabit ab.

Als eine der ersten gemeinsamen Unternehmungen gingen wir dann mit den beiden Kommunekindern, die wir in der Giesebrechtstraße abholten, auf den Weihnachtsmarkt in Ost-Berlin am Strausberger Platz. Nichts ahnend und vergnügt promenierten wir, Zuckerwatte und heiße Mandeln futternd, über den Weihnachtsmarkt. Hinter uns sammelte sich eine ständig wachsende Gruppe von Jugendlichen, denen unsere Gesichter vermutlich durch West-Berliner Fernsehsendungen bekannt waren. Die übernervösen Ordnungskräfte befürchteten offenbar eine anarchistische Revolte auf dem Weihnachtsmarkt. Denn plötzlich wurden wir von Volkspolizisten umringt, unter dem Gejohle der Ost-Berliner Jugendlichen in Streifenwagen verfrachtet und dem nächstliegenden Polizeirevier zugeführt. Dort schloß man uns alle, einschließlich der

```
Kommune I                              Berlin 23.12.67
1 Berlin 12
Kaiser Friedrich Str. 54a


Liebe Steinschmeißer!

Damit Ihr heute abend nicht zu sehr dem elterlichen Weih-
nachtsbaum nachweint oder bei Euch rührselige Revolutions-
lieder singt, laden wir Euch ein zu einer
     STADTRUNDFAHRT ZU DEN BERLINER STRAFANSTALTEN
im Autokorso.
Wir müssen uns langsam mit unseren künftigen Domizilen ver-
traut machen und außerdem haben wir durch Fritz erfahren, wie
wichtig es ist, daß Leute draußen wissen, wie es den Leuten
drinnen geht und daß sie das denen drinnen zeigen. Die wis-
sen dann dort eher, daß es Sinn hat, was zu machen.

Wir treffen uns dafür am 24. um 19 Uhr bei uns am Stuttgar-
ter Platz, vor dem S-Bahnhof Charlottenburg. Bringt alle ver-
fügbaren Autos mit, damit die Fußgänger untergebracht wer-
den können, und sagt Euren Leuten Bescheid.


    ES KANN EUER LETZTES WEIHNACHTEN VOR DEM KNAST SEIN!

                          K I
```

beiden Kinder, in Zellen ein. Alsbald versuchten Vernehmungsoffiziere der Stasi, uns nach Sinn und Zweck unseres vorweihnachtlichen Besuches in ihrer Hauptstadt auszufragen. Selbstverständlich verweigerten wir jede Antwort. Zum selben Zeitpunkt liefen die Telefone zwischen Ost- und West-Berlin, zwischen SED und SED-Westberlin heiß. Der West-Berliner Ableger der SED fürchtete wohl, durch diese Verhaftung den ohnehin geringen Einfluß, den er damals in der außerparlamentarischen Opposition besaß, auch noch zu verlieren. Innerhalb kürzester Zeit wurden wir höflich in Streifenwagen komplimentiert, unter zahlreichen Entschuldigungen zum Grenzkontrollpunkt Friedrichstraße gefahren und nach West-Berlin entlassen.

Unsere interne Situation war aufgrund der pausenlosen zeit- und nervenraubenden Aktivitäten der vergangenen Monate nicht die beste. Es gab zahlreiche Ein- und Auszüge, unsere infolge der Medienberichterstattung enorm gestiegene Popularität konnten wir nicht mehr reflektieren, es wandten sich immer mehr benachteiligte Bürger von der Rentnerin bis zum eben entlassenen Häftling an uns. Diesen Anforderungen waren wir in keiner Weise mehr gewachsen. Deshalb nahmen wir die Einladung eines Baden-Badener Ristorante-Besitzers mit angeschlossenem Albergo an, die Weihnachtstage bei ihm zu verbringen. Leider konnten wir den Aufenthalt nicht länger ausdehnen und kehrten noch vor Silvester nach Berlin zurück.

Dort fieberten alle dem Vietnam-Kongreß im Februar 1968 entgegen. Wir standen dieser Großveranstaltung sehr skeptisch gegenüber, denn die führenden Leute des SDS wollten auf keinen Fall eine direkte Konfrontation zwischen der amerikanischen Schutzmacht und den Kongreßteilnehmern. Für uns war dies ein deutliches Zeichen, daß die Schere zwischen dem kulturrevolutionären Anspruch der antiautoritären Bewegung und der tradierten SDS-Politik immer weiter auseinanderklaffte.

Im März 1968 begann im SDS eine Psycho-Diskussion über Rudi Dutschke. Auslöser war das Titelblatt des Wirtschaftsmagazins »Capital«: Rudi mit dem Kapital von Karl Marx in der Hand. Dieser Medienclou verstörte die Basis des SDS und Rudi wurde ins Kreuzverhör genommen, wie lange er weiterhin – ohne dies mit anderen abzusprechen – den Star der APO spielen wolle. Rudi war dieser Diskussion vollkommen hilflos ausgesetzt und konnte außerdem den Widerspruch, Sprecher der APO zu sein und gleichzeitig ein biederes Familienleben zu führen, nicht mehr auflösen. Aufgrund unserer Medienerfahrungen waren wir die einzigen, die dieses Titelblatt verteidigten, gleichzeitig jedoch Rudi kritisierten, daß er nicht, wie wir, die Medien benutze, sondern sich von ihnen benutzen lasse. Sicherlich war diese Diskussion für Rudi so verletzend, daß er dem langgehegten Wunsch seiner Frau nachgab und den Umzug in die Vereinigten Staaten von Amerika vorbereitete. Durch das Attentat auf ihn am 11. April 1968 wurde die Abreise dann verhindert.

Paolo Ramundo: Von Rom zum Stuttgarter Platz

Naso traf ich tagtäglich, aber wir wohnten nicht zusammen. Er redete wenig, wir waren alte Freunde. Eines Morgens sagte er mir, daß Botolo, ein Freund von ihm, sich einverstanden erklärt hätte, zu einer Reise nach Berlin aufzubrechen: Botolo besaß einen sehr hübschen und sehr schnellen Wagen, metallicfarben, mit einem Holzlenkrad und Streben aus durchlöchertem Stahl. Wir vereinbarten den Abfahrtstermin, ein kleines Gepäckstück genommen, das vorhandene Geld eingesteckt, und ab ging die Post.

Es war im April 1968, einige Tage nach der furchtbaren Nachricht von dem Attentat auf Rudi Dutschke. Das tieftraurige Ereignis zog uns in die Stadt, die der Krieg zerstört und geteilt hatte und die sich erneut mit Blut befleckte.

Auf der Autobahn fuhr Botolo sicher und schnell und lachte viel über das, was Naso und ich uns erzählten; er lachte so, daß sein Lachen statt aus seinem geöffneten Mund nach innen in Richtung Magen drang. Wir besaßen weder Adressen, noch hatten wir Verabredungen mit uns bekannten Leuten getroffen, waren aber überzeugt, daß alles einfach laufen würde, sobald wir die Universitäten gefunden hätten. In der Münchener Universität trafen wir Jutta Pfaff, ein sehr liebenswürdiges und gastfreundliches Mädchen. Sie besorgte uns einen Schlafplatz, und darüberhinaus nahm sie uns nachts in ein Lokal mit, wo man tanzte und Musik hörte. Es war anders als bei uns in Rom, wo die Studenten die Universität besetzten, aber nicht in den Lokalen und unterwegs zu finden waren.

Die einzelnen Orte haben meine Erinnerung durchquert, ohne Spuren zu hinterlassen. Ich war vollkommen darauf konzentriert, Gesichter, Rollen, Verhaltensweisen meiner Altersgenossen zu erforschen, suchte Gedanken und Wünsche; keiner von uns dreien kannte ihre Sprache, und es gelang uns, in Englisch mit ihnen zu reden.

Nach einem zweitägigen Aufenthalt in München setzten wir unsere Reise nach Berlin fort. Botolo ließ mich ans Steuer seines Minicoopers, der mit seinen breiten Reifen über die Schnurgeraden Deutschlands rauschte. Ich trieb ihn nicht zur Höchstgeschwindigkeit. Es machte mir Spaß, einen anderen Wagen herankommen zu lassen, bis der zum Überholen ansetzte. Dann beschleunigte ich, und schließlich entfernte ich mich lächelnd von dem Genarrten. Der Straßenbelag war sehr rauh, und das Geräusch der sich drehenden Räder glich dem der Flugzeuglandungen.

Ich erinnere mich nicht mehr, wer sich erkundigt hatte, wo die rebellischen Studenten von Berlin zu finden seien, tatsächlich befanden wir uns aber, kaum angekommen, in den Räumen des Republikanischen Clubs. Am Tresen bestellten wir Getränke. Unsere Herkunft mußte augenfällig sein, denn es näherte sich ein junger Mann, der uns fragte: »Seid ihr Italiener?«

Er bot uns spontan, ohne etwas über uns zu wissen, seine Gastfreundschaft an, wie Jutta Pfaff in München. Er war wie sich herausstellte, ein Landsmann. Er führte uns in seine Wohnung, wo er mit einem anderen Studenten wohnte, und überließ uns ein Zimmer. Mit großer Neugier stellte er viele Fragen und berichtete über die Studenten in Berlin. Er mußte unsere politische Konzeption erkannt haben, denn unter den Dingen, die wir unbedingt kennenlernen sollten, nannte er eine Gruppe anarchistischer Studenten, die gemeinsam in einer Wohnung am Stuttgarter Platz lebten und sich Kommune 1 nannten. Er erzählte uns von ihren sehr kommunikativen Aktionen und von der großen Aufmerksamkeit, die man ihnen schenkte.

Wir machten uns zur Wohnung am Stuttgarter Platz auf. Im Eingang befanden sich große abgewetzte Sessel, in denen Männer mit argwöhnischen und unruhigen Blicken saßen. Ihre Haare waren lang, ihre Gesichter blaß. Sie hörten sich die ersten Sätze unseres Begleiters an, wechselten einige Blicke und verdufteten alsbald, bis auf einen. Ein Kahlkopf mit langem Bart. Er blieb und redete mit den Studenten aus Rom, die sich als die Gruppe der »Uccelli« vorstellten.

Als wir draußen waren, sagte uns unser Begleiter, daß wir mit Dieter Kunzelmann gesprochen hätten.

Paolo Ramundo, geschrieben im Sommer 1998, übersetzt von Giuseppe de Siati

STURM IN
DIE ZENTRALE

Die Herkunft des Photos ist unbekannt, es fand sich als Duplikat in meiner Verfassungsschutz-Akte, die ich im Sommer 1990 durcharbeiten durfte – versehen mit mehr weißen als beschrifteten Blättern. Wobei die weißen Blätter keine unbeschriebenen waren, sondern an den Stellen eingelegt wurden, wo sich in der Originalakte Telefon-Abhörprotokolle der amerikanischen Geheimdienste sowie Berichte anderer Landesämter und des Bundesamtes für Verfassungsschutz befanden.

Es gab am 11. April 1968 – an diesem Gründonnerstag fühlte sich jemand berufen, einen langgehegten Wunsch der Mehrheit der Bundesbürger durch drei Schüsse auf Rudi Dutschke zu erfüllen – noch keine Telefonketten. Trotzdem füllte sich wenige Stunden später das Audimax der Technischen Universität: Schweigen, Trauer, Ratlosigkeit, auch Zorn und Entschlossenheit. Nicht das übliche ellenlange Palaver. Allen war klar, was zu geschehen hatte.

11. April 1968:
D.K. wird von der Polizei
aus dem Springer-Hochhaus
geführt und anschließend
freigelassen

Seite 97:
Parkplatz vor dem
Springer-Hochhaus,
am gleichen Abend

Auf dem langen Fußmarsch von Charlottenburg nach Kreuzberg sprachen sich die Demonstranten/innen mit Sprechchören selbst Mut zu. Die erfahrenen Straßenpiraten versuchten untereinander Klarheit darüber zu gewinnen, was denn nun bei Ankunft vor dem Flachbau der Druckerei und dem Hochhaus des Springer-Verlags in der Kochstraße passieren sollte. Über die Selbstverständlichkeit des »Wir stürmen« hinaus blieb alles im Dunkel der Nacht. Auch die Gegend, in der sich bis zum frühen Morgen des Karfreitags – die Auslieferung der Springer-Zeitungen sollte verhindert werden – das Schlachtengetümmel abspielte, war nur den wenigsten vertraut. Die Rückfront der Gebäude wurde geschützt durch den sich direkt anschließenden »antifaschistischen Schutzwall« des ostdeutschen Teilstaates; an die Vorderfront zur Kochstraße hin schloß sich eine Riesenbrache an bis zur Hochbahn am Halleschen Tor. Der Belle-Alliance-Platz, der heutige Mehringplatz, war noch nicht zubetoniert und so verunstaltet wie heute. Für uns also, die wir auf dem Kurfürstendamm und den angrenzenden Seitenstraßen fast jeden Haus- und Hofdurchgang kannten und es gewohnt waren, während kurzer Demonstrationspausen unseren Tee in den umliegenden Bürgerwohnungen einzunehmen, um dann gestärkt die gerade von der Polizeimacht geräumte Fahrbahn erneut zu blockieren, wahrlich unvorteilhafte örtliche Bedingungen.

Beweglichkeit, Überraschungsmomente, phantasievolle Taktik waren auf Seiten der Demonstranten nahezu ausgeschlossen, für die Polizei jedoch bot das Gelände an sich ideale Voraussetzungen, mit schwerem Gerät und disziplinierten Marschkolonnen zu manövrieren. Doch in dieser Nacht war die West-Berliner Polizei erstaunlich schlecht organisiert: viele Beamte waren bereits in den Osterurlaub abgereist, die Anfahrt aus den Polizeikasernen in Reinickendorf dauerte zu lange. Außerdem gab es auch bei nicht wenigen Polizisten nach dem Attentat auf Rudi Dutschke ein gewis-

ses Verständnis für den Protest gegen den Springer-Konzern. Schnell waren daher die Polizeiketten in der Kochstraße durchbrochen und die Spitze des Demonstationszuges befand sich bald vor dem Haupteingang des Springer-Hochhauses im Clinch mit den verunsicherten Ordnungskräften.

Durch die von Steinen und Fußtritten zerborstenen Glastüren stolperte ich in die ins Dunkel gehüllte Eingangshalle, sah überall an den Aufzügen, an den Treppen mit Knüppeln bewaffnete Werkschutzleute, besonders konzentriert am Durchgang zur Druckerei. Die plötzliche Stille in der Halle im Gegensatz zum Höllenlärm auf der Straße verunsicherte mich. Warum füllte sich die Halle nicht mit Sprechchören? Warum wurde ich nicht weiter nach vorne gedrängt? Ich drehte mich um, das Trauma eines jeden Straßenkämpfers wurde Realität: niemand war nachgerückt, die Polizei hatte am Haupteingang wieder die Oberhand gewonnen, allein in einer Riesenhalle dem Gegner ausgeliefert – so lernt man Ängste abbauen …

Dann entdeckte ich unser aller Anwalt Horst Mahler, wie er durch die Halle stolzierte, als wäre sie der Vorraum seiner neuen Kanzlei, und aus irgendeiner dunklen Ecke – wahrscheinlich hatte er schon einige Türschlösser inspiziert – tauchte der kleine, wendige und enorm pfiffige Mitkommunarde Karl Pawla auf. Meine Ängste verflogen. Da es unmöglich war, uns in einen Gefangenentransportwagen zu verfrachten – denn auf der Kochstraße dauerte die Straßenschlacht an –, die Polizei uns aber auch nicht im Haus des Pressekonzerns vorläufig festnehmen wollte, denn die Gefahr eines neuen Ansturms mit dem Ziel unserer Befreiung wäre zu groß gewesen, entschloß sich die verunsicherte Einsatzleitung der Polizei, uns der Demonstration über die Tiefgarage des Hauses wieder »zuzuführen«. Diesen Augenblick hat der unbekannte Photograph festgehalten.

Mein Ärger über die gescheiterte Besetzung war größer als die Freude über meine schnelle Freilassung. Wenn drei Demonstranten ins Objekt der Begierde gelangen konnten, hätten es auch dreißig, dreihundert und schließlich auch drei- bis viertausend schaffen können. Die Rotationsmaschinen im Besitz der antiautoritären Bewegung, das Hochhaus als ihr neues Zentrum – welch eine Kreativität hätte entstehen können, selbst über die Mauer hinweg. Und die immensen materiellen Werte, die Drohung ihrer Zerstörung, hätten eine gewaltsame Räumung ausgeschlossen.

Zurückgekehrt zu den Demonstranten wurde mir schnell klar, daß ein erneuter Ansturm wenig Erfolgschancen hatte; zu massiv war in der Zwischenzeit der Polizeicordon geworden, und vor den zerborstenen Scheiben blockierten Polizei-Fahrzeuge den Haupteingang. Bewegungslos standen sich Polizei und Demonstranten gegenüber, die Initiative des »Wir stürmen« war verflogen. Überall wurde diskutiert, mit welcher Taktik die Auslieferung der Springer-Zeitungen nach Mitternacht verhindert werden könne – die Transportfahrzeuge standen unbewacht auf einem eingezäunten Parkplatz gegenüber dem Springerhochhaus. Es war dann tatsächlich kein besonders schwieriges Unterfangen, die Autos in Flammen aufgehen zu lassen.

Ein an übertriebenem Geltungsbedürfnis leidender Mitläufer und späterer Stasi-Informant erzählt immer wieder die von seinem Mentor Stefan Aust bereitwillig weiterverbreitete Mär, die zum Feuerwerk benutzten Molotow-Cocktails seien vom Verfassungsschutzagenten Peter Urbach geliefert worden. Zum einen wären Molotow-Cocktails für diesen speziellen Zweck eher hinderlich als hilfreich, es sei denn, man will gleich selber mit in die Luft fliegen. Und zum anderen versorgte uns mit Ratschlägen ein Experte: niemand kannte sich mit Automotoren, Benzintanks und Ölleitungen besser aus als Rainer Langhans. Schließlich war sein Vater Gebrauchtwagenhändler.

D.K. 1990 in Bamberg

Was die Spitzeldienste des als handwerklicher Tausendsassa allseits beliebten Peter Urbach für den West-Berliner Verfassungsschutz betrifft, bleibt vieles bis heute hinter den Nebelschwaden des Geheimdienst-Dschungels verborgen. Als er nach der Deponierung von Brandbomben in mehreren Kommunen und den folgenden Hausdurchsuchungen und Verhaftungen durch den West-Berliner Staatsschutz auf Hinweis des Verfassungsschutzes im März 1969 als agent provocateur aufflog (oder wegen Unzuverlässigkeit von seinem Agentenführer bewußt enttarnt wurde), verleitete dies nicht wenige von uns zu der Fehleinschätzung, ihm auch für viele andere Polizeiaktionen der Vergangenheit die Schuld zuzuschieben. Ich selbst war z.B. über zwanzig Jahre lang der festen Überzeugung, daß bereits das bedauerlicherweise nicht zur Ausführung gekommene Puddingattentat auf den US-Vizepräsidenten im April 1967 von Peter Urbach verraten worden war, denn bei allen vorbereitenden Diskussionen war er anwesend gewesen. Weit gefehlt: das Atelier von Uwe Johnson in der Friedenauer Niedstraße, wo wir damals wohnten, wurde von einem US-Geheimdienst abgehört, und dieser gab sein Wissen schriftlich an den Leiter der Berliner Staatsschutzabteilung weiter. Im schon erwähnten Konkurrenzkampf zwischen Verfassungsschutz und Staatsschutz, der bis in die achtziger Jahre hinein mit harten Bandagen geführt wurde, verwandelte der Staatsschutz zur eigenen Profilierung die Rauchbomben in Sprengstoff. Glaubwürdig belegt fand ich diesen Vorgang bei der Durchsicht meiner 20-bändigen Verfassungsschutzakten im Sommer 1990. Die Ehefrau Johnsons galt als Agentin des tschechischen Geheimdienstes, die West-Berliner Wohnung und das Atelier wurde vermutlich schon deswegen einige Zeit vom amerikanischen Geheimdienst abgehört – ich kann den Verfolgungswahn von Uwe Johnson gut nachvollziehen.

Ab welchem Zeitpunkt Peter Urbach durch Erpressung zur Agententätigkeit für den West-Berliner Verfassungsschutz gezwungen wurde, bleibt im Dunkeln. Geschnappt bei einem Einbruch, schwebte das Damoklesschwert einer längeren Gefängnisstrafe über ihm; verständlich, daß er sich als fürsorglicher Familienvater auf die Bedingungen des Verfassungsschutzes einließ. Und wie viele andere, die sich als Spitzel anwerben ließen, hegte und pflegte er die Illusion, beim Deal mit Staats-Terroristen am längeren Hebel zu sitzen.

All dies sind jedoch nichts anderes als ebenso nostalgische wie marginale und subjektive Reminiszensen. Die wirkliche Bedeutung der Osterereignisse von 1968 liegt darin, daß in diesen Tagen das Ende der antiautoritären Bewegung eingeläutet wurde. Die Besetzung des Springer-Hochhauses und die Blockade der Auslieferung seiner Hetzblätter mißlang, der für Ostersamstag geplante Sturm auf das Rathaus Schöneberg ebenfalls und der »Besuch« beim SFB (Sender Freies Berlin) kam Ostermontag nicht über seine Planung hinaus. Was war geschehen in diesen fünf Tagen und fünf Nächten des Osterfestes 1968?

Mit unglaublicher Wut, provoziert durch das Attentat auf Rudi Dutschke, stellte die außerparlamentarische Bewegung in ihrer Hochburg Berlin-West die hybride Frage nach der Macht in der geteilten Stadt. Und als sie nach Ostern aufwachte aus dem Rausch der Straßenschlachten, der Diskussionen und des nächtlichen Umherschweifens vor Polizeirevieren und Zehlendorfer Villen, mußte sie ernüchtert feststellen: das Alltagsleben der Stadt nahm seinen gewohnten enervierenden Verlauf, und unter dem aufgerissenen Straßenpflaster fand sich keineswegs der Strand, der eine Ankunft an neuen Ufern verhieß.

In jedem von uns war nach den Schüssen auf Rudi und durch den vergeblichen Ansturm auf ein System, das diese Schüsse möglich gemacht hatte, etwas zerbrochen. Dieses undefinierbare »etwas«, eine Verhärtung im Innersten, eine Unversöhnlichkeit mit stark irrationalen Zügen widersprach den Intentionen einer ganze Lebensbereiche umfassenden spielerisch-hedonistischen Radikalität, mit der die antiautoritäre Bewegung ursprünglich angetreten war. Zwar entstanden die Stadtguerilla und maoistische Parteigründungen erst eineinhalb Jahre später im Herbst 1969, doch ihre Geburtsstunde kündigte sich bereits Ostern 1968 an. Unmittelbar erlebte herrschende Gewaltverhältnisse mit bewaffneter Gegengewalt bekämpfen zu wollen, ist ein ebenso verführerischer Gedanke wie der, einer straff organisierten Staats- und Kapitalgewalt mit einer straff organisierten Kaderpartei entgegentreten zu wollen. Der Trugschlüsse waren so furchtbar viele …

```
Liebe K 1

ich höre durch meine armseeligen Kanäle Thorwald (im andern Knast)
dreht durch,lacht,weint u.s.w.  sie haben ihn ins Krankenhaus
geschafft,was ich meine ist,tut was für ihn,schreibt,schickt,was
euch einfällt,
verflucht,                                           Theorie
mir steigt der Senf auch langsam in die Nase,der Fürsorger Eierman
verweigert mir aus reiner Schinderei Litteratur,die irgendwer ge-
schickt hat und die ich brauche, -die Eier sollen ihm abfaulen,
ich überlege einen Hungerstreik und anderes,wenn er sich nicht be-
sinnt,
ich schicke euch Signale meines Verfalls,
klar das diese Schinder nicht wollen,das irgendwer liest,was sie
wollen ist,dass man mit ihren Scheissnieten verblödet,
aber mir wird etwas einfallen,
bis jetzt bin ich auf dem besten Weg einen Wälzer zu schreiben,zuerst,
um hier nicht draufzugehen und dann,weil es mir etwas Spass macht.

Ich sehe euch gelegentlich in Zeitungen,leider nur in dem,was sie
Kulturteil nennen,ihr müsst den Sprung in den Anzeigenteil schaffen,
Fanta u.s.w.  -  was da Geld reinkäme,
sonst,nur Träume u. trinitärische Formel u.s.w. und natürlich eine
Stinkwut, - viel zu selten
```

Brief von Andreas Baader, Juni 1968

Im Sommer 1968 arbeiteten wir an unserem ersten Buch »Klau mich«. Obwohl
Fritz Teufel als Autor auf dem Titelblatt
genannt ist, hat er nicht mehr daran mit-
gearbeitet, da Rainer ihn wegen seiner
zahlreichen Freundinnen ständig zur Rede
stellte. Er sah sich überfordert, die jeweils
von Fritz verabschiedeten 16-jährigen
Mädchen zu trösten. Fritz wiederum ging
dieses Diskussionsbegehren derart auf die
Nerven, daß er aus der KI auszog und in
München eine neue Kommune gründete.

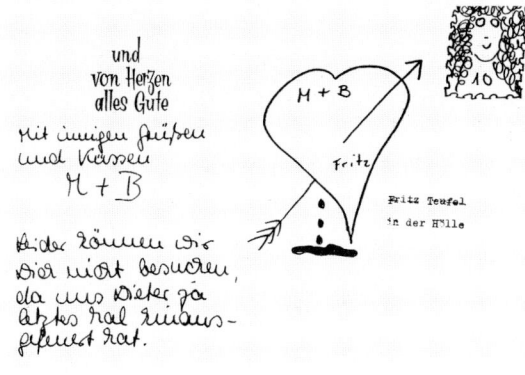

Den Mai '68 in Paris haben wir wegen dieser Streß-Situation in der KI kaum wahr-
genommen und waren auch später vom Besuch Daniel Cohn-Bendits bei uns am
Stuttgarter Platz nicht besonders beeindruckt. Der Generalstreik in Frankreich weckte bei vielen West-Berliner Linken nur Illusionen über die Oppositionsbereitschaft
der westdeutschen Arbeiterschaft, was sich bereits in der Kampagne gegen die Not-
standsgesetze niederschlug. Wir beteiligten uns daran nur durch die Besetzung des
Germanischen Seminars an der FU, wo wir vom Dachboden aus mit Lautsprechern
mehr Rockmusik als politische Parolen über den FU-Campus dröhnen ließen. In der
Bibliothek hing ein Transparent mit der ebenso kühnen wie holprigen Aufschrift:
»Wo einst Schiller und Goethe stand, da schläft jetzt Dieter Kunzelmann.«

Durch den Polit-Tourismus in die K I, der fast den Charakter einer Belagerung annahm, wurden uns die Räumlichkeiten zu eng und wir unterschrieben für den 1. August einen Mietvertrag für ein leerstehendes, sehr heruntergekommenes dreistöckiges
Fabrikgebäude in der Stephanstraße 60 in Moabit. Die Renovierung nahm uns in den
Sommermonaten völlig in Beschlag. Im Parterre sollte eine Diskothek untergebracht,
im 1. Stock Unterkünfte für Gäste eingerichtet werden, und im 2. Stock begann ein
anderes, neues Kommuneleben.

Wir lebten auf einem Matratzenlager in der offenen Fabrikhalle. Nur beim Einmarsch der Warschauer Pakt-Armeen in die Tschechoslowakei am 21. August 1968
und bei der »Schlacht am Tegeler Weg« am 4. November 1968 verließen wir – von
Prozeßterminen abgesehen – unser neues Domizil, um an Demonstrationen teilzunehmen. Ansonsten entdeckten wir bewußtseinserweiternde Drogen, besuchten andere Kommunen, machten Streifzüge durch die Beat-Schuppen der Stadt, und statt
zu diskutieren, hörten wir nur noch die neuesten englischen und amerikanischen
Rock-Platten.

Bis zum Frühjahr 1968 existierten innerhalb der antiautoritären Bewegung verschiedene Revolutionsvorstellungen: Rätesozialismus, anarchistisches Denken, die
Idee einer subkulturellen Gegengesellschaft, Kommunen als Focus der Selbstverän-
derung und Revolutionierung des Alltagslebens. Allein die jeweilige Praxis sollte der

Prüfstein für einen gangbaren Weg zur Veränderung der Gesamtgesellschaft sein.
Selbstbestimmung, Selbsttätigkeit, Selbstverwirklichung waren weder hohle Phrasen
noch ideologische Versatzstücke. Was Staat, Justiz und Polizei verunsicherte und zu
unverhältnismäßig drakonischen Maßnahmen gegen diese kulturrevolutionäre Bewegung veranlaßte (und diese dadurch zeitweise noch prächtiger aufblühen ließ), war die
Selbstverständlichkeit, mit der die antiautoritäre Bewegung den öffentlichen Raum,
insbesondere in West-Berlin, dem Schaufenster der westlichen Welt, in ihren Besitz
nahm. Feste, Happenings, Demonstrationen, Spiele mit der Polizei, Diskussionen,
Musik, Liebe – all dies geschah öffentlich, vor den Augen aller und alle konnten sich
beteiligen. Besonders der verbal artikulierte und bisweilen handgreifliche Haß des per-
sonifizierten Frontstadtgeistes, der sich mit Vokabeln und Beschimpfungen wie »Ver-
gasen«, »Arbeitslager« und »Über die Mauer« gegen uns Luft machte, produzierte derart hitzige Straßendebatten, daß erst die Wasserwerfer der Polizei, vor deren Strahlen
bekanntlich alle gleich sind, die Gemüter abkühlen konnten. Daß dann der Autoverkehr Vorrang haben sollte vor öffentlichem Meinungsstreit, konnte außer der Polizei
niemand gutheißen. Folglich eskalierte die Situation, die Menschen mußten von der
Polizei weggeräumt werden, Polizeikonvois blockierten alle Seitenstraßen, ritualisier-
tes Chaos breitete sich aus – die Volksbelustigung blieb schier grenzenlos.
    Die Unmittelbarkeit der sinnlichen Erfahrungen, ob auf der Straße oder in neuen
Lebenszusammenhängen, die Lust im Alltagsleben immer das Unerwartete, das Über-

raschende, das Provozierende dem Eingeschliffen-Überkommenen vorzuziehen, begeisterte große Teile einer ganzen Generation. Immer war die eigene Initiative gefragt, denn jegliche Organisation, die Hierarchisierung bedeutet hätte, wurde abgelehnt. Erfahrungen mit Polizei und Justiz wurden ausgetauscht, Ängste besprochen und die Probleme des Zusammenlebens in Kommunen oder Wohngemeinschaften beispielhaft vermittelt. Immer stand im Vordergrund, selbst das Wagnis eines anderen Lebens einzugehen, die eigene Energie einzubringen in den Prozeß der in vielen Bereichen als notwendig angesehenen Veränderungen.

Die innovative Antriebskraft der antiautoritären Bewegung – besonders in West-Berlin – bestand darin, in der Auseinandersetzung mit der im Nationalsozialismus aktiven Generation neue Wege einzuschlagen. Auf die vorgefundenen und verkrusteten Politikfelder begab man sich nur, um sie der allgemeinen Lächerlichkeit preiszugeben. Mit traumwandlerischer Sicherheit wurden reihenweise Konventionen und Tabus durchbrochen. Was Justiz, Polizei und Politik zu unverhältnismäßigen Reaktionen auf die antiautoritäre Bewegung trieb, waren weniger die »Straftatbestände« der Beleidigung, des Hausfriedensbruches, des Landfriedensbruches, des Widerstandes gegen die Staatsgewalt etc. – es war das Selbstbewußtsein der »Delinquenten«, die jegliche Verfolgung des Protestes durch die Behörden als illegitim und rachsüchtig bloßstellten. Was außerhalb Stehende abschrecken sollte, mobilisierte sie; was die Protestbewegung in ihre Schranken verweisen sollte, radikalisierte sie, und was als Gewaltmono-

Vietnam-Kongreß, 17. Februar 1968. Vor und in der Technischen Universität. Seite 105: mit Horst Mahler

pol des Staates, Unabhängigkeit der Justiz und freiheitlich-demokratische Grundordnung in Sonntagsreden hochgejubelt wurde, demaskierte sich in der alltäglichen Praxis als autoritärer Ordnungsstaat, der Transparenz, Diskussion und Hinterfragen mit Chaos und Untergang gleichsetzte.

Solange die antiautoritäre Bewegung ihren eigenen Weg verfolgte, sich auf die gewachsenen Strukturen einer beginnenden Gegengesellschaft mit neuen zwischenmenschlichen Umgangsformen stützte, ausgestattet mit einer farbigen Palette an ästhetischer Subversion in Sprache, Bildern, Musik, solange befand sie sich im Aufschwung. Ihre Stärke, ihr Charisma beruhte nicht zuletzt darauf, daß sie sich jeglicher Einvernahme durch die abgewirtschafteten Parteien strikt widersetzte, ja die inhaltsleer und autoritär gewordenen Spielregeln einer parlamentarischen Demokratie schlicht negierte.

Drei Ereignisse in der ersten Hälfte des Jahres 1968 katapultierten die antiautoritäre Bewegung in eine Sphäre des politischen Machtpokers, bei dem sie nur verlieren konnte: das grandiose Spektakel »Vietnam-Kongreß«, die Strategie der »Massenlinie« nach den verlorenen Straßenschlachten an Ostern und das opportunistische Zusammenbasteln einer »Einheitsfront« gegen die Notstandsgesetzgebung. Nicht das fragwürdige Getöse der versammelten Linksparteien und Sektierergruppen Westeuropas beim Vietnam-Kongreß, und auch nicht die unreflektierte und unkritische Identifikation mit den nationalen Befreiungsbewegungen in der Dritten Welt waren der Skandal. Skandalös waren die Geheimverhandlungen der Veranstalter des Vietnam-Kongresses, vermittelt durch die evangelische Kirche, mit der Spitze des West-Berli-

ner Senats und mit der im Hintergrund bestimmenden US-Besatzungsmacht über Genehmigung oder Verbot der Demonstration. Mit dem faulen Kompromiß – die Demonstration gegen den Krieg in Vietnam in der West-Berliner City wird erlaubt; der SDS gewährleistet, daß keine US-Kaserne attackiert wird –, wurde nicht nur die auf dem Kongreß bis zum Überdruß skandierte Parole »Schafft eins, zwei ...« zur hohlen Phrase, es wurden auch erstmals Gespräche auf höchster Ebene nicht öffentlich gemacht, geschweige denn, daß ihre fragwürdigen Ergebnisse einem Plenum zur Abstimmung vorgelegt worden wären. Das vom US-Stadtkommandanten blutrot ausgemalte Bürgerkriegsszenario bei einer Blockade von US-Kasernen verfehlte seine Wirkung nicht: Angst diktierte das Ränkespiel der selbsternannten Führer einer Protestbewegung – als ob die kreative Phantasie der antiautoritären Bewegung nicht ausgereicht hätte, das Militärköpfen entsprungene Szenario zu unterlaufen, ad absurdum zu führen, der Lächerlichkeit preiszugeben.

In dieser Situation bemächtigten sich Autoritäten einer Bewegung, mit deren ursprünglichen Geschichte sie im besten Falle als teilnehmende Beobachter zu tun hatten. Die lebensumspannende Radikalität der antiautoritären Bewegung wurde sukzessive heruntergeschliffen auf das mediokre Niveau parteiorientierter Reformpolitik. Die angebliche Isolation von der Mehrheit der arbeitenden Bevölkerung sollte aufgebrochen werden durch sogenannte Basisarbeit, plumpeste Agitation in den Stadtteilen, peinlichste Anbiederung in und vor Betrieben. Requisiten aus dem Arsenal verstaubter Zeiten feierten fröhliche Urstände. Das muffige Ende der antiautoritären Bewegung war gekommen...

Am 24. Januar 1969 gab Jimi Hendrix ein Konzert in West-Berlin. Niemand brauchte – wie auf dem Photo Ina Siepmann – am Joint zu ziehen, um high zu sein: Musik und von Hasch und Gras gesättigte Luft reichten völlig aus, um im Sportpalast an der Potsdamer Straße in Berlin andere Sphären zu erreichen. Die deutlich sichtbar lange Aschenglut am Joint geht auf eines der zahlreichen psycho-terroristischen KI-Gesetze zurück: wem die Asche herunterfiel war, dazu verurteilt, den nächsten Joint zu drehen.

Es war ein wahnsinniges Konzert mit einer außergewöhnlichen Kommunikation zwischen Publikum und Hendrix, zwischen Hendrix und Publikum. Ein Satz von ihm, am Ende des Konzerts gesprochen, und alle hätten sich tanzend auf den Weg zum Potsdamer Platz gemacht, um dort über die Mauer zu segeln und das Konzert am Gendarmenmarkt fortzusetzen.

Für uns ging es tatsächlich weiter, denn Ina und Uschi, große Verehrerinnen nicht nur seiner Musik, holten Hendrix im Hotel Kempinski ab und kamen mit ihm in unser Moabiter Kommune-Matratzenlager. Beide wollten mit ihm ins Bett, überließen jedoch in feministischer Souveränität dem Angebeteten die freie Wahl. Zu meiner Genugtuung entschied sich Jimi für die Schwabinger Schönheitskönigin, hatte jedoch – Kommuneleben war ihm doch etwas fremd – große Schwierigkeiten, seinen Revuekörper vor aller Augen zu entblättern. Uschi wollte jedoch unbedingt vor Rainers eifersüchtigen Blicken mit Jimi schlafen, flüsterte geheimnisvoll mit Ina und ehe ich Närrling irgendetwas begriff, vernaschte sie mich mit ihren Schleieraugen genial wie immer.

Ich war so vollgekifft, daß mich Ina erst danach aufklärte: sie hatten beide die Hoffnung, daß Jimi, durch uns animiert, endlich loslegen würde. Doch alle sexuellen Hilfestellungen halfen nichts, Jimi war die Situation zu fremd. Ein Taxi wurde bestellt, Uschi und Jimi rauschten in sein Hotel, Rainer theoretisierte bis in die Morgenstunden, und irgendwann am späten Morgen tauchte eine strahlende Uschi vor unserer Matratze auf. Dem folgenden stundenlangen Beziehungsgespräch zwischen ihr und Rainer entflohen wir, indem wir mit der S-Bahn zum Schliddern auf dem zugefrorenen Schlachtensee fuhren.

DIE BRANDBOMBEN DES

VERFASSUNGSSCHUTZES

Welch ein Jahr der Irrungen und Wirrungen, dieses 1969. Alles war in Auflösung begriffen, alle gingen auf Reisen – in sich selbst, zu Gurus nach Indien, nach Italien, wo die Klassenkämpfe und das pralle Leben tobten, zu den nationalen Befreiungsbewegungen in Süd- und Mittelamerika oder nach Palästina. Welch ein Jahr der Windungen und Wendungen, dieses 1969. An einem Tag Haschrebell und Stadtindianer, am nächsten maoistischer Kader und Fabrikarbeiter, an einem Tag Stadtguerilla, am nächsten Juso-Funktionär, Jungunternehmer, Verleger, Kunstkritiker, Theater- oder Filmregisseur. Eindeutig erkennbar war nur die Unübersichtlichkeit, waren Fluchten auf der Suche nach Selbstverwirklichung, Aufbrüche zu neuen Ufern. Und da waren noch die Drogen, keine harmlosen wie Marihuana und Haschisch, gefährliche, lebenszerstörende Drogen.

Vielleicht war alles auch ganz anders, die subjektive Wahrnehmung von Situationen bleibt, trotz gemeinsamen Erlebens, äußerst verschieden. Mein Kopf ist vollgestopft mit Bildern aus diesem 69er Jahr, doch wie soll ich sie ordnen können, wenn meine damaligen Begleiter und Begleiterinnen, mit denen ich mich verständigen könnte, längst alle tot sind. Fest steht aber für mich, daß die folgenden Jahre bis zum Deutschen Herbst 1977 im Nebel verbleiben, wenn nicht Klarheit herrscht über dieses Jahr der Großen Konfusion.

Versinnbildlicht das Photo mit dem Augenverband genau diese Symbolik? Halbblind, doch mutig durch die Welt streifend. Es war beileibe keine Verletzung von einer Demonstration, mein Auge, natürlich das linke, war einfach physisch überfordert durch zuviele STP-Trips, ein Amphetamin-Teufelszeug. Aufgenommen wurde das Bild im März 1969 in der »Untersuchungshaft- und Aufnahmeanstalt« Berlin-Moabit, übrigens illegal im Anwaltssprechzimmer vom Mitglied des Sozialistischen Anwaltskollektivs und späte-

ALLE SCHIMPFEN AUF DIE JUSTIZ -
WIR VERÄNDERN SIE !

Wer wird täglich in Moabit verurteilt?
Es ist der kleine Mann - der Verkehrssünder,der "Verlobtenkuppler",
die Hausfrau,die sich im Selbstbedienungsladen selbst bedient hat,
der,den den Vertreter reingelegt haben und der die Rate nicht bahlen
kann usw.
Wer sieht Moabit höchstens von außen?
Die Lebensmittelschwindler,die Mietwucherer,die Bank-und Bodenspekulanten,die Rehses,die Großindustriellen,die Millionen an Steuern
hinterziehen:Alle die,die gerade den kleinen Mann ständig um seine
Reichtümer betrügen,die er selbst geschaffen hat.

Wer gewinnt in Mietprozessen?
Die Hauseigentümer!

Wer gewinnt die Arbeiterprozesse?
Die Unternehmer!

Wer kommt ins Gefängnis?
Der kleine Mann!

Wie lange wollen wir es uns noch gefallen lassen,daß die Justiz dieses
üble Spiel mit uns treibt?Einige von uns haben begonnen,sich gegen
diesen Unterdrückungsapparat zu wehren.Sie stehen nicht allein,aber
es sind n ch wenige.Die Herrschenden haben erkannt,daß ihre Macht-
stellung durch die Solidarisierung der Unterdrückten bedroht wird.
Um diese Bedrohung abzuwehren,bedienen sie sich der Justiz und lassen
einzelne von uns als abschreckendes Beispiel bestrafen.
Die Abschreckung und Bestrafung beginnt bereits mit der Untersuchungs-
haft.Die Entschlossensten oder diejenigen,die man als Rädelsführer
bezeichnet,werden mit mühsam an den Haaren herbeigezogenen Gründen
ohne gerichtliches Verfahren für Monate oder sogar Jahre in die Haftanstalten geworfen.
Man versucht auf diese Weise,sie einzuschüchtern und fertigzumachen.
So erging es Fritz Teufel,der nach 5-monatiger grundloser Untersu-
schungshaft freigesprochen werden mußte.S ergeht es heute Langhans
und Kunzelmann,denen von der Polizei eine Bömbe untergeschoben worden ist:
Nach Meinung der Polizei sollen sie imstande gewesen sein,trotz der
Anwesenheit von 8.ooo Polizisten die Bundesversammlung n a c h
i h r e r B e e n d i g u n g zu sprengen!Da diese Gründe unhaltbar
sind,muß die Bundesanwaltschaft in Karlsruhe auf sämtliche früheren
politischen Handlungen und Äußerungen der Inhaftierten zurückgreifen,
um auch nur den Haftbefehl aufrechterhalten zu können.
Langhans und Kunzelmann sind aber nur 2 von weit über 5o.ooo Unter-
suchungshäftlingen,die jährlich in der Bundesrepublik und Westberlin
in die Untersuchungsgefängnisse gesperrt werden.Jeder dritte von
ihnen wird später freigesproch.Wie bedenkenlos die Justiz die Untersuchungshaft handhabt,zeigt sich auch daran,daß jährlich 3.ooo in
Untersuchungshaft Gehaltene Selbstmord begehen.Damit ist auf kaltem
Wege die Todesstrafe wieder eingeführt.
In Untersuchungshaft kommt natürlich nicht derjenige,der genügend
Geld hat,um sich durch Kaution freizukaufen,sondern wieder nur der
kleine Mann!
Hören wir auf,uns mit denen zu solidarisieren,die uns in Abhängig-
keit halten,die diesen Apparat beherrschen,die die Schwierigkeiten
und Probleme,mit denen wir uns Tag für Tag herumzuschlagen haben,
nicht beseitigen,sondern nöch vermehren!

Werden wir uns unserer eigenen Macht bewußt!

Organisiern wir uns zu gemeinsamem Kampf!

Wer sich informieren will,wer mitarbeiten will,kann sich wenden
an den Zentralen Ermittlungsausschuß Westberlin

Berlin 12,Straße des 17.Juni 135
Studentenvertretung Zi.2137 Tel.314 25 49

INFORMATIONSVERANSTALTUNG DONNERSTAG 3.4.69 TU RAUM 104

Verantwortlich: Ingrid Siepmann Uschi Obermaier Photo: © Kumune I

Flugblatt, April 1969, Vorder- und Rückseite, Text von Ingrid Siepmann und Uschi Obermaier

ren Richter am Berliner Verfassungsgericht, Klaus Eschen. Mit Rainer Langhans saß ich aufgrund eines Haftbefehls der Bundesanwaltschaft, erlassen von einem Bundesrichter, in Untersuchungshaft, scharf isoliert von allen anderen Gefangenen. Der West-Berliner Verfassungsschutz wollte einmal mehr seine Existenzberechtigung unter Beweis stellen und ließ durch seinen Mitarbeiter Peter Urbach in mehreren Berliner Kommunewohnungen Brandbomben deponieren, die dann bei polizeilichen Hausdurchsuchungen prompt sichergestellt wurden. Der Zeitpunkt war gut gewählt: die Wahl des Bundespräsidenten Gustav Heinemann, März 1969, im Palais am Funkturm.

Am Anfang unserer Knastzeit sah es tatsächlich so aus, als ob die Gefängnistore hinter uns für lange Zeit verschlossen bleiben würden, denn der Haftbefehl konstruierte nichts Geringeres als einen »versuchten Bombenanschlag auf ein Verfassungsorgan«, die Bundesversammlung nämlich, die den Bundespräsidenten wählt.

Doch dank der Bemühungen unserer Verteidiger Horst Mahler und Klaus Eschen und dank einer großen Solidaritätsbewegung für unsere sofortige Freilassung, primär organisiert von den beiden Kommunardinnen Ina Siepmann und Uschi Obermeier, letztere entwickelte erst- und letztmals Aktivitäten jenseits von Betten und Kameras, brach die hübsch eingefädelte Intrige von Geheimdienst und Bundesanwaltschaft in sich zusammen, und wir kamen nach sechs Wochen Untersuchungshaft wieder auf freien Fuß.

25 Jahre später, also im Jahre 1994, ordnete ich als Archivar, mein heimlicher Traumberuf, im Auftrag des Hamburger Instituts für Sozialforschung alle erhaltenen Prozeßakten des »Sozialistischen Anwaltkollektivs Westberlin«, eine wahre Fundgrube für Historiker der antiautoritären Bewegung. Hierbei stieß ich auch auf die Prozeßunterlagen dieses Verfahrens. Ordentlich in einer Sichtmappe abgeheftet, entdeckte ich einen Brief von Rainer Langhans an unseren Verteidiger Horst Mahler und war zweifach überrascht: er steckte in einem Kuvert des Ermittlungsrichters beim Bundesgerichtshof, weil Rainer derart durcheinander war – es war seine erste Untersuchungshaft –, daß er vergaß, diesen Brief im verschlossenen Umschlag als »Verteidigerpost« zu deklarieren, weswegen er zwecks Zensur auf dem Schreibtisch des Bundesrichters landete, der ihn freundlicherweise, selbstverständlich nach Kenntnisnahme, an Horst Mahler weiterleitete.

Im Archiv des ehemaligen »Sozialistischen Anwaltskollektivs«, 1994

Die zweite große Überraschung für mich war der Inhalt des Briefes, dessen erstma-
lige Lektüre nach einem Vierteljahrhundert mir Kopf- und Bauchschmerzen bereite-
te. Niemals hätte ich Rainer L. zugetraut, hinter meinem Rücken eine gemeinsame
Verteidigungslinie zu sabotieren, um letztlich auf meine Kosten früher aus dem Knast
zu kommen. Und wozu wäre er im Falle einer länger andauernden Haft und folgen-
dem Prozeß bereit gewesen?

Samstag, den 8.3.69   8h
Lies das!

Horst,
bitte, ich weiß, wie Du mit Fritz umgesprungen bist, bitte mach das nicht so mit mir, weil
meine Situation denkbar schlecht ist im Augenblick für den Mist, der hier mit uns veran-
staltet wird. Mir leuchtet schon seit längerem die politische Geschichte mit dem Bürger-
kriegsgetue nur noch bedingt ein – bedingt durch die Wandlung der jeweils internen persön-
lichen Situation. Und da bin ich an einem entscheidenden Punkt herausgerissen worden.
Du weißt, daß die Münchener Frauenkommune z.Zt. hier ist. Ich kenne sie als wichtigen
Punkt innerhalb des Projekts »Zärtliche Kommune«, als ich Weihnachten Uschi aus Mün-
chen zurückholte. Ich wollte gern, daß sie hier blieben bei uns und war in dieser Richtung
tätig geworden, als nach 1 1/2 Tagen dieser brutale Einbruch erfolgte. Unsere Kommune-
situatiuon war nicht gut bisher und da tat sich eine entscheidende Perspektive auf.
Nun rächt sich, daß wir bisher nicht mehr Zeit füreinander hatten, daß Du uns nicht mal
besucht hast. Also, ich bitte Dich inständig bis drohend – kümmere Dich um mich bzw.
uns, juristisch wie auch durch Kontakte, Besuche bei uns und das Halten der Verbindung
zu den vielen Frauen in unserer Fabrik, die Du jetzt vielleicht mal eher besuchst. Ich will
nicht mit (scheinbarem) Renegatentum drohen, aber mach Dir's nicht zu leicht – ich weiß,
was ich sage. Fritz konnte man u.U. so behandeln – die politische Situation war anders.
Mich nicht, weil diese Geschichte hier keine einsichtige Weiterentwicklung meiner
Situation bedeutet – eher sie zerstört. Dann juristisch – wenn sie durchkommen mit der
Sache, dann bedeutet das mindestens ein Jahr entspr. dem vorgesehenen Strafrahmen, dann
haben sie Zeit, die übrigen Sachen durchzuziehen, also Go-in, Gedächtniskirche 7 Monate
und einiges andere kleinere Zeug. Ich will jetzt keine 2 Jahre sitzen, als einsames Opfer,
noch dazu ohne weitere Leute, die hier drin was machen. Wenn das passiert, dann verheizt
die Bewegung ihre ersten Leute – und das heißt was, wenn gerade Dieter und ich das sind.
Ich weiß nicht, ob ich das aushalte – aushalten will! Das überlege Dir gut und bagatellisie-
re das nicht. Ich bin kein Brandstifter wie Thorwald – ich brauche diese dreijährige
Identitätsgewinnung nicht – ich will sie jetzt nicht!!
Glaube nicht, daß das von anderen Sachen kommt (s. R O Disk.) – ich rationalisiere nicht!
Ich habe das schon dem Klaus Eschen zu erklären versucht, aber er kennt mich nicht so
gut und denkt wohl, daß jeder umfällt, der sowas mitmacht. Geh mal in die Fabrik und
frage die Mädchen – sie wissen Bescheid. Sag ihnen, welche Möglichkeiten sie haben, was
für uns zu tun, juristisch (Kleiderbringen usw., Besuch) und politisch! (...)
Übrigens, Dieters Situation ist anders als meine – er ist, glaube ich, wegen seiner beschisse-
nen, perspektivlosen Situation hier draußen in der Fabrik nicht so böse, daß ihm diese von
außen kommende, politische im Untersuchungsgefängnis Moabit aufgewzungen wurde. Mir
geht es anders, wenn ich die Seinige richtig einschätze.
Ich brauche meine Schreibmaschine – steht im 2. Stock bei uns beim Schreibtisch.
Horst, laß Dich sehen. Rainer.

Brief von Rainer Langhans an Horst Mahler aus der Untersuchungshaftanstalt Moabit

1968

Und warum hat er nach unserer Freilassung niemals versucht, mit mir darüber zu sprechen? Und wieso zählte meine Liebe zu Ina weniger als seine zu Uschi? Die Gefängniszelle ist sicherlich in den ersten Wochen eine harte Probe für jeden Menschen, doch während der dreissig Monate Kommune I stand jeder von uns immer mit einem Bein im Gefängnis. Fritz Teufel über sechs Monate lang nach dem 2. Juni 1967 sogar mit beiden, was ihn im reifen Alter zu der Erkenntnis verführte: »Meine Aufgabe in der KI bestand darin, im Gefängnis zu sitzen.« Rainer L. jedoch – ansonsten damals nie um einen militanten Spruch verlegen – fing nach wenigen Tagen Untersuchungshaft an durchzudrehen.

Dieses Gefühl von Ohnmacht und Ausweglosigkeit drohte auch mich einmal im Gefängnis zu zermürben. Ich saß bereits mehr als ein Jahr in Untersuchungshaft – am 19. Juli 1970 war ich festgenommen worden – als ich über das Zellenradio eine Meldung hörte, die mich an den Rand des Wahnsinns trieb. Hilflos und allein mußte ich am 4. Dezember 1971 mit der Nachricht fertig werden, daß mein Freund Georg von Rauch in der Eisenacher Straße in Schöneberg von einem Fahndungsbeamten erschossen worden war. Welch glücklicher Umstand, daß ich im Gefängnis eingesperrt war; außerhalb wäre ich in dieser Situation imstande gewesen, aus Wut über den Verlust des Freundes zum Mörder zu werden.

Doch zurück in das Frühjahr 1969, als Rainers Wut über ein paar Wochen Untersuchungshaft sich nicht gegen die hierfür Verantwortlichen, sondern gegen mich richtete. Gegen Legenden anzuschreiben bleibt sinnlos – zu schön klingt die Mär, ein Photomodell mußte kommen, um das Ende der Kommune I zu besiegeln. Doch Gefängnis und später der gemeinsame Opium-Konsum haben zum traurigen Ende der KI sicherlich mehr beigetragen als das wahrlich nicht unattraktive Körperprogramm von Uschi. Außerdem wollte niemand von uns wahrhaben, daß die antiautoritäre Bewegung sich ihrem Ende zuneigte. Sowohl Rainers Vorstellung eines Rock-Pop-Konzerns als auch die meinigen von den umherschweifenden Haschrebellen – beides waren krampfhafte Versuche, die Realität der Auflösung, des Zerfalls, der Trennungen, der Niederlagen zu negieren oder zu verdrängen.

In dieser Situation erreichte uns die Einladung von Fritz Teufel, der seit einem Jahr in München lebte, zu einem Knastcamp ins fränkische Ebrach zu reisen und dafür in Berlin möglichst viele Unterstützer zu mobilisieren. In Ebrach, nah meiner Heimatstadt Bamberg, befindet sich der größte Jugendknast Bayerns, und dort, weit weg von seinen Mitstreitern, mußte ein Münchner Militanter seine Haftstrafe antreten. Nahe

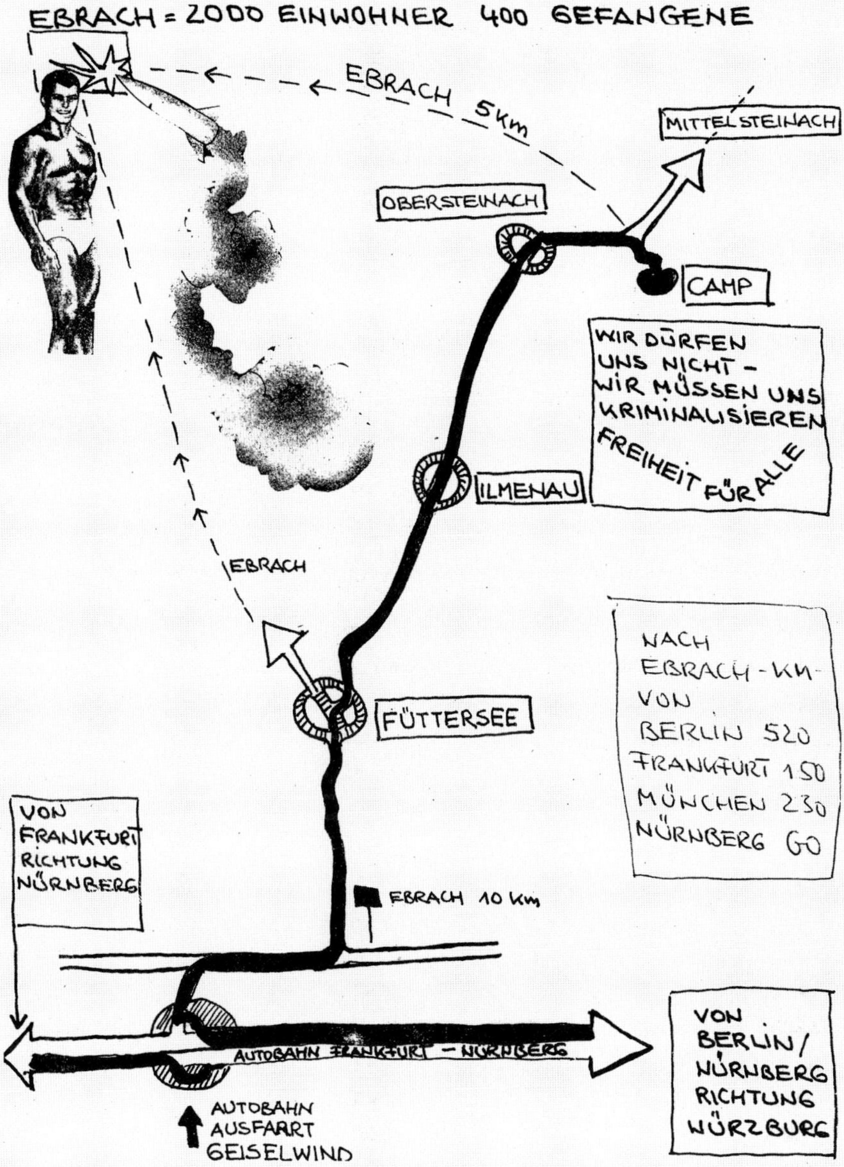

EBRACH = 2000 EINWOHNER 400 GEFANGENE

EBRACH 5km

MITTELSTEINACH

OBERSTEINACH

CAMP

WIR DÜRFEN
UNS NICHT –
WIR MÜSSEN UNS
KRIMINALISIEREN

FREIHEIT FÜR ALLE

ILMENAU

EBRACH

NACH
EBRACH-KM
VON
BERLIN 520
FRANKFURT 150
MÜNCHEN 230
NÜRNBERG 60

FÜTTERSEE

VON
FRANKFURT
RICHTUNG
NÜRNBERG

EBRACH 10 km

VON
BERLIN/
NÜRNBERG
RICHTUNG
WÜRZBURG

AUTOBAHN FRANKFURT – NÜRNBERG

AUTOBAHN
AUSFAHRT
GEISELWIND

113

MÜNCHEN ANFANG JUL1

JUSTIZOPFER ALLER LÄNDER VEREINIGT EUCH

RECHTSHILFE DER APO & WACHEREINSTEIN (Mü 80 Einsteinstrasse I5I tel. 44 I2 59
present:
für
BERLINER FERIENKINDER AUS ALLER WELT
UNTER DER SCHIRMHERRSCHAFT VON MAOTSETUNG & INGAPINGA

KNASTCAMPEBRACH   BEI BAMBERG (ROTE KNASTWOCHE)
I5. - 2I Juli 1969

RIESENZELT/5km VON EBRACH UND DEM GEFÄNGNIS ENTFERNT/SIEHE KARTE/WIESE MIT
WASSERFALL.
  KOMMEN SOLLEN LEUTE DIE KNASTERFAHRUNG VOR ODER HINTER SICH HABEN
  JUSTIZMINISTER/ANSTALTSLEITER.
MITBRINGEN farbe, papierrollen,handabzugsmaschinen,musikinstrumente (ammon-
düül kommen wahrscheinlich auch 7 kinder,kleinere zelte, DECKEN/SCHLAFSÄCKE
LUFTMADRATZEN,streichhölzer,kameras,filme (wir haben direkt gegenüber vom
gefängnis ein kino gemietet, für 35 und I6 mm filme, 260 sitzplätze) pinsel
proviant, hasch, streichhölzer, trips, wasserfeste kleidung für waldspatzier-
gänge, ölfarbe, plakafarbe, fotoapparate, tonbändergeräte,steinschleudern,
granatwerfer, viel farbe, ärzte, verbandszeug, wassereimer,KOCHTÖPFE, messer,
häftlingskleidung (blaue arbeitshose und jacke) bereitschaftspolizeiuniform,
saugpostpapier, richterroben, streichhölzer, spraydosen,knaller, megaphone,
lautsprecheranlage (von den frankfurtern) bussex, sportgeräte(bälle)
                    undsoweiter

§§§
60 LITER MILCH PRO TAG UND MINDESTENS EIN SCHWEIN STELLT DER BAUER!!!!!!!!!!!
§§§
IN EBRACH GIBT ES EIN BLAUGEKACHELTES SCHWIMMBAD,,DASS VOR I4 TAGEN ERÖFFNET
WURDE.
fussbalmannschaften bitte schon vorher bilden und einheitliches trikot mitbringen, es geht um den dieter kunzelmannpokal, der am I4. geburtstag hat,
geschenke mitbringen !
§§§§§§§§§§§§§§§§§§§§§§§§§§§§§§§§§§§§§§99999999999999999999999999999999999999999
wer terminschwierigkeiten hat, kann vielleicht für 2/3 tage kommen oder
wir verlängern postadresse: 8602 EBRACH (I5. - 2I Juli) wackereinstein.
                    ca 300 leute kommen

ZUR FINANZIERUNG SOLLEN SICH DIE RECHTSHILFEN GEDANKEN MACHEN

DEN RUNDBRIEF MEHRMALS SORGFÄLTIG DURCHLESEN

PROPAGANDA MACHEN DURCH WANDZEITUNGEN UND MALAKTIONEN
UNERMÜDLICH DISKUTIEREN UND AGITIEREN
ALLEN EBRACH BOYKOTTEUREN DEN BEISCHLAF VERWEIGERN

K N A S T   C A M P   E B R A C H I5. - 2I. J u l i I 9 6 9

wir werden auch einen film drehen über das camp, material, mitarbeiter, geräte
werden noch gesucht. ist HOLGER MEINS ein puscher, warum sitzt er sonst in
                    U Haft Moabit, schreibt ihm Alt Moabit I3 Berlin 2I

Flugblatt, München, Juli 1969 (Vorderseite Seite 113)

dem Gefängnis, das ein früheres Kloster war, sollte ein Zeltlager errichtet und eine symbolische Gefängnisbelagerung stattfinden. Da für viele von uns im Sommer 1969 Gerichtsurteile rechtskräftig wurden – bei mir z.B. neun Monate Gefängnis ohne Bewährung wegen »Störung des Parlamentsfriedens« – und nur noch die Ladungen zum Strafantritt ausstanden, waren wir von der Knastcamp-Idee begeistert. Es war nicht schwer, weitere Berliner APO-Leute für die Mitreise zu gewinnen. Als sich die Berliner Karawane, mit dem von Tommy Weisbecker »organisierten« neuen Ford-Bus des AStA der TU an der Spitze, auf die Transitstrecke nach Hirschberg machte, ahnten wir nicht, welches Polizeiaufgebot uns in Franken erwartete, wußten wir nicht, wo die Reise enden würde – nur weg, schnell weg aus Berlin, wo wir außer Knast nichts mehr zu erwarten hatten …

Giuseppe de Siati: *Il Nonno in Ebrach*

Im Frühsommer 1969 erhielten wir in Rom einen Anruf aus Deutschland, wahrscheinlich von unseren Filmer-Freunden Gerd Conradt oder Holger Meins. Sinngemäß teilte er uns mit, daß in Kürze in der Nähe von Bamberg ein größeres Treffen von Leuten aus der antiautoritären Linken stattfinden werde. Dazu seien wir eingeladen, denn es sei besonders wichtig, daß an dieser Aktion auch ausländische Genossen teilnehmen. Anlaß zu diesem Treffen, dem »Knast-Camp«, war die Forderung nach Freilassung des verurteilten und in Ebrach inhaftierten Studenten und SDS-Mitglieds Reinhard Wetter.

Einige Tage später erhielten wir auf dem Postweg einen Umschlag, der einige gelbfarbene Flugblätter enthielt, auf denen das Programm für das »Knast-Camp« und die Autoroute nach Ebrach verzeichnet waren.

Als bewußte Internationalisten hängten wir einen Teil der Flugblätter an verschiedenen Stellen der Universität Rom auf, ja, wir übersetzten sogar den Flugblattext, vervielfältigten ihn und forderten dazu auf, nach Ebrach zu reisen.

Die Einladung zum »Knast-Camp« nahmen wir gerne an, zumal wir, die »Uccelli«, für den Sommer des gleichen Jahres eine Expedition in das 1968 von einem Erdbeben heimgesuchte Gebiet bei Gibellina auf der Insel Sizilien in Planung hatten. Die Begegnung in Ebrach schien uns deshalb so interessant zu sein, weil wir bereits vor der Einladung beschlossen hatten, an unserer Expedition möglichst auch junge Deutsche teilnehmen zu lassen. Nicht zuletzt, weil gerade aus diesem Gebiet besonders viele junge Sizilianer als Arbeitsemigranten gen Norden nach Deutschland gezogen waren. Uns faszinierte die Idee von einem Austausch. Warum sollten nicht Deutsche, im Gegenzug der Arbeitsemigranten, als Helfer ins Erdbebengebiet fahren?

Also machte sich unsere kleine vierköpfige Delegation in einem Ford-Transit auf den Weg nach Ebrach. Leider konnten wir nicht verhindern, daß einige Freunde in Rom beleidigt reagierten, als wir sie nicht nach Deutschland mitnahmen.

»Knast-Camp Ebrach«:
Lager am Waldesrand

Links: D.K. in Verhandlung
mit dem Besitzer der Wiese

Seite 117:
Demonstration durch Ebrach.
In der Mitte: Irmgard Möller
und Brigitte Mohnhaupt

In Ebrach angekommen, entdeckten wir bald einige alte Bekannte, u.a. die beiden Mitglieder der KI, Fritz Teufel und Dieter Kunzelmann, dem wir sofort den Spitznamen »Il Nonno« (Großvater) verpaßten. Unter den Teilnehmerinnen stach besonders ein Mädchen namens Inga ins Auge, die junge, schöne, später sehr mutige Irmgard Möller.

Zunächst hatten wir Schwierigkeiten, unsere Sizilienexpedition den deutschen Teilnehmern in Ebrach zu vermitteln. Ihre Verhaltensweisen waren uns reichlich fremd, besonders der sehr starke Haschisch-Konsum und die öffentlichen Liebesspiele. Ihre Verhaltensweisen glichen eher denen der Hippies bei Rock-Konzerten als denen von politischen Aktivisten. Wir entdeckten aber auch Widersprüche zwischen den Teilnehmern.

Bald beschlossen wir, eigene Aktivitäten zu entwickeln. Uns schien es wichtig, zumindest einen Teil der durch Presse und Politik aufgehetzten Bevölkerung zu neutralisieren und für das Anliegen zu sensibilisieren. Also kauften wir Farb-Spraydosen, Kartons, Rasierklingen, bunte Kreiden und sogar ein Schaf. Wir realisierten u.a. auf einem Bürgersteig ein großes Bild im Stile der Pflastermalerei, was den »Großen Vorsitzenden Mao« im Gespräch mit Reinhard Wetter zeigte. Leider hatten wir nicht mit der Brutalität, der Humorlosigkeit und der Kunstfeindlichkeit der deutschen Polizisten gerechnet. Denn bald wurde unser Kunstwerk von mit Wassereimern und Schrubbern bewaffneten Polizisten zerstört. Unserem Schaf sprühten wir das Wort »Hund« auf das Fell und versuchten, die Polizei, die mit Hundetrupps durch den Ort zog, nachzuäffen. Auch diese Aktivität brachte uns in Konflikt mit der Staatsmacht. Jemand zeigte uns wegen Tierquälerei an, wir wurden verhaftet und einige Stunden im Gefängnishof festgehalten. Die zu unserer Bewachung abgestellten Polizisten hielten uns offenbar für berühmte Künstler, denn sie wollten sich unbedingt mit uns photographieren lassen und verlangten Autogramme.

Jedenfalls schienen unsere Aktivitäten auch bei den Demonstranten Anklang zu finden. Zeitweise schien es so, als ob das ganze Knast-Camp nach Sizilien aufbrechen wollte. Tatsächlich fuhren dann etwa zwanzig Leute nach Italien. Trotz erheblicher Hindernisse wurde die Sizilienexpedition realisiert. Aber der »Nonno« und einige andere deutsche Freunde suchten in Rom vor der Abfahrt nach Sizilien das Weite und unternahmen einen längeren Ausflug in die Gefilde von Tausendundeiner Nacht. Vorläufig verloren wir uns aus den Augen.

Giuseppe de Siati, geschrieben im Sommer 1998

»TERROR MUSS ENDLICH GEBROCHEN WERDEN«

Der Landesvorsitzende der CSU, Bundesminister Dr. Franz Josef Strauß, hat sich in einem dringenden Telegramm an Ministerpräsident Dr. Goppel gewandt und ihn zu schleunigem Eingreifen wegen der APO-Vorgänge im Raum Bamberg ersucht. In dem Telegramm heißt es: »Lenke Ihre Aufmerksamkeit auf die Vorgänge im Bamberger Raum, wo die APO sich außerhalb der natürlichen Gepflogenheiten des primitivsten menschlichen Anstandes stellt. Die Außergesetzlichen haben in gröbster Weise die öffentliche Ruhe und Ordnung gestört, das Landratsamt in Bamberg besetzt, die Akten durch das Fenster auf die Straße geworfen und sich bei ihrer Festnahme in übelster Form aufgeführt. Diese Personen nützen alle Lücken der Paragraphen eines Rechtsstaates aus, benehmen sich wie Tiere, auf die die Anwendung der für Menschen gemachten Gesetze nicht möglich ist, weil diese Gesetze auch bei Rechtsbrechern noch mit Reaktionen rechnen, die der menschlichen Kreatur eigentümlich sind. Ich bin über diese Vorfälle ebenso bestürzt wie empört. Der Auftrieb, der dadurch rechtsradikalen Elementen mit ihrem bekannten Ruf nach Ordnung und Sicherheit gegeben wird, ist unverkennbar. Ich bitte Sie, mit allen Mitteln der staatlichen Exekutive die verbürgte Ordnung des Staates zu garantieren und die Strafverfolgungsbehörden zu raschem Einschreiten zu veranlassen. Dieser Terror muß jetzt endlich gebrochen werden, damit die Bürger nicht das Vertrauen zum demokratischen Staat und zur Handlungsfähigkeit seiner Organe verlieren.«

(Volksblatt Bamberg, 19. Juli 1968)

IM UNTERGRUND:
ITALIEN, JORDANIEN, WEST-BERLIN

Nach der Flucht aus Ebrach (das Knast-Camp wurde aufgelöst, wir besetzten das Landratsamt, viele Teilnehmer wurden verhaftet, und nicht nur in der lokalen Presse setzte eine beispiellose Hetze ein, die Bamberger Biedermänner zum Sturm auf eine linke Buchhandlung animierte) nahmen wir die Einladung einer italienischen Anarchistengruppe, den »Uccelli«, an, die beim Knast Camp dabei war, und fuhren im TU-AStA-Bus mit ihnen zusammen nach Italien. Da Freunde von mir ein Buch über die Reise vorbereiten, will ich auf diese verrückten Wochen nur kurz eingehen:

Egal, in welche Stadt wir zwischen Milano und Napoli kamen, die »Uccelli« trafen überall Freunde und Bekannte und hatten schon vor uns manche deutsche Politkarawane betreut. Trotzdem wurden wir überall sehr herzlich aufgenommen und an Prominente weitergereicht, wie z.B. an den Maler Guttuso in seinem Palazzo in Velate, der Geld spendete für die Opfer eines Erdbebens, das gerade Sizilien heimgesucht hatte. Der Plan der »Uccelli« sah vor, daß wir mit einem Schiff von Anzio bei Rom nach Marsala in Sizilien fahren sollten, wo übrigens auch schon Garibaldi gelandet war. Doch die italienische Marine, die im Hafen von Anzio zu bestimmen hatte, ließ unser Schiff mit den piratenhaft anmutenden Passagieren wegen irgendwelcher seerechtlichen Vorschriften nicht auslaufen. Also fuhren wir alle, ein wilder Haufen von immerhin vierzig bis fünfzig Leuten, nach Rom, um uns im dortigen Marineministerium die erforderliche Auslaufgenehmigung direkt zu beschaffen. Der zuständige Admiral war entweder im Urlaub oder hatte sich ver-

Im Hafen von Anzio, Juli 1969.
Stehend: Georg von Rauch, sitzend 3. v. links: Irmgard Möller

steck oder war bei seinem Freund, jedenfalls wurde uns die Genehmigung verweigert, und so kam es zwangsläufig zu einigen Rangeleien und Verfolgungsjagden durch die endlosen Flure des am Tiber gelegenen Prachtbaus. Verhaftet wurde, oh Wunder, niemand (die italienische Marine ist allerdings zu Fuß auch nicht besonders schnell).

In einer endlosen Nachtdiskussion in einer eleganten Wohnung zu Roma wurde die Idee geboren, statt zu den Erdbebenopfern nach Sizilien zur Al Fatah nach Palästina zu fahren. Von den zirka fünfzehn Leuten die an dieser Diskussion teilnahmen, entschieden sich fünf dafür: Lena Conradt, Ina Siepmann, Georg von Rauch, der Bruder eines mir nicht gewogenen heutigen SPD-Funktionärs und ich selbst. Zurückgekehrt nach Mailand, besorgten wir uns beim Verleger Feltrinelli das erforderliche Reisegeld, einige ließen ihre Pässe (ich hatte bereits einen falschen) beim Deutschen Konsulat verlängern, und wir machten uns im Ford-Bus, der zum Schlafmobil umgebaut worden war, auf den Weg nach Jordanien. Um nicht als mögliche Mossad-Agenten von der palästinensischen Befreiungsorganisation mit Mißtrauen empfangen zu werden, besorgten wir uns vom Bundesvorstand des SDS in Frankfurt und von italienischen Solidaritätsgruppen revolutionäre Empfehlungsschreiben.

An der jugoslawisch-bulgarischen Grenze wurde uns wegen unserer für sozialistische Ästhetik zu langen Haare die Einreise nach Bulgarien verweigert, und Georg und ich mußten bei einem Dorfbarbier unsere schmucke Haarpracht dem landesüblichen Kurzhaarstandard opfern. Empört über diese Kastration und die stundenlange Durchsuchung unseres Autos – ein Jahr zuvor war es in Sofia bei den Internationalen Weltjugendfestspielen zu handgreiflichen Auseinandersetzungen zwischen der SDS-Delegation und bulgarischer Polizei wegen der unterschiedlichen Auffassungen über die adäquate Unterstützung des vietnamesischen Volkes gekommen – , wollten wir die Wut über die erlittenen Schikanen mit einer kleinen Aktion abschütteln. Zufällig fand am gleichen Abend im Zentralstadion von Sofia ein Fußballfreundschaftsspiel zwischen Bulgarien und der Bundesrepublik Deutschland statt, welches live im deutschen Fernsehen übertragen wurde. Auf einem versteckten Parkplatz kurz vor Sofia beschrifteten wir eines unserer letzten Bettücher mit der Parole »Freiheit für Pawla«. Wir wollten versuchen, das Transparent im Stadion hochzuhalten und seine Botschaft in die deutschen Wohnstuben senden zu lassen. (Karl Pawla saß damals im Gefängnis zu Berlin-Tegel, weil er während seines Prozesses vor den Richtertisch geschissen und mit Gerichtsakten seinen Hintern abgeputzt hatte.) Vor dem Stadion besorgten wir uns auf dem Schwarzen Markt gegen harte DM noch fünf Eintrittskarten, gingen ins offiziell ausverkaufte Stadion, wo bereits 70.000 Zuschauer auf den Anpfiff warteten. Erstaunt mußten wir feststellen, daß außer ein paar wenigen bulgarischen Staats-Fahnen kein einziges Transparent im Stadion zu entdecken war. Als wir unerschrocken noch während der ersten Halbzeit unser Bettuch entrollten, stürzten sich alle Umstehenden, obwohl sie sicherlich kein Wort Deutsch lesen konnten und möglicherweise auch von Karl Pawla nie gehört hatten, wie ein Mann auf uns. Wir wurden von Polizisten aus dem Stadion geschleppt. Entweder waren wir in einen

Block von Mitgliedern des Sicherheitsdienstes, der Armee, der Polizei geraten oder aber das Entrollen von Transparenten war im bulgarischen Sozialismus generell untersagt. Froh darüber, daß wir nicht in einer dunklen Zelle landeten, bestiegen wir sofort unseren Bus und waren überglücklich, als wir gegen Morgen dieses ungastliche Land in Richtung Türkei verlassen hatten.

Nach ein paar Tagen Aufenthalt in Istanbul – zur damaligen Zeit der Treffpunkt aller westeuropäischen und amerikanischen Freaks auf der Hin- und Rückreise nach Nepal – fuhren wir nach Ankara weiter, um uns bei den Botschaften von Syrien, Libanon und Jordanien die nötigen Einreisevisa zu besorgen. Dann statteten wir der Bibliothek des Goethe-Instituts einen kurzen Besuch ab, um alle Bücher über die Geschichte Palästinas und des Nah-Ost-Konfliktes zu entwenden, was sicherlich kein freundlicher Akt gegenüber den anderen Nutzer/Innen der ausgezeichnet bestückten Bibliothek war. Zwischen Mersin und dem biblischen Anthiochia am östlichen Mittelmeer ließen wir uns am Strand nieder, studierten gemeinsam die eben erworbenen Bücher und fuhren nach zwei Wochen über Lathakia die Küstenstraße entlang nach Beirut und dann durch das Bekaah-Tal nach Damaskus. Gerne hätten wir uns die Omajiagen-Moschee, das Hauptquartier von Laurence von Arabien angeschaut, doch die Stadt machte auf uns wegen der zahlreichen Soldaten, der Überwachung durch Geheimpolizisten bei jedem Schritt, den wir unternahmen, einen äußerst befremdlichen Eindruck. Auch das Al-Fatah-Verbindungsbüro in Damaskus, wo wir uns vorstellten und unsere Empfehlungsschreiben zeigten, riet uns, so schnell wie möglich nach Amman

Mit Ina Siepmann

weiterzufahren. Sie könnten in Syrien unsere Sicherheit nicht gewährleisten. Tatsächlich war die Situation in Jordanien sehr viel entspannter. Überrascht stellten wir fest, daß auf den Straßen der jordanischen Hauptstadt fast alle, besonders die Palästinenser, bewaffnet herumliefen, doch wir fühlten uns – selbst ohne Fatah-Begleitung – ausgesprochen sicher. Mit großer Gastfreundschaft wurden wir aufgenommen, konnten Diskussionen mit den führenden Vertretern der palästinensischen Befreiungsorganisationen führen, wobei uns besonders Kaddumi (Abu Lutoff) und Abu Jiad, von der Mossad später in Tunis ermordet, beeindruckten. Abu Amar (Jassir Arafat) war laufend unterwegs bei seinen Guerillaeinheiten im Jordantal. Wir bekamen ihn nur zweimal zu einem kurzen Gespräch zu Gesicht, wobei nicht auszuschließen ist, daß es sein Doppelgänger war.

(262) 1 P Ms 12/69 (118/69)

B e s c h l u ß 10. Okt. 1969

In der Strafsache gegen

1. Dieter Hans K u n z e l m a n n ,
   geboren am 14. Juli 1939 in Bamberg,
   zuletzt wohnhaft in Berlin 21, Stephanstr. 60,
   - zur Zeit unbekannten Aufenthalts -

2. pp.

3. pp.

w e g e n Widerstandes gegen die Staatsgewalt

wird das Verfahren gegen diesen Angeklagten auf Antrag des Generalstaatsanwalts bei dem Landgericht Berlin nach § 205 StPO vorläufig eingestellt, weil er unbekannten Auftenthalts ist.

Berlin 21, den 8. Oktober 1969
Amtsgericht Tiergarten, Abt. 262

R u p p e n d e r
Oberamtsrichter

AMTSGERICHT TIERGARTEN BERLIN

Ausgefertigt
Hoffmann
(Hoffmann) Justizangestellte als
Urkundsbeamter der Geschäftsstelle

Z.d.A.
13/10

BRIEF AUS AMMAN

Wie allgemein bekannt, hält sich der Genosse Dieter Kunzelmann seit einiger Zeit bei den Guerillas der AL FATAH auf. Er hat das konkrete Studium des bewaffneten Aufstandes einer mehrjährigen Gefängnisstrafe vorgezogen. Der Genosse, mit der L. K. noch in Verbindung steht, übergibt seine Briefe freundlicherweise 883 exclusiv zur Veröffentlichung.

Amman, Mitte November 69

Liebe M.

Hier ist alles sehr einfach. Der Feind ist deutlich. Seine Waffen sind sichtbar. Solidarität braucht nicht gefordert zu werden. Sie entsteht von selbst. Ich habe hier zum ersten Mal begriffen, was es heißt, daß Menschen sich im "langandauernden Volksbefreiungskampf" revolutionär verändern. Diese revolutionäre Veränderung jedes Einzelnen ist es, die verhindert, daß nach dem bewaffneten Aufstand wieder Herrschaftsstrukturen aufgerichtet werden. In dem Moment, in dem sich ein Palestinenser der AL FATAH anschließt, beginnt eine ganz persönliche Entwicklung. Er lernt nicht nur schießen, sprengen und rennen. Er lernt seine Geschichte und seine Situation kennen und die Möglichkeit sie zu verändern. Er begreift sein Handeln ist nicht mehr subjektiv. Sein revolutionäres Selbstbewußtsein wächst täglich. Über 20 Jahre lang herrschten in den Flüchtlingslagern egoistische Interessen vor. Familieninteressen, materielle Interessen, die Menschen in ihrer aussichtslosen Lage waren sich trotz des gemeinsamen Elends feindlich. In dem Augenblick, als sie die Chance sahen einzugreifen, als sie mit ihnen passiert, als sie ihre Möglichkeiten entdeckten, als sie begriffen, daß sie nichts mehr zu verlieren und alles zu gewinnen hatten, konnte etwas Neues anfangen. Was alles hier so einfach macht ist der Kampf. Wenn wir den Kampf nicht aufnehmen, sind wir verloren.

Diese Erkenntnis ist hier sehr konkret. Unsere Erkenntnis ist dieselbe. Ich meine nicht, uns mit dem Kampf der Palestinenser schlicht zu identifizieren. Wir haben die Israelis nicht das Haus weggesprengt. Ich bin nicht im Flüchtlingslager geboren. Aber eines steht fest: Palestina ist für die BRD und Europa das, was für die Amis Vietnam ist. Die Linken haben das noch nicht begriffen. Warum? Der Judenknax. "Wir haben 6 Millionen Juden vergast. Die Juden heißen heute Israelis. Wer den Faschismus bekämpft ist für Israel." So einfach ist das, und doch stimmt es hinten und vorne nicht. Wenn wir endlich gelernt haben, die faschistische Ideologie "Zionismus" zu begreifen, werden wir nicht mehr zögern, unseren simplen Philosemitismus zu ersetzen durch eindeutige Solidarität mit AL FATAH, die im Nahen Osten den Kampf gegen das Dritte Reich von Gestern und Heute und seine Folgen aufgenommen hat. Was heißt Solidarität? UNSEREN KAMPF AUFNEHMEN.

Alles, was wir über die sogenannte Gegengesellschaft erreichen wollten, ist ständig in Gefahr, kaputtzugehen. Weil wir meinen haben, daß "gegen" etwas mit "Gegner" zu tun hat, und Gegner etwas mit "Kampf". Ohne Kampf versacken wir im liberalen Morast, der sich in unserer Gegengesellschaft breitmacht. Wir lassen uns akzeptieren und werden Großmuftis, Kleinmuftis oder bleiben die Bananenbieger, die wir waren. Und je mehr unser Mut schwindet, desto mehr setzen wir unsere impotenten Hoffnungen auf die Gewalt des Proletariats. Oder: wir rationalisieren unsere armseligen Karrieren als Idole der Subkultur. Warum müssen wir denn in "883" eine Anzeige machen, daß mal einer dem Karl in den Knast schreibt? Die Zuschlagen unseres gemeinsamen Feindes schafft noch keine Solidarität. Wir befinden uns noch im Flüchtlingslager. Wir richten uns noch gegeneinander. Gegen die Schwuchteln, die Viecher, die Genossen Abweichler. Warum? Weil wir den

Feind nicht erkennen. Unsere Aufgabe ist, den Feind wieder sichtbar zu machen. Bei uns entlarvt sich die Gewalt vorläufig nicht mit Napalm und Maschinengewehren. Sie versteckt sich hinter Fernsehkommentaren, Leitartikeln, Tegel und Moabit. Teilamnestie, Leserbriefen, Besserungsanstalten, Haschlegalisierung, Universitätsreform, Fürsorgemaßnahmen. Wir müssen die Gewalt sichtbar machen. Wir müssen dafür sorgen, daß sie eindeutig Stellung genommen wird. Daß die Politmasken vom Palestina-Komitee die Bombenchance nicht genutzt haben, um eine Kampagne zu starten, zeigt nur ihr rein theoretisches Verhältnis zu politischer Arbeit und die Vorherrschaft des Judenkomplexes bei allen Fragestellungen. Die Reaktion von GUPS zeigt deutlich ihre Situation: unerwünschte Ausländer. Ihr Platz ist an der Front in Palestina. Aber noch können sie nicht hierher, weil es keine Gruppe gibt in Deutschland, die ihre Arbeit übernehmen hätte. Das heißt: wir müssen diese Arbeit sofort in die Hand nehmen. In da é Stadium der spontanen Aktion ohne ausreichende Vermittlung dürfen wir nicht mehr zurückfallen. Unsere Existenzformen müssen durch den Kampf bestimmen. Caspariegeschichten werden von allein aufhören, daraus können wir nicht aufhören. Die Bombenleger scheinen etwas weiter zu sein, sonst wären sie auch schon weg vom großen Fenster.

Wichtig ist: Das Gelände gut kennen. Berlin gehört schon uns. Wir sind die einzigen, die sich darin bewegen, der Rest vegetiert und starrt auf den Mond. Den Vorsprung müssen wir nutzen. Anders hat unsere Gegengesellschaft keinen Sinn mehr. Sie muß die Basis werden, in der wir uns bewegen können. Überflüssige Kontakte werden von alleine aufhören. WIR WERDEN ENGER ZUSAMMENRÜCKEN!

Grüße an alle anderen. Schickt mir weiter alles Material, besonders Tupamaros.

D.

In »Agit 883«, 27. November 1969

Auf unseren Wunsch verbrachten wir eine Woche bei einer Elite-Einheit, die in der Jordansenke in biblischen Höhlen lebte, gründlichst politische Schulungen durchführte, verbunden mit einer soliden Ausbildung an Waffen. An ersterer beteiligten wir uns begeistert und waren erstaunt über die dort vorhandene Kenntnis in europäischer Geschichte. Bei der Ausbildung an der Kalaschnikow gab ich sehr schnell auf: ich konnte kein einziges Mal nach dem Auseinandernehmen der Waffe sie auch nur annähernd wieder zusammensetzen. Bei meinen Schießübungen bestand nicht nur für mich, sondern auch für alle Umstehenden allerhöchste Gefahr. Nur die beiden Frauen und Georg glänzten im Umgang mit Waffen.

Bei den gemeinschaftlichen Abendessen, nach arabischer Sitte auf dem Boden sitzend und mit den Fingern speisend, eine äußerst zivilisierte Form der Nahrungsaufnahme, verblüffte Georg alle mit einer artistischen Einlage: er konnte mit seinen Fußzehen essen, was ihm den Beifall und die Hochachtung aller Kämpfer eintrug.

Zurückgekehrt nach Amman wurden wir in ein Haus an einer wichtigen Ein- und Ausfahrtstraße einquartiert. Wir wunderten uns, daß in dieser Wohnung in drei

Schichten von jeweils acht Stunden immer ein junger Palästinenser am Fenster zur Straße saß, mit einem Telefon neben sich. Erst nach Tagen kamen wir dahinter – eine Frage wäre nicht nur unhöflich, sondern unzulässig gewesen –, daß er jedes Militärfahrzeug der jordanischen Regierung durchgab, das die Straße passierte, einschließlich der jeweiligen Mannstärke. Ein Jahr vor dem Schwarzen September, bei dem Tausende von Palästinensern nach der Vertreibung aus ihrer Heimat auch aus Jordanien in den Libanon vertrieben wurden, bestand in Jordanien faktisch eine Doppelherrschaft: das Regime des Königshauses und die Palästinensische Befreiungsorganisation. Bereits zum Zeitpunkt unseres Besuches wurde tagtäglich von der PLO ein Schlag gegen die Palästinenser erwartet, ausgeführt vom Königshaus mit Unterstützung der CIA.

Bei unserem ersten Besuch in einem der zahlreichen Flüchtlingslager am Stadtrand von Amman wurden wir trotz Begleitung eines führenden Fatah-Vertreters von Frauen mit Steinen beworfen, da sie uns für Besucher aus Amerika hielten. Erst nach langen Diskussionen konnte die Situation bereinigt werden. Bei einem Besuch in einem Krankenhaus der PLO sah ich erstmals Napalm-Opfer von israelischen Luftangriffen und mußte ohnmächtig ins Freie getragen werden. Außerdem besuchten wir palästinensische Schulen, Kindergärten, medizinische Versorgungsstationen, Nähwerkstätten. Mit anderen Worten: wir absolvierten das übliche Polit-Touristenprogramm.

Schnell wurde uns klar, daß bis auf Ina, die pharmazeutisch ausgebildet war, keiner von uns über praktische Fähigkeiten wie zum Beispiel im Brunnenbau, in medizinischer Versorgung etc. verfügte, um den Menschen dort praktisch helfen zu können. Deshalb diskutierten wir unter uns über Dableiben oder Abreisen. Ina sprach mit mehreren Fachleuten in den Flüchtlingslagern, die großes Interesse zeigten, daß sie in Jordanien bleibe, um die zahlreichen Medikamentenspenden aus aller Welt fachgemäß zu registrieren und ihre Anwendungsmöglichkeit zu erläutern. Sie äußerste selbst den Wunsch, die medizinische Versorgung mitzuorganisieren, und auch wir anderen, ich selbst mit weinendem Herzen, unterstützten sie darin, als einzige von uns dazubleiben.

Austauschaktion März 1975: Ina Siepmann (rechts) auf dem Flughafen Frankfurt am Main

Ina kehrte mehrfach nach Deutschland zurück, war in verschiedenen Untergrundorganisationen aktiv und für längere Zeit auch im Gefängnis, bis sie nach der Lorenz-Entführung nach Aden ausgeflogen wurde. Lange Zeit danach, im Jahr 1983, wandten sich zwei höfliche Beamte des Bundeskriminalamtes an den Zahnarzt Klaus Mahler, den Bruder von Horst Mahler, mit der Bitte, in die Patientenkartei von Ina Siepmann Einsicht nehmen zu dürfen. Klaus Mahler hatte

1974 Inas Zähne während ihrer Haftzeit als externer Arzt behandelt, Monate vor der Austauschaktion mit Peter Lorenz. Der ärztlichen Schweigepflicht entsprechend, wies Klaus Mahler dieses Ansinnen zurück. Er erfuhr jedoch, daß die BKA-Beamten von einem befreundeten Dienst, den Namen Mossad sprachen sie nicht aus, nach dem Einmarsch der israelischen Armee in den Libanon im September 1982 eine Reihe von Gebißabdrücken von Toten aus Palästinenserlagern zur Identifizierung erhalten hätten. Bei einer nach einem Bombenangriff gefundenen und verstümmelten Leiche seien sich beide Dienste sicher, daß es sich im Ina Siepmann handele, sie bräuchten zur absoluten Gewißheit aber einen Vergleich mit den Unterlagen ihres Zahnarztes. Sofort machte sich jemand auf den Weg nach Tunis, wo die Führung der PLO nach der Vertreibung aus dem Libanon politisches Exil gefunden hatte, und kehrte mit der Nachricht zurück, daß Ina tatsächlich tot sei. Ich hatte bis dahin immer die stille Hoffnung, daß wir uns irgendwann irgendwo wiedersehen würden. Jetzt war diese Hoffnung und mit Ina auch ein Teil von mir entschwunden …

Doch zurück ins Jahr 1969: Lena, die sehr viele Filmaufnahmen sowohl auf unserer Reise nach Jordanien als auch in Jordanien selbst gemacht hatte, flog aus Sicherheitsgründen, der Filme wegen, die leider trotzdem spurlos verschwunden sind, von Beirut über Paris zurück nach West-Berlin. Georg, noch jemand und ich setzten uns in den Ford-Bus und fuhren über Aleppo in das türkische Adana und entlang der Mittelmeerküste nach Istanbul zurück. Auf dieser Fahrt, vorbei an Kreuzritterburgen, Moscheen und griechischen Theatern entstand erstmals die Idee, bei unserer Ankunft in Berlin nach dem Vorbild südamerikanischer Großstädte eine Stadtguerilla-Gruppe aufzubauen: die Tupamaros West-Berlin.

Liebe Freunde!

Ich arbeite von morgens bis abends, allerdings mit Ruhepausen dazwischen. Dann versuch ich noch, arabischen Sprachunterricht zu nehmen. Und ich muß sagen, daß es mich langsam anstinkt. Abul ist z. Zt. auch nicht da, so muß ich auf seine Rückkehr warten, bevor ich irgendetwas klären kann. Wenn ich von meinen Wünschen spreche, sagen alle ja, ja, aber im Grunde rührt sich nichts. So ist Abul meine einzige Hoffnung, weil der ja zum Glück auch eine ganze Menge Leute kennt. Der Typ hier ist zwar auch sehr gut, aber für solche Sachen ist er nach den Gesetzen der Bewegung wohl noch zu jung, als daß ihm ernsthaft zugehört würde. Wie ihr vielleicht merkt, spreche ich etwas ironisch von der El Fatah. Das liegt an meinen ganz persönlichen Problemen, daß es für mich momentan so aussieht, als daß es so gut wie unmöglich ist, für Leute unserer Art hier zu leben. Und ich bin frustriert, daß das so in einer revolutionären Bewegung ist. Auf der anderen Seite habe ich aber auch viele Dinge eingesehen, die das eben zur Folge hat. So will ich also noch weiterhin Geduld haben, eine der Hauptsachen, die ich bisher gelernt habe. Würde ich jetzt zurückkommen, dann würde das Euch und mir und der El Fatah nichts nützen. Und so tief stecke ich schon drin, daß ich auf keinen Fall etwas tun will, was ihr irgendwie schaden kann. Euer Vorschlag, für ein paar Tage zu kommen, ist gut, aber bis jetzt weiß ich nicht, wen ich wegen des Geldes zu fragen wage. Ich hatte nämlich vor kurzem die Hälfte von den 100,- Eiern verloren, da hat der Typ dann dafür gesorgt, daß ich sie aus der El Fatah-Kasse ersetzt bekomme. Aber

ansonsten sieht es durchaus im Alltag nicht zu rosig finanziell aus. So haben sie z.B. keinen Posten für Essen, sondern das sind alles Spenden, die kommen oder nicht. So gibt es beispielsweise jetzt schon seit Tagen kein Fleisch mehr, sondern Mortadella morgens, mittags, abends. Ihr seht, daß ich davon spreche, bedeutet natürlich, daß ich Ersatzbefriedigungen auf den Leim gegangen bin. O, wenn der Abul zurückkommt, dem werde ich gehörig einheizen, der kriegt immer meinen ganzen Brass ab.
In Hinsicht Fortbewegung werde ich hier wie ein Baby behandelt und bin es effektiv auch. Manchmal glaube ich, ich drehe hier durch, das ist der ganze Erfolg. So will ich auch auf keinen Fall, jedenfalls bis jetzt nicht, irgendetwas Schriftliches von mir geben, es ist alles noch zu wenig verarbeitet, schließlich habe ich keinen, mit dem ich ganz, ganz normal über alles sprechen könnte. Das Buch könnt Ihr leider nicht so einfach besorgen, so müssen wir es lassen. Aber das Tonband liegt mir sehr am Herzen, und vielleicht ein paar schwarze Zigaretten?
Nun gehabt Euch wohl, Salam aleikum!

Lieber Erich!
Dein letzter Brief war mal endlich ein Brief, auf den ich richtig Lust habe zu antworten. Du mußt nämlich wissen, daß ich fast die gleiche Kritik, die Du gegenüber meinen Briefen angebracht hast, auf Deine beziehen kann. Zunächst waren sie so stocksachlich, daß ich fast beim Lesen erfroren bin und schon glaubte, Du würdest gar nicht mehr als D. existieren.
Natürlich hätte ich öfter Zeit zum Schreiben, aber ich habe nirgendwo einen ruhigen Platz, wo ich allein sein könnte. Da, wo ich allein bin, in meinem Zimmer, ist es bitterkalt, und auch habe ich keinen Tisch und nichts. Ich lebe wahrhaft wie eine Nonne: arbeiten, essen, schlafen. Nur, daß es wohl lustiger zugeht. Aber selbst an dem Teufel, der mich in Versuchung führen will, fehlt es nicht. Und erst der letzte Brief war mal wieder richtig gut, und es ist durchaus nicht so, daß ich Dich durchhängen lasse, auch amüsieren tue ich mich nicht über Deine SOS-Rufe (höchstens nur ein kleines bißchen). ...
Ich bin immer im Aufbrechen, doch wann ich wirklich ins Flugzeug steige, das weiß keiner. Denn es wird kein endgültiger Abschied sein, und für uns kein richtiges Zusammenarbeiten und -leben. Natürlich habe ich konkrete Vorstellungen entwickelt, was ich weitermachen will. Als Nabil hier war, war es noch ganz einfach der Wunsch, military training und dann als weibliches Beispiel in der ersten Linie am Jordan in der Ambulanz. Das hat sich inzwischen geändert, aber bitte preß es nicht in Briefen aus mir heraus. Du hast immer noch nicht gelernt, nicht nach Zeit und Ort zu fragen. Aber auch wenn Du hieraus nichts verstehen kannst, so kannst Du mir doch die Daumen drücken, daß alles für mich wunschgemäß läuft.

Briefe von Ina Siepman aus einem El-Fatah-Lager, Ende 1969/Anfang 1970, an Dieter Kunzelmann (Erich) und andere

Da ich mit Haftbefehl gesucht wurde, verwandelte ich mich nach unserer Ankunft in West-Berlin äußerlich in einen gutsituierten älteren Herrn. Meine dazu benötigten Verkleidungen inklusive Brille trugen mir neben meinem Spitznamen »Ede«, der auf meine gefälschten Papiere zurückging, die mich als Erich Schimmang auswiesen, auch noch den Spitznamen »Der alte Herr« ein. Ich zog mich in eine konspirative Wohnung zurück, studierte die zwischenzeitlich erschienenen Raubdrucke über die Taktik der südamerikanischen Stadtguerillagruppen, über die Weatherman in den USA und die Black-Panther-Party, um mich auf den Stand der einschlägigen Berliner Diskussion zu bringen. Kontakte nahm ich nur zu zuverlässigen Freundinnen und Freunden auf, mit denen ich über das Projekt Stadtguerilla diskutieren konnte. In un-

serem Umfeld sammelte sich bald ein Kreis von 15 bis 20 Leuten, die vermittelt über einzelne Mitglieder unserer Gruppe an der Diskussion teilnahmen. Den wenigsten war jedoch bekannt, daß ich nach Berlin zurückgekehrt war.

Da das Leben in der Illegalität sehr kostenintensiv ist, wir es jedoch nicht – wie später die RAF und auch die »Bewegung 2. Juni« – für angebracht hielten, uns durch Banküberfälle Geld zu verschaffen, fand sich Tommy Weißbecker bereit, den Tresor seines vermögenden Vaters zu leeren. In dem Tresor befand sich neben Geld auch Gold, das Tommys Vater, ein Zahnarzt, für berufliche Zwecke vorrätig hielt. Der auf dem Schwarzen Markt für das Zahngold erlöste Betrag reichte mit dem entwendeten Bargeld, um mehrere Wohnungen und ein abseits gelegenes Haus in Zehlendorf, ganz in der Nähe der Berliner Mauer, anzumieten.

Diejenigen von uns, die sich legal bewegen konnten, arbeiteten intensiv in der Redaktion der »883« mit. Dieses damals vielgelesene linksradikale Wochenblatt wurde in einschlägigen West-Berliner Szenekneipen und im Universitätsmilieu verkauft. Die Leserschaft bestand zu erheblichen Teilen aus Jugendlichen, die erst im Verlauf der 68er-Ereignisse politisiert worden waren und nun »wild und gefährlich« leben wollten. Schwerpunktthemen von »883« waren zu dieser Zeit u.a. leicht verdauliche programmatische Texte nationaler Befreiungsbewegungen, Berichte über Aktionen im In- und Ausland, darunter auch solche über konkrete Kampfhandlungen der Stadtguerilla in Lateinamerika und die Ansätze, einen politischen Untergrund in den USA zu schaffen. Wir selbst nannten uns »Tupamaros Westberlin« (TW) und publizierten unsere Kommandoerklärungen, die in der Regel ziemlich hochtrabend ausfielen, ebenfalls in der »883«.

Es erschien uns in dieser Phase bedeutsam, daß im Zuge unserer Aktionen niemand verletzt werden sollte. Wir simulierten durch Wort und Tat eine weit verzweigte Untergrundbewegung. Im Nachhinein betrachtet gelang das, angesichts eines Aktionskerns von maximal 15 Personen, recht beeindruckend. Wir hatten uns in verschiedene selbständig agierende Gruppen aufgeteilt. Das gemeinsame Prinzip war die »Propaganda der Tat«, von der, so glaubten wir, ein Impuls zur Bildung ähnlicher Aktionskerne ausgehen würde.

Tatsächlich kam es im März 1970 zu einem Treffen mit Mitgliedern einer Gruppe, die seit einiger Zeit über ein eigenes Stadtguerilla-Konzept diskutierte. An dem Treffen nahmen von uns Georg von Rauch, Tommy Weißbecker, Zupp und ich teil. Aus dem anderen Kreis erschienen Gudrun Ensslin, Ulrike Meinhof, Andreas Baader und Horst Mahler. Bis in die frühen Morgenstunden diskutierten und stritten wir in der

Wohnung von Ulrike Meinhof in der Kufsteiner Straße am Bayerischen Platz über einen Zusammenschluß unserer Gruppen. Die unterschiedlichen Vorstellungen stießen jedoch im Laufe der Diskussion dermaßen hart aufeinander, daß am Ende nur eines klar war: Ein Zusammengehen mit dieser Gruppe konnte es nicht geben. Entscheidende Differenzen ergaben sich vor allem hinsichtlich der konkreten politischen Praxis, der Verbindung mit den legal tätigen Gruppierungen der außerparlamentarischen Opposition. Die späteren RAF-Gründer vertraten ein Konzept der freiwilligen Illegalisierung und wollten eine quasi leninistische Avantgardeorganisation aus der Taufe heben, während wir einen möglichst engen, ja fließenden Zusammenhang mit den Gruppen der Protestbewegung aufrechterhalten wollten. Elitäre Kaderbildung sowie radikale Abschottung von anderen Linken als freiwillige Selbstisolation hielten wir für völlig fehl am Platze.

Die Tragweite dieser Diskussion konnten die Beteiligten freilich erst viel später ermessen, und auch begrifflich wurde die Kontroverse erst viel später auf den Punkt gebracht: »Spaßguerilla« oder »Leninisten mit Knarre«. Horst Mahler, der im Verlauf des damaligen Treffens detailliert und schlüssig – wie es immer so seine Art ist – unser Stadtguerilla-Konzept auseinandergenommen hatte, hielt mir Jahre später, als wir uns gemeinsam im Moabiter Gefängnis mit unserer Vergangenheit herumschlugen, augenzwinkernd vor, ich sei eigentlich verantwortlich für seinen Irrweg in den Untergrund, da ich anno dazumal auf seine Kritik lapidar entgegnete: »Mach's doch besser!«

Zu einem ersten tiefen Zerwürfnis zwischen den »Tupamaros Westberlin« kam es, als Georg von Rauch mit seinem damaligen ständigen Begleiter einen Brandanschlag auf die Wohnung eines Landgerichtsdirektors verübte. In den Medien wurde nach dieser Aktion insbesondere herausgestellt, daß eine Hausangestellte und eine Reinigungsfrau im Falle der Ausbreitung des Feuers unmittelbar gefährdet gewesen wären. In der Antwort auf dieses Medienecho veröffentlichten die beiden eine Erklärung, in der darauf hingewiesen wurde, daß der Landgerichtsdirektor bereits in dem Apparat der Nazi-Justiz tätig gewesen war. Die Hausangestellten hätten sich des Risikos bewußt sein müssen, das sie eingingen, wenn sie bei einem solchen Arbeitgeber ihr Brot verdienten.

Zu heftiger öffentlicher Reaktion und Kritik innerhalb unseres politischen Spektrums führte die Entdeckung eines Brandsatzes in der Garderobe des Jüdischen Gemeindehauses in der Fasanenstraße. Wer die Verantwortung für die Deponierung dieses – wie die polizeiliche Untersuchung ergab – nicht funktionsfähigen Brandsatzes trug, konnte nie eindeutig geklärt werden. In einem anonymen Bekennerschreiben wandten sich die Verfasser gegen die Unterstützung der israelischen Vertreibungspolitik durch die Jüdische Gemeinde und solidarisierten sich mit dem palästinensischen Volk. Jedem Linken hätte eigentlich klar sein müssen, daß eine derartige Aktion keinerlei Sympathien für die legitimen Anliegen der Palästinenser zu wecken vermochte; ganz zu schweigen davon, daß sie sich angesichts der deutschen Vergangenheit von selbst verbietet. In den Ermittlungsakten der Staatsanwaltschaft tauchte neben zahlreichen Namen, die mit dieser Aktion in Zusammenhang gebracht wurden, auch der Name von Ina Siepmann auf. Nachweislich befand sich Ina Siepmann jedoch zu dieser Zeit in Jordanien. Ich frage mich heute noch, ob die Aktion eine Inszenierung von Geheimdiensten war oder ob der Brandsatz von ausgeflippten Sympathisanten der »Tupamaros Westberlin« gelegt worden sein kann? Merkwürdig bleibt, wie wenig die Ermittlungsbehörden unternahmen, um die für die Aktion Verantwortlichen aufzuspüren.

Irgendwann im Frühjahr 1970 brachte jemand die erste Schußwaffe in meine konspirative Wohnung, es war ein alter Trommelrevolver mit sechs Schuß Munition. Als ich versuchte, diese Waffe zu reinigen, löste sich ein Schuß. Da ich in meiner Unbedarftheit den Lauf der Waffe nicht von mir abgewandt hielt, hätte ich mir beinahe ein Ei weggeschossen. Die Kugel durchschlug meine Hose und streifte meinen Sack. Es gelang nur mit Mühe, die heftigen Blutungen zu stillen. Nach diesem Vorfall habe ich nie wieder eine Waffe angefaßt.

Ich fühlte mich im Untergrund bald so sicher, daß ich es wagte, einen engen Freund, der wegen eines Brandanschlags auf eine Bank im Untersuchungsgefängnis Moabit saß, zu besuchen. Niemand erkannte mich, niemand schöpfte Verdacht, doch nach meiner späteren Verhaftung mußte die Polizei überrascht feststellen, daß der Name in meinem gefälschten Ausweis auch auf der Besuchsliste des Moabiter Gefängnisses stand.

Einmal, noch im Dezember 1969, fuhren einige Leute von uns mit dem Transit-Bus nach Schöneberg zum Jugendheim »Weiße Rose«, unweit des Polizeihauptquartiers in der Gothaer Straße, und besuchten eine Veranstaltung zur Drogenpolitik. Auf der Rückfahrt, kurz vor dem Rathaus Schöneberg, verreckte der Motor; offenbar litt er noch unter dem Sand der jordanischen Wüste. Als sie – zum Teil mehr als angetrunken – den Bus von der Straße zu schieben versuchten, hielt eine Funkstreife. Die Herren Polizisten halfen keuchend, den Bus auf den Parkplatz des Rathauses zu bringen, wo er dann am nächsten Morgen leider immer noch stand, als dort Markttag war – inmitten der Gemüse- und Obststände. Eine Polizeistreife wurde auf ihn aufmerksam gemacht, Polizeixperten durchsuchten das Fahrzeug. In die Presse wurde wahrheitswidrig die Meldung lanciert, mit dem Fahrzeug seien Haschisch, Waffen sowie Sprengstoff transportiert worden. Dies war völlig aus der Luft gegriffen, doch lag es wohl im Interesse der Sicherheitsorgane oder bestimmter Berichterstatter, das Feindbild von kiffenden und wild um sich schießenden Stadtguerilleros zu kreieren.

Im Rückblick auf diese Monate der Irrungen und Wirrungen scheint mir meine Verhaftung am 19. Juli 1970 in der Empfangshalle des Flughafens Tempelhof eine glückliche Fügung des Schicksals gewesen zu sein. Nicht nur, daß ich am Leben blieb, verdanke ich diesem Umstand, auch daß ich – was bei einer weiteren Existenz als Stadtguerillero nicht auszuschließen war – keine Aktionen zu verantworten habe, denen Menschen zum Opfer fielen.

129

HÄFTLING
■ RUHEZEIT
UND KANDIDAT

Am 19. Juli 1970 bin ich in der Halle des Flughafens Tempelhof verhaftet worden –
trotz meiner bestens gefälschten Ausweispapiere. Ich war dorthin gefahren, um Ina
Siepmann, aus Düsseldorf kommend, abzuholen. Sie war für kurze Zeit aus Jordanien
in die Bundesrepublik zurückgekehrt, um ihre bei Elberfeld lebenden Eltern und ihren
Sohnemann zu sehen. Wir telefonierten mehrmals miteinander, ohne zu ahnen, daß
der nordrhein-westfälische Verfassungsschutz ihr Telefon abhörte und sie rund um die
Uhr observierte. Der West-Berliner Staatsschutz war deswegen vorgewarnt und nahm
mich noch vor der Landung des Flugzeuges fest. Auf der Polizeistation des Flughafens
waren die Beamten zunächst jedoch unsicher, ob ich tatsächlich die Person sei, nach
der seit neun Monaten gefahndet wurde. Ich beobachtete, daß hinter einem Vorhang
in dem Vernehmungsraum andere Beamte, vermutlich vom Staatsschutz, saßen, die
mich über meinen Dialekt und meine Stimme identifizieren sollten. Fragen beant-
wortete ich daher nur knapp und bemühte mich, zum ersten Mal in meinem Leben
ein perfektes Hochdeutsch zu sprechen. Kurzzeitig sah es fast so aus, als ob sie mich
wieder freilassen würden, doch dann entschied man, mich sicherheitshalber zur Über-
prüfung meiner Fingerabdrücke in die Gothaer Straße zu bringen. Dort waren mir in
den vorhergegangenen drei Jahren mindestens zehnmal die Abdrücke aller meiner
Finger abgenommen worden, so daß mir bereits auf der Hinfahrt klar war: diesmal
mußt du dich auf einen längeren Zwangsurlaub einstellen. Am nächsten Tag las mir
Amtsrichter Wummel im Kriminalgericht Moabit den Haftbefehl vor: »Versuchte
menschengefährdende Brandstiftung auf dem Berliner Juristenball im Palais am
Funkturm im Januar 1970«. Anschließend wurde ich ins Untersuchungsgefängnis
Moabit eingeliefert.

Die Haftbedingungen für »politisch motivierte Straftäter«, wie es im damaligen Ju-
stiz-Jargon hieß, waren extrem hart, obwohl es noch keine Hochsicherheitstrakte gab.
Das hieß Einzelzelle, Einzelfreistunde, Einzelbaden und keine Teilnahme am Gottesdienst, d.h. keinerlei Möglichkeit, zu anderen Gefangenen Kontakt aufnehmen zu
können. Dazu kam, daß die Leute, die wegen politisch motivierter Straftaten in Untersuchungshaft saßen, so auf die Gefängnisflügel verteilt waren, daß sie sich nicht
über den Hof durch gegenüberliegende Fenster sehen oder etwas zurufen konnten.
Kontakte waren beschränkt auf den Rechtsanwalts-Termin alle vierzehn Tage sowie
ebenfalls nur alle vierzehn Tage einen privaten Besuch für längstens fünfzehn Minuten. Dazu kamen natürlich die täglichen Kontakte mit den Stationsbeamten und mit
dem Kalfaktor. Wer sich im Gefängnissystem ein bißchen auskennt – ich hatte bereits
einige Erfahrung durch eigene Knastzeit und durch die Gefangenenbetreuung Fritz

Teufels sammeln dürfen –, weiß, daß auf Dauer alle Isolationsversuche vergeblich bleiben. Man findet in der Regel sehr schnell Kontakt zu Nebenleuten oder zu den Kollegen im darüberliegenden Stockwerk, und diese Kontakte habe ich reichlich genutzt. Es kam dabei natürlich auch immer auf die Hofbeamten an, ob die einen Gefangenen in der Zentrale gemeldet haben, wenn er sich länger am Fenster sehen oder einen Kassiber pendeln ließ.

Viel geholfen hat uns die offene Sympathie anderer Gefangener, die von unseren spektakulären Prozessen gehört oder gelesen hatten und immer davon träumten, einen Richter mal so richtig durchzurühren, wie wir das oft inszeniert haben. Sogar bei manchen Strafvollzugsbediensteten genossen wir Sympathie; ich habe jedenfalls bis auf eine Ausnahme später in Tegel, als ich gewaltsam in den Arrest-Bunker gezerrt wurde, nie eine

Mit Fritz Teufel bei der Demonstration gegen den Festakt zum 500-jährigen Bestehen des Berliner Kammergerichts, April 1968

handgreifliche Auseinandersetzung mit irgendeinem Beamten erlebt. Hinzu kam natürlich, daß auch diejenigen, die uns überhaupt nicht ausstehen konnten, relativ vorsichtig waren, denn sie wußten durch Prozesse und andere Vorfälle: Wenn sie etwas falsch oder übertrieben hart machen würden, gäbe es sofort ein mordsmäßiges Theater …

Was uns in den Augen der anderen Gefangenen zusätzliche Anerkennung verschaffte, war die Tatsache, daß wir im Gegensatz zu ihnen nicht allein blieben, d.h. von den Leuten draußen nicht vergessen waren. Es gab Demonstrationen vor dem Gefängnis, viel Post, viele Besuche (wenn's erlaubt wurde), und auch zu den Gerichtsterminen erschien stets ein buntgewürfeltes, sympathisierendes Publikum. Dies führte in der Regel zu hübschen Tumulten, besonders wenn die Richter die lauten Begrüßungsrituale zwischen Publikum und Angeklagten unterbinden wollten oder den Saal räumen ließen.

Lieber Genosse Fritz!

Da haben sie dir ja einen ganz schönen Hammer verpaßt, und da ein Unglück selten allein kommt, setzt sich jetzt noch die Süddeutsche Zeitung in ihrem Feuilleton für dich ein. Bin gespannt, was dieser Literat Baumgart nach dem Urteil denn nun unternimmt. Am Ende stellt sich noch raus, daß die ganzen Aktionen der letzten Zeit vom Verband deutscher Schriftsteller unternommen worden sind. Nach den ganzen Prozeßberichten in der SZ rechneten wir alle hier in Moabit mit einem klaren Freispruch, aber du wirst bestimmt mit mir übereinstimmen, daß dieses Terrorurteil weitaus besser ist als einer dieser altbekannten lahmen Freisprüche. Hast du eigentlich mein Telegramm erhalten? Deinen Brief vom 26.12. bekam ich. Das mit den amerikanischen Untergrundzeitungen find ich ja stark. Überhaupt scheint sich die Scene auch in Nordamerika wahnsinnig zu radikalisieren. Im Kursbuch 22 sind irre Texte militanter Gruppen abgedruckt, wenn auch leider stark verkürzt, und alle berufen sich auf die Black Panthers und deren Praxis des bewaffneten Kampfes. Und was für unsere Scene das wichtigste ist: die arbeiten alle großartig zusammen und unterstützen sich, wo es nur geht. Setz dich doch mal bei deinen Schriftstellerkollegen dafür ein, daß die deutschen Verlage uns mehr Bücher schicken, natürlich nur politische, aber die hat ja in der Zwischenzeit jeder Verlag in seinem Programm. Dein Schlußwort würde ich wahnsinnig gern lesen, besitze aber in diesem Monat nicht die Rundschau, die es meines Wissens abdrucken will. Mit allen Mitteln wollte dich die bürgerliche Presse zum Kommuneclown runterspielen, ich habe dich nicht beneidet bei deiner schwierigen Aufgabe und wir haben, glaub ich, alle viel gelernt für unsere eigenen Prozesse. Kannst du mir die Anschrift von Jimmy in Landsberg mitteilen, von Ebrach her ist er mir doch noch in guter Erinnerung und würde ihm gern mal schreiben. Hier herrscht reger Briefverkehr zwischen allen politischen Häftlingen und durch unseren letzten Hungerstreik hat selbst die scharfe Zensur etwas nachgelassen. Hast du das irre Photo von dir in der ZEIT gesehen? Das war noch stärker als das im Stern – ich hab mich echt gefragt, ob du tatsächlich in München vor Gericht stehst und nicht vielmehr in Griechenland, Portugal oder Israel. Jeder müßte sich doch bei diesem Anblick fragen, wer bezahlt denn eigentlich all diese Bullen?

Mensch, Fritz, wenn ich mir dein Photo über meinem Tisch anschaue und an die Vergangenheit und an die Zukunft denke, wird es mir ganz anders. Es gibt effektiv keine bessere Schulung für den Klassenkampf als den Knast und mein revolutionärer Optimismus artikuliert sich manchmal in lauten Freudenausbrüchen. Vielleicht kannst du dich noch erinnern an die Situation am Stutti, als wir die definitive Nachricht von dem Attentat auf Rudi erhielten. Ähnlich erging es mir, als ich von deiner Verurteilung in den Nachrichten hörte: diese komische Mischung von Haß, Rache und Sicherheit auch darüber, daß dadurch der Kampf in den Metropolen enorm vorangetrieben wird. Um 21.30 kam die Meldung und da fang ich immer meine Abendgymnastik an und hab sie ab dem Tag – zur Vorbereitung der kommenden Kämpfe – gleich um zehn Minuten verlängert.

Ich hab dich sehr gern und umarme dich!

Der autoritäre Apo-Opa Dieter K.

Landsberg, 22. 3. 71.

Lieber Dieter, Faustregel: ich sitze immer da, wo du gerade nicht hinschreibst. Mobilität. Aber das macht nichts, die Justiz ist immer einigermaßen auf dem laufenden, wo sie mich gerade versteckt hält und schickt mir die Post nach bzw. leitet weiter. Kriegst Du ein Freiabonnement von der UZ? Habe Skrupel, zuviele Zeitungen zu abonnieren, weil ich gehört habe, daß ein paar Genossen in Berlin auch finanziell nicht gut versorgt sind. Sowas kann einen ja wirklich ärgern. Der Pleitegeier legt ja ein sagenhaftes Tempo vor, jetzt sitzen die ersten Genossen bald ein Jahr ohne Prozeß, und wenn ein Prozeß mal läuft, schleppt er sich so hin mit zwei Sitzungen pro Woche. Auf die Dauer werden sie wahrscheinlich doch Richterkommunen einrichten müssen, bei denen die konterrevolutionäre Tätigkeit zum fulltime job wird. (...)

Landsbergloch, 5. April 71, lieber Dieter, vorgestern kam dein Kommune-Jubiläumsbrief, zusammen mit der Postkarte vom 8.2., in der Dein seherischer Geist schon etwas von der größeren Gefahr, in München auf der Flucht erschossen zu werden, schreibt. Es ist vielleicht gemein, wenn ich Dir das schreibe, aber das Essen ist hier gelegentlich und vergleichsweise ganz gut. Zum Beispiel gab es vorletzte Woche an einem gewöhnlichen Donnerstagabend warmen Leberkäs und Sauerkraut. Aber Ketchup kann man hier nicht kaufen. (...)

Mit seinem Anwalt Hans Christian Ströbele, 29. Oktober 1971

Landsberg, Kampftag der Arbeiterklasse, 1971
Lieber Dieter,
hier gibt es überhaupt keine Probleme mit dem ersten Mai: an jedem Feiertag ist Gottesdienst, basta! Und in
den Monaten ohne »r« kurze Unterhosen. (...)

19. 7. 71
Lieber Dieter, das Gegenstück zur vielgeschmähten revolutionären Ungeduld dürfte wohl die konterrevolu-
tionäre Ungeduld der Bürgerkriegsgenerale sein, die Presse heuchelt Genugtuung über den ausbleibenden
Protest, dabei wissen sie so gut wie wir, daß Protest nicht die Antwort sein kann.
Meine Schreibbeschränkung ist übrigens noch immer nicht aufgehoben, ich mache jetzt nur von meinem 3
Briefe/Woche-Recht Gebrauch, bin die Postkartenwirtschaft allmählich leid und muß auch bald Porto spa-
ren, weil mir jetzt der Berliner Amtsgerichtspräsident, der vielleicht aus anderen Gründen frustriert ist, die
Vitamin- und Portokasse wegpfänden ließ, wegen irgendwelcher Gerichtskosten von 68, ich blicke da noch
nicht durch. Wer schaut jetzt chinesische Filme an, trinkt unsern Tee und lutscht unsere Bonbons? Kissinger
und Richard Müllmaus. Olle Mao hat wohl seine Gründe, sollen die Imperialistenhunde ruhig mal in sozia-
listischen Ländern Bonbons lutschen, umso mehr müssen sie zuhause Saures kriegen!
WWS! Fritz

Aus dem Briefwechsel D.K. mit Fritz Teufel, 1971

stay cool, stay [★] strong, fight hot   Abgab. 9.III.71

Liebling!   mißglückt! stark mißglückt!
                          (soll ein rotes Stern sein)

Ach, Ina, warum hör ich denn nichts von dir? Ich schreib
dir die ganze Zeit und du hüllst dich in Schweigen. Dann schreib
mir wenigstens, warum du nicht schreibst – das genügt mir vollkommen und ich bin beruhigt. Oder sind wir bei der arme Briefe
beschlagnahmt worden? Mich haben sie heute mal wieder verlegt
in eine finstere Zelle und auf eine laute Station. Vorher hauste
hier Mahler, ne richtige Todeszelle: doppelte Eisengitter und
noch ein Drahtgeflecht vor den ganzen Gittern. Und kein Licht
kommt tagsüber rein, ein echtes Loch. So ein Umzug ist jedesmal eine irre Prozedur: alles zusammenpacken, alles wird dann
durchleuchtet und dann landet man wieder in einer unmenschlichen
Zelle. Beiliegendes Photo von den Straßen Ammans wollt ich nicht
mehr bei mir aufhängen, aber wegwerfen konnt ich es auch nicht.
Hast du eigentlich die Rundschau? Da war vor ein paar Tagen ein
irrer wissenschaftlicher Artikel über die physischen und psychischen
Schäden, die der Knast produziert. Hab nichts, sagt bekommen,
trotzdem ich bisher bei mir nichts feststellen konnte. Also so
schnell geht das mit dem Stottern und den Gehirnschäden nicht!
Wenn man sich natürlich solchen Scheiß einredet, dann ist es
bald soweit. Ina, wir haben noch so viel vor uns, wir dürfen
uns einfach nicht durchschütteln lassen!

                              Revolution bis zum Sieg!
                                   Dein Dieter

Brief des Gefangenen D.K. an die Gefangene Ina Siepmann, 9. März 1971

Damals haben viele von uns, vermittelt über die »Rote Hilfe«, zusätzlich und regelmäßig Geld bekommen, wodurch wir unser wöchentliches Einkaufskontingent von 30 DM voll ausschöpfen konnten. Ich zum Beispiel habe das Kontingent, ob es Tabak oder sonstwas war, für mich allein gar nicht verbrauchen können, also gab man anderen etwas ab. Wenn ein neuer Häftling eingeliefert wurde und der Kalfaktor einem sagte, der hat kein bißchen Tabak, hat man ihm sofort Tabak zukommen lassen. Dabei sind wir natürlich auch kräftig ausgenommen worden. Die Unterstützung für andere Häftlinge hat uns zusätzlich Sympathien und natürlich auch ein gut funktionierendes Kontaktnetz beschert, so daß wir im Knast trotz aller Anstrengungen der Gefängnisleitung, uns vollkommen abzuschotten, die bestinformierten

Zwischen drei- und viertausend Jugendliche beteiligten sich in den gestrigen Abendstunden an einer Demonstration durch die Berliner Innenstadt bis zur Gedächtniskirche aus Anlaß der Verurteilung des ehemaligen Kommunarden Kunzelmann und des Todes des Anarchisten Georg von Rauch. Die Demonstranten machten in Sprechchören die Polizei und Bürgermeister Neubauer für den „Mord" an Georg von Rauch verantwortlich und forderten die Entwaffnung der West-Berliner Polizei. Unter den Sprechchören hörte man immer wieder den Ruf „Solidarität ist unsere Waffe". Im Demonstrationszug wurden zahlreiche Bilder inhaftierter Linksextremisten wie Kunzelmann und Teufel, von Mitgliedern der Baader-Meinhof-Gruppe wie Astrid Proll, Ingrid Schubert sowie von Rechtsanwalt Mahler mitgetragen. Die Polizei hatte 2000 Beamte eingesetzt. Drei Personen wurden vorläufig festgenommen.

»Tagesspiegel«, 7. Dezember 1971

Leute waren. Später haben wir anderen Gefangenen auch noch Hilfestellung bei schriftlichen Eingaben, Einsprüchen gegenüber der Gefängnisleitung oder den Gerichten etc. geleistet. Wir galten als Experten für alle Lebenslagen. Besonders hervorgetan hat sich in dieser Zeit Horst Mahler, der nach Beendigung seiner Isolation im Tegeler Knast als Rechtsanwalt ein gefragter Mann war und dort in seiner Zelle praktisch ein Anwaltsbüro aufmachte, mit Sprechstunden, Beratung, Schreibbüro – alles unentgeltlich natürlich.

»Der alte Mann«, so nannte ihn der Rest der bunten Truppe, wurde trotz rasanter Verkleidung Mitte 1970 verhaftet und in die JVA Moabit verschleppt, weil er die Gefahr liebte, das Risiko nie scheute, ja manches Mal den Verdacht aufkommen ließ, es wäre ihm ganz recht so.

Als Beispiel sei seine Festnahme während der berühmt-berüchtigten Knastwoche in Ebrach erwähnt. Als Protest gegen den dortigen Landrat, der extra die Camping-Verordnung dahingehend änderte, daß die aus der ganzen Republik und dem befreundeten Ausland angereisten Protestierer nicht wie geplant in einem großen Zelt auf dem Gelände eines fortschrittlichen Bauern schlafen konnten, wurde in einer äußerst überraschenden Aktion das Landratsamt in Bamberg, der über alles geliebten Heimatstadt des Herrn K., besetzt. Nur einer knappen Handvoll Leuten gelang es, das Landratsamt unbehelligt von der doch noch anrückenden polizeilichen Übermacht zu verlassen. Herr K. gehörte dazu. Am nächsten Tag bestand er, dessen wildes Konterfei als einziges mit Sicherheit auch noch dem letzten Dorfbullen vertraut war, darauf, persönlich den Festgenommenen etwas zu Essen und zu Rauchen zu überbringen. Man behielt ihn dann dankend gleich da, und nicht zuletzt diese selbstprovozierte Festnahme führte zu einem längeren Zerwürfnis mit seinem Vater.

Bei der Festnahme 1970 in Berlin könnte auch ein Rock eine Rolle gespielt haben. Im Oktober 1970 wurde Zupp – das bin ich – in die gleiche Anstalt verbracht. Bei der Verteilung des »Abendessens« an meinem ersten Hafttag warf mir der Kalfaktor einige Bücher und einen Brief von Dieter mit einer schnellen Handbewegung auf mein »Bett«. In diesem Brief wurde ich erstmals in meinem Leben und natürlich zu meiner allergrößten Empörung auf die Notwendigkeit der Korruption hingewiesen. Ein Päckchen Tabak oder ein Glas Nescafe sollte ich dem Stationskalfaktor wöchentlich geben. Das müsse sein für all die Dienstleistungen, die dieser für einen Gefangenen, der 23 Stunden am Tag in der Zelle eingeschlossen sei, erbringe.

Bis zu meiner Freilassung im Oktober 1974 – Dieter blieb noch ein wenig länger – korrespondierten wir regelmäßig, manchmal mehrmals die Woche; in Moabit, wo die Wege besonders kurz und schnell waren, sogar mehrmals am Tage. Jeder Kassiber von ihm mußte schnell vernichtet werden angesichts der täglich drohenden Gefahr von Zellenfilzungen. Was von dieser Korrespondenz noch existiert, sind die von Dieter an mich geschriebenen Briefe, Postkarten und Zeitungsausschnitte, die allesamt bis auf das letzte freie Plätzchen vollgeschrieben waren. Mitunter war über diese sehr klein geschriebene Handschrift noch mit dem Filzschreiber drübergeschrieben worden, um den Platz doppelt zu nutzen.

Was seine Korrespondenz ausgezeichnet hat, war sein immenses Vertrauen in den weltweiten revolutionären Prozeß. Unser politischer Bezug zur »legalen Linken« draußen war die »Rote Hilfe« in der Stephanstraße und das sie umgebende Umfeld der »Spontibewegung«. Der »Bewegung 2. Juni« fühlten wir uns mehr als nur solidarisch verbunden – ein Mafioso hätte gesagt, sie gehöre zur Familie –, zur »Roten Armee Fraktion« hatten wir Kritik, waren aber auch der Meinung, daß die legale Linke nicht genügend solidarisch war.

Die 1973 stattfindenden Streiks ohne bzw. gegen die Gewerkschaftsführung, der Einfluß, den die damals entstandenen »K-Gruppen« zumindest propagandistisch dabei hatten, auf jeden Fall die Tatsache, daß diese sich mit dem »revolutionären Subjekt«, d.h. der Arbeiterklasse, ernsthaft auseinanderzusetzen begannen, führte zu einem Umdenken bei uns.

Herr K. war keiner, der gern lau badet, er ist immer aufs Ganze gegangen. Zögern und Zagen war seine Sache nicht. Er hatte immer ein Gespür dafür, was unter gegebenen Umständen optimal herauszuholen wäre. Seine unglaubliche Begeisterungsfähigkeit für Kunst, Kultur, Politik, auch für Drogenexperimente und sogar für den Parlamentarismus hat immer wieder Menschen in den Bann geschlagen.

Seine jüngste politische Obsession des Eierwerfens auf besonders elende Gestalten der deutschen Politik ist ja möglicherweise nicht nur der Versuch, diese spezielle Form des politischen Protestes salonfähig zu machen, sondern auch eine Reminiszenz an frühe kulturrevolutionäre Prozesse Mitteleuropas, dessen oberster Renegat das EI zu einem besonderen Symbol erhob. Auch ein gewisser Machismus war Herrn K. nie fremd.

In der JVA Tegel gab es damals – womöglich heute immer noch – jeden Freitag Fisch. Pellkartoffeln und Fisch. Die Pellkartoffeln waren heißbegehrt, weil man daraus Bratkartoffeln machen konnte. Den vergammelten Hering schmiß ein jeder, dessen Geschmacksnerven noch nicht vollkommen verkümmert waren, aus dem Zellenfenster in den jeweiligen Gefängnishof. Nur eine Stimme tönte in bekannter Schrille durch die Gefängnisgänge: »Nachschlag, Nachschlag«, brüllte Herr K. Die streunenden Gefängnis-Katzen und Ratten werden ihn heute noch verfluchen, weil er ihnen das Aas weggefressen hat.

Zum Schluß einige Kostproben aus der revolutionären Post, die mir Herr K. in Moabit und Tegel auf verschlungenen Pfaden zukommen ließ:
27. Mai 73: »Deine letzte Karte war etwas wirr. Das Gejammere über die Rituale habe ich auch jetzt bei der RHK-Veranstaltung gehört. Ich akzeptiere keine Kritik an der KPD mehr, die von außen kommt! Die zahllosen Wenn und Aber sind Sponti-Rudimente – entweder oder, so stellt sich die Frage und nicht anders!«
8. August 73: »Diese dahinkreuchenden Reste der antiautoritären Bewegung stehen mir bis zum Halse, einschließlich der Quatschköppe Rudi und Bernd, die anscheinend ernsthaft meinen, die Juso-Karrieristen nach links driften zu können. Die Agitproparbeit der KPD ist unheimlich stark!«
23. September 73: »Deine schwankende Haltung zur KPD und Roten Hilfe ist mir vollkommen unverständlich.«
18. November 73: »Der ideologische Sumpf spült schreckliche Schlingpflanzen in den Rachen der Klassenjustiz. Und ich sehe auch keinen Weg, wie das Abenteurer-

tum unter die Fittiche der Partei genommen werden könnte. Der Tag ist absehbar, wo die Massen einen Weg finden werden, um all die einzureihen in die geschlossene Kampffront, die sich nur entfernten aufgrund ihrer revolutionären Fiebrigkeit …«
17. Februar 74: »Unverständlich ist mir deine immer wieder aufflammende Empörung über den Spontisumpf, denn sie impliziert eine kleine Hoffnung: nämlich daß sich außerhalb der KPD und ihrer Massenorganisationen noch irgendwelche revolutionären Aktivitäten entfalten könnten. Diesem Trugschluß unterliege ich längst nicht mehr, weshalb ich auch letzte Woche zum zweiten Mal in meinem Leben Mitglied einer politischen Organisation geworden bin: der Roten Hilfe.«

Kundgebung der »Roten Hilfe« vor dem
Gefängnis Tegel, 1976

Hilmar Buddee, geschrieben im Sommer 1998

In meiner Zelle habe ich sehr viel gelesen. Seit Beginn der hektischen APO-Zeiten waren wir von Termin zu Termin, von Aktion zu Aktion gehetzt und hatten kaum Zeit und Muße zur Buchlektüre. Als mir nach einem halben Jahr Untersuchungshaft klar wurde, daß ich so schnell nicht rauskäme, habe ich mir ein regelrechtes Bildungsprogramm zusammengestellt, gezielt Bücher und Broschüren besorgt und mich außerdem intensiv um andere Gefangene gekümmert. So paradox es klingt: ich hatte im Knast immer etwas zu tun und nie Zeit. Vermutlich ist das der einzige Weg, eine lange Inhaftierung einigermaßen stabil zu überstehen. Auch war es immer eine abwechslungsreiche Erfahrung, Menschen kennenzulernen, denen man sonst nie begegnet wäre und deren Bekanntschaft man draußen auch nicht unbedingt gesucht hätte: Räuber, Zocker, Zuhälter, Boxer mit einschlägigen Nebenberufen, Mörder u.s.w.. Da hat sich manche überraschende Bekanntschaft, manche ungewöhnliche Freundschaft entwickelt, die nach der Knastzeit zu rührenden Wiedersehen an bizarren Orten führten.

Nur einmal hatte ich, wie bereits erwähnt, in diesen fünf Jahren Haft eine tiefe Krise durchzustehen: nach der Erschießung von Georg von Rauch im Dezember 1971, eineinhalb Jahre nach meiner Festnahme. Auf den Fotos von damals sieht man mir an, wie miserabel es mir ging. Es war eine unglaublich ohnmächtige Situation, als ich im Knastradio hörte, daß gerade ein Freund erschossen worden war. Georg war erst wenige Monate vorher in einer unglaublich komischen und kaltblütigen Aktion dem Untersuchungsgefängnis entkommen. Wegen eines in jeder Hinsicht mißglückten Überfalls auf einen »Quick«-Journalisten in dessen Wohnung in der Fasanenstraße im Frühjahr 1970 – ich wartete mit einem anderen Mitglied der »Tupamaros West-berlin« in einem Lieferwagen, mit dem wir alle Möbel aus der Wohnung abtranspor-tieren und in unser unmöbliert angemietetes Haus nach Zehlendorf bringen wollten – saßen Georg von Rauch und Tommy Weisbecker in Untersuchungshaft. Bei der Ur-teilsverkündung kam Tommy auf freien Fuß, Georg jedoch sollte in Haft bleiben. Blitzschnell – beide hatten zwar lange Mähnen, ansonsten aber kaum Ähnlichkeit miteinander – tauschten sie die Jacken, und Georg verließ als Tommy den Gerichts-saal in Freiheit, während Tommy sich als Georg in die Untersuchungshaftanstalt zurückführen ließ. Bei der Abendbrotausgabe fragte Tommy scheinheilig, warum er eigentlich noch nicht entlassen sei, er sei doch freigesprochen worden – und erst da wurde den Beamten klar, daß sie den Falschen hatten laufen lassen. Als Krönung der Affäre mußten sie Tommy auch noch freilassen, während Georg schon über alle Ber-ge war. In der Berliner Justiz und in der Presse war danach der Teufel los, in der Be-völkerung aber wußte niemand, worüber man sich mehr wundern sollte: über die Blödheit von Justiz und Polizei oder die Frechheit der beiden Akteure.

Wenige Tage vor dem Tod von Georg von Rauch (Tommy Weisbecker wurde spä-ter, 1972, in Augsburg erschossen) war auf Fahndungsplakaten zum Halali geblasen worden. Er und andere wurden in bewußt falscher Zuordnung als RAF-Mitglieder ge-sucht, obwohl jeder, der auch nur annähernd Bescheid wußte (also auch die Fahn-dungsbehörden!) darüber informiert war, daß das bei Georg von Rauch gar nicht der Fall sein konnte. Ich hatte ohnehin im Laufe meiner Knastzeit ein distanziertes Ver-hältnis zum bewaffneten Kampf gewonnen, vielleicht auch wegen der Lektüre und der Gespräche mit meinem Anwalt Ströbele. Ich war der Auffassung, daß alle meine gesuchten Freunde besser im Ausland abtauchen sollten als in Deutschland oder Ber-lin zu bleiben.

Zwei-, dreimal war ich an einem Hungerstreik beteiligt. Das ist damals wie heute die einzige gewaltlose Möglichkeit, aus dem Gefängnis heraus auf Schikanen oder eigene Forderungen aufmerksam zu machen. Ein Hungerstreik im Knast ist eine sehr harte Selbstprüfung. Weniger wegen körperlicher Folgen, sondern deswegen, weil man im Gefängnis kaum die Grundbedürfnisse befriedigen kann; direkte soziale Kontakte und Sex fallen fast völlig weg. In der Situation bekommt das Essen, selbst das miserable Gefängnisessen, eine andere Bedeutung – es ist die einzige Lust, die einem bleibt. Da-malige Mitgefangene erinnern sich heute noch, daß ich mir immer einen Nachschlag geben ließ. Besonders hart geprüft wurde ein Hungerstreikender dann, wenn auf An-weisung einer hinterhältigen Gefängnisleitung am Sonntag ein besonders tolles Essen, z.B. Fleisch mit Kartoffeln und Rosenkohl, also ein für Knastverhältnisse fabelhaftes deutsches Sonntagsessen, in die Zelle gestellt wurde. Von halb zwölf, das Essen stand verlockend und unübersehbar mitten in der Zelle bis zum Abendessen um 16.30 Uhr,

KPD-Veranstaltung zum 2. Juni 1977

wo es dann wieder abgeräumt wurde, hielt man ein mentales Zwiegespräch mit seinem knurrenden Magen, der mit aller Kraft des Geistes in Schach gehalten werden mußte. Das war Psychoterror, bei dem man nach 14 Tagen Hungerstreik leicht durchdrehen konnte.

Im Knast begann meine Mitarbeit in der »Roten Hilfe e.V.« (seit 1973/74) und die Sympathie mit der maoistischen KPD. Das war und ist angesichts meiner Biographie für viele ein überraschender Schritt, mag auch ein Fehltritt gewesen sein. Jedenfalls war ich trotz des gegenteiligen Rufes, den ich als Großmufti des Chaos genieße, immer jemand, der eine organisierte politische Arbeit sehr zu schätzen wußte. Ich war nie Leninist, sondern blieb Anhänger des Rätesozialismus, also von dezentralen, anarchistischen Strukturen, und hatte vor allem für den realen und zentralistisch organisierten DDR-Sozialismus nie die geringste Sympathie aufbringen können.

Ich erhielt vom Anfang meiner Knastzeit an regelmäßig die »Rote Presse-Korrespondenz« und später das »Zentralorgan« mit dem an der Tradition der Weimarer KPD anknüpfenden Namen »Rote Fahne«. Für mich verband sich mit der »Roten Fahne« weniger die Traditionslinie zu Leuten wie Walter Ulbricht oder Ernst Thälmann, sondern zu den Mitbegründern dieser Zeitung: Rosa Luxemburg und Karl Liebknecht. Ich gewann vom Gefängnis heraus den Eindruck, die einzige Organisation,

die draußen effektiv und propagandistisch wirkungsvoll arbeite, sei die KPD und ihre
»Rote Hilfe e.V.«. Mao-Fans waren damals mehr oder weniger alle linksradikalen Organisationen, sei es wegen seiner These von der permanenten Revolution, wegen seiner erfolgreichen Untergrundarbeit während des Langen Marsches oder wegen der
Kulturrevolution. Ab 1973 organisierten die KPD und die »Rote Hilfe e.V.« eine
Kampagne für meine sofortige Freilassung, was für einige der Beteiligten ein Berufs-
verbot nach sich zog.

Normalerweise hätte ich im Sommer 1973 nach dem rechtskräftigen Freispruch
wegen einer Beteiligung am gewollt mißlungenen »Brandanschlag« auf den Berliner
Juristenball auf freien Fuß kommen müssen. Doch bei mir gab es niemals, und erst
recht nicht bei der Justiz, ein »normalerweise«. Drei Jahre nach meiner Verhaftung
wurden neue Haftbefehle wegen zweier Aktionen aus dem Ärmel geschüttelt, die ich
mit Georg von Rauch durchgeführt hatte: wir fackelten das Privatauto des Tegeler
Gefängnisdirektors ab (»Schwere Sachbeschädigung«) und warfen auf die Gartenter-
rasse des BZ-Chefredakteurs einen Molotow-Cocktail, der keinen ernsthaften Schaden verursachte. Für die Staatsanwaltschaft war dieser letzte Fall aber nicht nur »versuchte menschengefährdende Brandstiftung«, sondern sie behauptete, ganz Dahlem
hätte abbrennen können. Im Herbst 1973 wurde ich dann wegen dieser Aktionen zu

21 Monaten Gefängnis verurteilt. »Normalerweise« wiederum hätte diese Strafe auf die zwei Jahre unschuldig erlittener Untersuchungshaft angerechnet werden müssen, denn die Aktionen der »Tupamaros Westberlin« standen in einem Tatzusammenhang. Doch die Justiz zahlte lieber eine Haftentschädigung, von der nach Abzug aller Gerichtskosten aus früheren Zeiten ganze DM 384,10 auf mein Haftkonto eingingen. Mich selbst behielt man lieber hinter Gittern.

KRIMINELLER WAHLKÄMPFER

Das ist die absonderlichste Aktion, die dem Bürger in Berlin jetzt im Wahljahr von seinen Regierenden geboten wird: der Kandidat, der aus der Zelle kommt. Täglich neu. Im dunkelblauen Mao-Rock über hellblauem Rollkragenpullover, an der Brust einen kleinen roten Stern mit Hammer und Sichel, so tritt er vor seine Anhänger, der Kandidat der KPD, Dieter Kunzelmann. In den Kneipen von Berlin, wo er auftritt, zerfließt er vor Selbstmitleid und beklagt sein»schweres Los«. Seine Mitstreiter nennen ihn einen Mann, »dessen Kandidatur die Bourgeoisie in Schrecken setzt«. Bekannt geworden ist der KPD-Wahlkämpfer vor allem dadurch, daß er unschuldige Bürger in Lebensgefahr brachte. Deshalb sitzt er in der Strafanstalt Berlin-Tegel. Er ist verurteilter Brandstifter. 1970 mußte er einsitzen, weil er die Villa des BZ-Chefredakteurs anzuzünden versuchte. Nun erhielt er auf Anweisung des Berliner Justizsenators Korber Sonderurlaub für den Wahlkampf. Um 21 Uhr muß er jeweils wieder in die Zelle zurück. Seine Genossen feiern ihn als Mann, der »entschlossener aus dem Gefängnis gekommen ist, als er hineingezerrt wurde«. Da sollten auch die Polizei- und Justizbehörden gut hinhören. Der Unmut in der Bevölkerung artikuliert sich. »Die Anreicherung des Berliner Wahlkampfs mit einem Kriminellen ist ein Schlag ins Gesicht eines jeden anständigen Berliners«, heißt es in einem Telegramm an den Senator für Justiz. Die Wähler allerdings reagieren vor allem am Wahltag. Und da wird Kunzelmann wie ein Spuk verschwunden sein aus den Nachrichtenspalten der Zeitungen. Allerdings wird die Justiz fragen lassen müssen, wie es zu dem Spektakel überhaupt hatte kommen können. Denn juristisch ist es in Ordnung. Das heißt, das Gericht, das Kunzelmann seinerzeit verurteilte, hat vergessen, ihm die Wählbarkeit abzuerkennen. Ein sonst übliches Vorgehen. Man wird fragen müssen, wer so vergeßlich war und warum? h.s.

Bayernkurier, 1. Februar 1975

Im Herbst 1974 stellte mich die KPD als ihren Spitzenkandidaten in Berlin-Reinickendorf (in diesem Bezirk hatte ich als Insasse des Gefängnisses Tegel auch meinen Wohnsitz) für die Abgeordnetenhaus-Wahlen am 2. März 1975 auf. Mehrmals mußte mir die Justiz Ausgang gewähren, damit ich in Wahlveranstaltungen auftreten konnte. Fünf Tage nach der (ziemlich erfolglosen) Wahl kam ich am 7. März 1975 nach fast fünf Jahren Gefängnis auf freien Fuß. Wegen der damals laufenden Fahndung nach den Lorenz-Entführern gab es ein Demonstrationsverbot; 300 Leute, die mich vor dem Gefängnistor in Empfang nehmen wollten, wurden deshalb von der Polizei auseinandergetrieben. KPD und »Rote Hilfe e.V.« hatten sich große Mühe gegeben, mir die ersten Monate der wiedergewonnenen Freiheit so angenehm wie möglich zu machen. In einer Wohngemeinschaft des »Kommunistischen Studentenverbandes« konnte ich die Jahre der sexuellen Enthaltsamkeit vergessen; als Hilfsdrucker einer KPD-Druckerei in der Wiener Straße in Kreuzberg gewöhnte ich mich an ein geregeltes Arbeitsleben und nebenbei auch an repräsentative Aufgaben. Ich wurde zum Landesvorsitzenden der »Rote Hilfe e.V.« gekürt. Voller Tatendrang

3.12.76/lieber dieter,die anwälte haben
~~xixx~~ sich erkundigt und gehört,du
wärst unter dieser adresse zu erreichen.
weil ich mir nicht sicher bin,nur ganz
kurz.vor einigen wochen hab ich nach
über sechs jahren mal wieder deine stimme
gehört in einer sfbeat telefondiskussion
über sozialarbeiter.und davon ziemlich
abgefahren.außerdem hab ich in der
letzten zeit zweimal von dir geträumt.
ich weiß nicht,was dich davon abgehalten
hat,mal wieder kontakt aufzunehmen.daß es
seit september 75 leider wieder ohne wei-
teres möglich ist,auch die zensurgeschich-
ten sind derzeit nicht so terroristisch -
klopf mal gegen holz - wird dir kaum ent-
gangen sein.seit unser briefwechsel im
frühjahr 72 oder so abgerissen ist,haben
sich meine grundsätzlichen einstellungen
in vielen fragen,auch zur kpd,kaum grund-
legend geändert.hab mich aber,wie ich gerne
zugebe,nie besonders intensiv mit parteien
befaßt und nach wie vor kaum lust dazu.
sporadische kontaktversuche später waren
auch nie vom glück begünstigt.aber wies
dir so geht,was du so treibst,was dich als
alten antiautoritären dazu bewogen hat,die
kpd zu unterwandern und wie lang du das
noch durchhalten willst,das würde mich
schon intressieren.schreib mal!rotfröntle,
                    fritz.

Postkarte an D.K. von Fritz Teufel, 1976

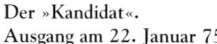

Der »Kandidat«.
Ausgang am 22. Januar 75

betrieben wir die Kampagne »Freiheit für Horst Mahler«, gründeten eine »Initiative gegen das Einheitliche Polizeigesetz«, demonstrierten direkt an der Mauer gegen das DDR-Regime.

Um mich unter die enge Haube des »Demokratischen Zentralismus« zu bringen, begann ein langwieriges Parteiaufnahmeverfahren. Ich besuchte ewig und drei Tage einen Sympathisanten-Zirkel, studierte Generallinien, Richtlinien und Trennungslinien, diskutierte Grundsatzartikel aus der »Peking-Rundschau«, war ständig von Anleitungen aller Art umstellt, geriet in kleinkarierten Zoff zwischen dem »Zentralkomitee« in Köln und dem »Regionalkomitee« in Berlin-West, wobei mich in der Kölner Zentrale besonders Florence Springer, eine der fünf Töchter des bekannten Berliner Galeristen Julius Springer, unterstützte. Ich stellte unangebrachte Fragen, unterschrieb nicht alles und schaffte es dennoch, 1979, als die Kaderkriterien nicht mehr ganz ernst genommen wurden, als Kandidat (nicht Mitglied) in die KPD aufgenommen zu werden – ein wahrer Höhepunkt im Leben jedes aufrechten Kommunisten, der für mich aber von nur kurzer Dauer bleiben sollte: fünf Monate später löste sich die Partei auf. Ich hatte viel gelernt – und habe nichts vergessen.

Der Zentrale Vorstand hatte uns vorgeschlagen, die Frankfurter Buchmesse zu benutzen, den Kampf für die sofortige Freilassung von Dieter Kunzelmann an eine breite Öffentlichkeit zu tragen. Wir hatten selbst bereits geplant, auf Grund der Vielzahl zu erwartender fortschrittlicher und liberaler Menschen dort einen Stand aufzubauen, und fanden die Schwerpunktsetzung zur Unterstützung des Kampfes der Berliner OG-s richtig.

Zwei Wandzeitungen wurden erstellt, eine, die an Hand des Programms und konkreter Beispiele die ROTE HILFE vorstellte, und eine zweite, die erklärte, warum D. Kunzelmann nach 4 1/2 Jahren U-Haft ohne rechtskräftiges Urteil noch immer sitzt und die Klassenjustiz versucht, ihn noch weitere sechs Monate im Knast festzuhalten. Mit diesen Wandzeitungen und Unterschriftslisten mit der Forderung nach sofortiger Freilassung D. Kunzelmanns sowie der Broschüre des Komitees bewaffnet zogen wir los und konnten Dank der tatkräftigen Unterstützung der Genossen der Verlage Rote Fahne, Internationale Solidarität und des Oberbaum-Verlags einen Büchertisch in einer der Messehallen selbst errichten und die Wandzeitungen dort aufhängen. Von wiederholt erfolgten Einschüchterungsversuchen der Messeleitung, die mit der Polizei drohte, wenn wir den Stand nicht wegräumen würden, ließen wir uns nicht einschüchtern, sondern verstärkten unser offensives Vorgehen in der Unterschriften- und Geldsammlung. So konnten wir in vier Tagen (am letzten Tag unterstützten wir die Agitprop und Aktionen der Initiative von über 60 fortschrittlichen Verlagen und Buchhändlern für die Schließung des Stands der Vertreter des faschistischen, südvietnamesischen Thieu-Regimes) über 600 Unterschriften sammeln, darunter etwa 80 von Verlegern, Buchhändlern, Verlagsangestellten und Autoren!

Für nächstes Jahr haben wir gelernt, die Sammlung von Unterschriften von bekannten Persönlichkeiten, insbesondere von Autoren, besser anzugehen, indem wir uns schon vor der Buchmesse einen Überblick darüber verschaffen, wer wann an welchem Stand anzutreffen sein wird. Außer bei dem Schriftsteller F.C. Delius und dem Arbeiterschriftsteller Gerd Sowka, der uns aktiv unterstützte, indem er am Stand seines Verlages – Produktion Ruhrkampf – sowohl eine Unterschriftenliste als auch eine Spendenbüchse auslegte, waren die Ansätze, Prominente anzusprechen, nicht erfolgreich: Sowohl G. Grass als auch der Hauptnachrichtensprecher des ZDF drückten sich um die Unterschrift damit herum, daß sie zwar in der Sache einer Meinung mit uns wären, aber die Protestresolution an bestimmten Punkten nicht für richtig fänden.

Weiterhin muß bei der nächsten Buchmesse noch mehr Gewicht darauf gelegt werden, andere fortschrittliche Verlage dafür zu gewinnen, einmal Unterschriftenlisten und Spendendosen auszulegen und zum anderen ihre Ausstellungsstücke als Buchspenden für die Hafthilfe bzw. Bücherbasare der ROTEN HILFE zu spenden. Dieses Jahr waren es bereits 10 Verlage, die Bücher im Ladenwert von 300 - 400 Mark gespendet haben (RF, IS, Oberbaum, EVA, Ruhrkampf, RLV-Texte, Mega-Druck, noch spenden wollen: KVZ Verlag, Neuer Weg, Trikont, Wagenbach).

Vorwärts im Kampf für die sofortige Freilassung Dieter Kunzelmanns!

Ortsgruppe Frankfurt

»Bericht von der AP (Agitprop) auf der Frankfurter Buchmesse 74«

Im letzten Jahr (1974/75), das D.K. im Tegeler Gefängnis absitzen mußte, besuchte ich ihn regelmäßig einmal im Monat. Von den alten Freunden und Genossen der »Bewegung 2. Juni« ließ sich niemand mehr sehen, vielleicht wollten sie ihn auch nicht besuchen. D.K. wünschte und suchte Kontakt zur maostischen KPD. Als sendungsbewußte Genossen nahmen wir Verbindung zu ihm auf, wollten den unverbesserlichen Anarchisten für unsere Sache gewinnen, »Überzeugungsarbeit leisten«, wie wir das damals nannten.

Der Freigeist hinter Mauern war eine bizarre Erscheinung. Schon der Weg, um zu ihm zu gelangen, mutete wie eine finstere Groteske an. Nichts von modernem Strafvollzug, durch die geduckten Backsteingebäude des alten Tegeler Knasts führten Schließer mit mächtig klirrendem Schlüsselbund zu immer wieder neu zu entriegelnden Eisentüren. Mindestens drei, wenn nicht mehr solcher Sperrgitter mußten überwunden werden, bis ich endlich ins kahle Besucherzimmer gelangte. Wie die erste Begegnung verlief, erinnere ich nicht mehr genau – bestimmt war sie mehr komisch als ernst, denn was wir miteinander diskutieren würden, war angesichts der Lage lachhaft genug. Die Szenerie hatte etwas Surreales: der bedrohlich-einschüchternde Knast gemahnte mehr an Piranesis unheimliche Gefängnisphantasien als an den Versuch, hier über aktuelle Fragen der Weltrevolution zu sprechen.

D.K. nahm die Besuche jedoch ernst. Keine Clownerien, kein gockelhaftes Gespreize, kein falsches Getue. Bestimmt hat ihm gefallen – wir haben allerdings später nie über diese Zeit gesprochen –, daß er von einer Frau, pardon, Genossin, besucht wurde. So weit es der Knastalltag zuließ, erschien er bei diesen Gesprächen immer »gesatzt und geschnatzt«. D.K. gab sich, entsprechend den Möglichkeiten, als gepflegte Person, die sich durch den Gefängnisalltag nicht verlottern läßt, ihren Stolz auch äußerlich bewahrt. Auch ich habe mir jedesmal wohl überlegt, welche Kleidung wählst du aus. Politische Gespräche zu führen, gehörte damals zum Alltäglichen; die Knastsituation war aber eine besondere, hier herrschten andere Gesetze. Ich bemühte mich jedenfalls, eine Mischung zu finden, die erotisch ansprechend, aber doch auch zurückhaltend war. Ob es gelungen ist, weiß ich nicht. Der Tristesse von Tegel wollte ich, so meine Absicht, die Lebenslust einer überzeugten Maoistin entgegenhalten.

D.K. verhielt sich ebenso. Nie standen seine trostlosen Lebensbedingungen hinter Gittern im Mittelpunkt der Unterhaltung; wenn überhaupt, wurden sie nur am Rande angesprochen. D.K. wollte zu neuen Ufern aufbrechen, und mit der ihm eigenen Besessenheit interessierte ihn alles, was draußen passierte. Ob die Genossen mal wieder feige gewesen und vor dem Staatsapparat zurückgewichen wären oder wo siegreich eine kleine Aktion stattgefunden hatte. Er tat so, als ob er gerade aus der Kneipe um die Ecke in dieses dürftige, abstoßend unpersönliche Zimmer eingetreten wäre; daß hinter ihm eine Zelle lag, ließ er schnell vergessen. Als echter Revolutionär ließ

Suppenausgabe beim Druckersteik, Mai 1976

er sich nicht kleinkriegen, trotzte mit seinem sarkastischen Humor und seinem schepperigen Gelächter den Umständen.

Anarchismus ist nur eine Seite; die Kehrseite bei D.K. ist ein autoritärer Zug mit Vorliebe für strenge Führung und Ordnung. Vielleicht war es dies, was ihn an der maoistischen KPD zeitweise anzog. Jedenfalls ließ er sich – trotz dieser makabren Situation – mit großer Intensität auf Diskussionen über die Widersprüche im Weltmaßstab, die besondere Gefährlichkeit des russischen Sozialimperialismus, die Einschätzung der chinesischen Kulturrevolution, die Entwicklung im Vietnamkrieg und vieles mehr ein, was damals die politisierten nachstudentischen Gruppen heftig bewegte und in leidenschaftlichen Auseinandersetzungen gegeneinander aufbrachte. D.K. wollte alles wissen, er war neugierig. Besonders zu funkeln begannen seine Augen jedoch immer dann, wenn es um die von ihm mit Leib und Seele gehaßte Klassenjustiz ging. Dann brach der ungebändigte Bürgerschreck durch. Ermahnungen, daß es zwischen Haupt- und Nebenwidersprüchen zu unterscheiden gelte, konnten ihm dann nur schwer einleuchten. Der Staatsapparat war und blieb sein Intimfeind.

Unvergessen ist mir der Tag seiner Entlassung. Es war im März 1975, das Wetter war regnerisch und kalt, ich holte ihn am Gefängnistor ab. D.K. hatte nur ein leichtes Jäckchen an, also mußte ein Mantel gekauft werden. Wir gingen zu Peek & Cloppenburg, um etwas Passendes zu finden. Wie eine Diva drehte und tänzelte D.K. vor den Spiegeln, nichts war ihm schick genug. Keine der Verkäuferinnen konnte ahnen,

Mitte: Haftentlassung, Tegel, 7. März 1975
Seite 147: Arbeit als Drucker, 1978

daß dieser Typ geradewegs aus dem Knast gekommen war. Selbstsicher wählte er dann das eleganteste Stück aus: einen dunkelbraunen, taillierten Cordmantel mit Gürtel. So ausstaffiert stolzierte D.K. zurück in die Zivilisation – als ob nichts gewesen wäre, noch entschiedener davon überzeugt, der Kampf müsse weitergehen, wenn auch mit anderen Mitteln, denn meine »Überzeugungsarbeit« hatte Früchte getragen.

Ortswechsel. Acht Jahre später trafen wir uns wieder zu einem Interview. D.K. war gerade durch Rotation zum Berliner Abgeordneten der Alternativen Liste aufgerückt. Nun residierte er majestätisch hinter einem Schreibtisch im Schöneberger Rathaus; aber nicht nur dies. Um die Bürde seines Amtes zu unterstreichen, hatte er an jedes Ohr mit unglaublichen Verrenkungen der Schultern einen Telefonhörer geklemmt, mit den Händen wühlte er aufgeregt in irgendwelchen wohlsortierten Akten. Dem Anarcho gefiel es, sich in einer neuen Rolle – der des schwer arbeitenden Politikers und Bürohengstes – zu präsentieren.

Lerke von Saalfeld, geschrieben im Sommer 1998

HAUSBESETZER UND
■PRAKTIZIERTER URBANISMUS
HÄUSERRÄUMUNGEN

Nutzte die antiautoritäre Bewegung den öffentlichen Raum als Spielwiese ihres Protestes, eignete sich Plätze und Straßen als Bühne an, so verteidigte die Hausbesetzerbewegung ganze Stadtteile vor der Zerstörung durch Profithaie und eine beispiellose Baupolitik, die ganze Quartiere, die von alliierten Bombenangriffen verschont geblieben waren, abreißen wollten. Durch das Leben in den vorerst geretteten Häusern setzten die Besetzer – wie ehedem die Kommune-Bewegung – neue Maßstäbe für ein gemeinschaftliches Leben jenseits »normaler« Zwänge.

Zwar gelang bereits kurz nach der Ermordung von Georg von Rauch am 4. Dezember 1971 die Besetzung eines Schwesternwohnhauses im leerstehenden Bethanien-Krankenhaus am Mariannenplatz in Kreuzberg, direkt an der Mauer gelegen; zwar gab es bald auch im Wedding ein besetztes Haus, das Jugendzentrum »Putte«, doch die Erfahrungen von Zürich und Amsterdam, massenhaft leerstehende Häuser zu besetzen, sie instandzusetzen, zu verteidigen und eine gemeinsame Geschichte zu beginnen, fiel in Berlin-West erst Ende der siebziger Jahre auf fruchtbaren Boden.

Hauptauslöser dafür waren die infamen, lange vorbereiteten Pläne der damals von der SPD dominierten Bauverwaltung bzw. Stadtplanung, ganze Stadtquartiere mit der Abrißbirne zu beglücken, breite Schneisen für Stadt-Autobahnen zu schlagen und daneben zellenhafte Neubauten zu errichten. Ein Riesengeschäft für Bauunternehmer, Haus- und Bodenspekulanten. Rücksichtslos negierte diese Kahlschlagplanung gewachsene soziale Strukturen und erhaltenswerte Altbausubstanz. Den Bewohnern, besonders den alten Menschen, wurde vorgegaukelt, wie angenehm es sich doch in den Hochhausschlafstädten am Rande der Stadt mit dem spröden Charme von Gefängnissen leben ließe.

Als immer mehr zum Abriß bestimmte und daher leerstehende Häuser von jungen Leuten besetzt und gegen Räumungsversuche der Polizei erfolgreich verteidigt wurden, begannen Politik, Wirtschaft und die bewährten Frontstadt-Medien eine Hetzkampagne gegen Hausbesetzer/innen, die mit den Gespenstern »rechtsfreie Räume«, »Terroristenschlupfwinkel« etc. zu operieren versuchte. Das Privateigentum an Immobilien, auch wenn sie häufig gemeinnützigen Wohnungsbaugesellschaften oder der gewerkschaftseigenen Neuen Heimat gehörten, sollte mittels staatlicher Gewalt zurückerobert werden. Was jedoch weitaus gefährlicher schien als die Aneignung leerstehender Häuser, waren die Versuche der Besetzer/innen, die Häuser als oppositionelle politische und kulturelle Zentren umzunutzen, sich in Besetzerräten selbst zu organisieren, der Fremdbestimmung und Vereinzelung ein attraktives, vibrierendes

Bei der Demonstration am 20. September 1981 gegen das Lummer-Ultimatum

Gegenmodell entgegenzusetzen. Die Kreativität und Phantasie der Hausbesetzer war atemberaubend, ihre Basis und Anhängerschaft vielleicht gerade deswegen stärker als die der antiautoritären Bewegung, und trotz aller Hetze konnte sie auch auf Sympathien in der Bevölkerung setzen.

Fast zweihundert Häuser waren dann im Frühling der Revolte 1981 besetzt, vorwiegend in Kreuzberg, Schöneberg und Charlottenburg. Am 15. Januar '81 mußte ein Regierender Bürgermeister samt seinem ganzen Senat zurücktreten, Millionen Mark waren bei Scheingeschäften der senatseigenen Berliner Bank im Sand der saudiarabischen Wüste versickert. Die »Alternative Liste für Demokratie und Umweltschutz«, ein Zusammenschluß von oppositionellen Kräften der Stadt, erzwang durch ein erfolgreiches Volksbegehren Neuwahlen. Es existierte zwar auch in dieser Interims-Zeit eine Stadtregierung, doch faktisch lag die Macht vier Monate lang auf der Straße. Die SPD-Selbstbedienungspolitik hatte abgewirtschaftet, besaß keinerlei Legitimität mehr. Die Hausbesetzerbewegung wußte die Gunst der Stunde zu nutzen: sie besuchte die betuchten Spekulanten in ihren Dahlemer Villen, sie erstritt Verträge zur Legalisierung besetzter Häuser und forderte von der Justiz die Einstellung aller Straf- und Ermittlungsverfahren wegen Hausfriedensbruchs und Widerstandes gegen die Staatsgewalt.

Doch die Neuwahlen vom 10. Mai '81 brachten ein zwiespältiges Ergebnis: die CDU mit ihrem aus Bonn importierten seriösen Aushängeschild Richard von Weizsäcker wurde stärkste Fraktion, mit der AL zog erstmals die außerparlamentarische Bewegung in das West-Berliner Abgeordnetenhaus ein. Als »Häuptling Silberlocke« (Wolfgang Neuss) den rechtsradikalen Haudegen Heinrich Jodokus Lummer zum Innensenator machte, wurde sehr schnell deutlich, was den Hausbesetzern blühen soll-

Nach Räumung der Häuser in der Winterfeldtstraße am 22. September 1981.
D.K. versucht über die Polizeiabsperrung zu klettern

te. Am Tag der konstituierenden Sitzung des neugewählten Parlaments, am 24. Juni, unternahmen sie den Versuch, das Rathaus Schöneberg zu besetzen, ein letztes Aufbäumen gegen die drohenden Räumungen. Er schlug fehl.

Am 22. September 1981 demonstrierte der Staat und sein Polizeiheer, daß die Wahrung der Eigentumsrechte schützenswerter ist als die Wirklichkeit gewordenen Träume von einem kreativen, freien Leben. Die brutale Räumung zahlreicher Häuser durch die Polizei, der Tod des Demonstranten Rattay auf der Potsdamer Straße unter dem Bülowbogen – ich stand wenige Meter danebenen, als der 48er Bus ihn überrollte, nachdem die Polizei uns von dem geräumten Haus, in dem der Hosentaschen-Napoleon L. seine provozierende Pressekonferenz abhielt, vertrieben hatte –, die bis in die späte Nacht dauernden Straßenkämpfe und die wohl größte Spontandemonstration in der Geschichte West-Berlins: alle, die diese 24 Stunden auf der richtigen Seite miterlebt haben, werden sie nicht vergessen können.

Es ist bezeichnend für die Geschichtsschreibung, daß sie zwar den 2. Juni 1967, den 11. April 1968, den Deutschen Herbst 1977 festhält, doch den 22. September 1981 wird man vergeblich suchen. Auch die Hausbesetzerbewegung reflektierte wenig über diesen Tag, wollte sich diese Niederlage nicht eingestehen, hoffte auf eine erfolgreiche Verteidigung der übrigen besetzten Häuser, die im Laufe der Zeit dann schließlich auch geräumt wurden. Lag es am zu kurzen Atem? An der Zerstrittenheit zwischen den

Oben: D.K. als Abgeordneter in einem besetzten Haus in der Danckelmannstraße, Sommer 1983
Unten: Räumungsaktion in der Danckelmannstraße, Sommer 1983

151

Hauserbesetzern, die Verträge schlossen, und denjenigen, die sich weigerten? An den vielen Polizeispitzeln? Die enorme Anstrengung der Instandsetzung der Häuser absorbierte sicherlich viele Energien und nicht selten verführte der neue Status, Hausbesitzer zu sein, auch dazu, sich bequem einzurichten und die Kämpfe der Vergangenheit als Lebensepisode zu betrachten, bei deren nostalgischen Erzählungen sich ja vielen das Herz wärmt. In jeder Protestbewegung tummeln sich politische Konjunkturritter, die nur darauf warten, irgendeine Karriereleiter erklimmen zu können.

Nein, an all diesen und noch vielen anderen Unzulänglichkeiten menschlicher Existenzen scheitert keine kulturrevolutionäre Bewegung. Sie scheitert, wenn sie keine Antwort mehr geben kann auf die Repression des Staates, wenn sie nicht mehr in der Lage ist, der Gewaltspirale dadurch auszuweichen, daß sie völlig überraschend ein neues Feld gesellschaftlicher Widersprüche besetzt. Wäre es z.B. nicht folgerichtig gewesen, nach der Vertreibung aus den Häusern Zelte auf den Hauptverkehrsstraßen zu errichten, um endlich dem Wahnsinn der autogerechten Stadt den Garaus zu machen?

Nach dem Fall der Mauer am 9. November 1989 gab es in Friedrichshain, im Prenzlauer Berg, in Mitte, Treptow und Lichtenberg zahlreiche neue Hausbesetzungen, doch die Räumung zahlreicher Häuser in der Mainzer Straße November 1990 durch einen rot-grünen Senat beendete das kurze Wiederaufblühen der Hausbesetzerbewegung. Die Grünen mußten auf Druck ihrer Basis die Koalition verlassen.

Wenn überhaupt irgendwo die Mauer in den Köpfen des ehedem geteilten Deutschlands schnell überwunden wurde, dann war es in den besetzten Häusern Ost-Berlins. Zahlreiche Jugendliche aus West-Berlin nahmen sich gemeinsam mit Jugendlichen aus Ost-Berlin die leerstehenden und noch unter der SED-Herrschaft zum Abriß bestimmten Häuser. Die Attraktivität der wiedervereinten Stadt war so groß, daß sich dort junge Leute aus der ganzen Welt niederließen. Statt dieses internationale Flair als Bereicherung zu begreifen, das gemeinsame Leben in den besetzten Häusern von Menschen aus allen Erdteilen zu respektieren, ja zu unterstützen, feierte der preußische Polizeistaat die Wiederauferstehung seines rabiaten Rabaukentums und vertrieb Tausende nichtangepaßter Jugendlicher aus der Stadt, um den Untugenden Disziplin, Gehorsam und Ordnung erneut Geltung zu verschaffen. Die gleichen Ost-Berliner Jugendlichen, die noch im Oktober '89 den Polizeitruppen der DDR-Diktatur erfolgreich Widerstand leisteten, standen den Polizeitruppen eines angeblich freiheitlich-demokratischen Gemeinwesens hilflos gegenüber.

Die Konzeption einer sauberen, sterilen Bundeshauptstadt Berlin, in der nichts das Arbeits- und Shopping-Leben einer Nomenklatura von Regierungsbeamten und Geschäftemachern zu stören vermag, diese Konzeption wird nicht aufgehen. Bannmeilen, Polizei- und Bundesgrenzschutz-Präsenz werden nicht verhindern können, daß aufmüpfige Berliner sich des öffentlichen Raumes bemächtigen, aus dem sie verbannt bleiben sollen. Und keine postmodernistische Herrschaftsarchitektur wird verhindern können, daß der Mensch des 21. Jahrhunderts sich die Stadt aneignet, sie verändert und neu gestaltet nach seinen eigenen Vorstellungen.

Dieter Kunzelmann
Berlin - Schöneberg
14.11.1990

An den
Geschäftsführenden Ausschuß der
Alternativen Liste
Badensche Straße 29
1 Berlin - Wilmersdorf

Hochverehrte Konkursverwalter der AL!
Durch die Solidarität mit der Hausbesetzerbewegung
in Berlin (West) konnte die AL am 10. Mai 1981
Sessel im Rathaus Schöneberg instandbesetzen.
Nach den heutigen Räumungen in Friedrichshain
durch eine rotgrüne Koalition heißt es, Farbe
zu bekennen: hiermit gebe ich Euch meinen
Austritt aus der AL zur Kenntnis.
Den Zustand einer nichtbeitragzahlenden Kartei-
leiche seit nunmehr fünf Jahren will ich beenden.
Spätestens seit 1985 ging es mit der politischen Kultur
i der AL stetig bergab! Da fast durch die Bank
dieselben postengeilen abgezwackten KarrieristInnen,
die den Verein zielgerichtet in den politischen Bankrott
geschleppt haben, zur Wahl am 2.12.90 sich durch
eine kleingeistige Funktionärsclique haben auf-
stellen lassen, sehe ich mich auch nicht mehr i
der Lage, Euch zu wählen.
Salute!
Dieter Kunzel

PS: Meine Mitgliedsnummer 100
bitte ich nach meinem Austritt
nicht weiter zu vergeben.

Austrittserklärung aus der AL, 14. November 1990

Wut, Trauer und Empörung – nur so läßt sich umschreiben, was ich empfand, als mich mein alter Freund und Kupferstecher Mao »S.« Meyer darum bat, im Namen der Partei einen Beitrag zum vorliegenden Buch zu verfassen. Mußte ich doch befürchten, in die lange Reihe jener Blödbaumänner und Fasellanghänse zu geraten, die eifrig die Weisheitszähne der Geschichtsschreibmaschine drehen, um aus dem einst Erlebt- und Erlittenen die aktuelle Botschaft des 68er-Lifestyles zu destillieren: Früher Untaten – heute untätig. Aber.

Es gibt ja auch noch Menschen, die wie Sand in diesem Getriebe sind – wunderbarer, perlmuttglänzender, siliziumharter, unverbrauchter, beweglicher Sand. Sand, der die Tastatur der Schreibtischhelden verklebt, die Scheiben der Blender zerkratzt und gemein in den Nasen der Harmonisierer juckt.

Ich will hier, wie ersichtlich, Kunzel als geistesverwandten Freund und Weggefährten über den grünen Klee loben. Gewiß, er hat sich in seinem Engagement für die wichtigste Partei der neunziger Jahre, die Kreuzberger Patriotischen Demokraten/ Realistisches Zentrum (KPD/RZ), nie sonderlich exponiert (und gehört damit zu jenen siebzig Prozent unserer Mitglieder und Sympathisanten, die sich mit dem Ehrentitel »Graue Eminenz« schmücken dürfen), aber mit Rat und Tat steht er der Partei alleweil hilfreich zur Seite, worauf ich später noch zurückkomme.

Ich erinnere mich noch, als ob es vor zehn Jahren gewesen wäre: Unsere erste, wenngleich virtuelle Begegnung ergab sich in einem Dokumentarfilm über Rudi Dutschke (alle Jahre wieder um 22 Uhr 45 in den Dritten Programmen zu sehen), in den ich mich als angebliches »68er-Kinderladen-Kind« hineingeschmuggelt hatte – weder ich noch mein Freund Mao noch Kunzel blieben von jenem Film in bleibender Erinnerung, vielmehr der grandiose Auftritt der qualmenden Bloch, wie sie den Gollwitzer verbal vertrimmte, und Vater »jechen-Fietnamm-und-so« Dutschke.

Nicht lange danach, die KPD/RZ war eben gegründet, war es vor allem deren stellvertretender Vorsitzender Mao »S.« Meyer, der den Kontakt zu Kunzel fand, in ihm einen Gleichgesinnten erkannte und mit ihm und anderen Unverwüstlichen alte Tugenden der Haschrebellen neu belebte (viel kiffen und rebellische Pläne entwickeln nämlich), in jener wenig bekannten »Vollmondgesellschaft« in einer konspirativen Arztpraxis in Schöneberg, für deren Mitglieder der 2. Juni nie zu Ende ging. Es war die Zeit, in der wir von den »Jungen« zu den »Alt-81ern« wurden (inzwischen weiß niemand mehr, was »81« war, und wir sind die »Alt-87er«) und uns fragten, wo zum Teufel Kunzel eigentlich gesteckt hatte, während wir 1981 Häuser besetzten und allerlei Krawall auf den Straßen veranstalteten, um den Regierenden und ihren Bütteln das Leben möglichst schwer zu machen. Die Wahrheit ist, daß er damals im Sumpf der Alternativen Langeweile (die 1981 noch lange nicht so öde regierungsfähig war wie seit Ende der achtziger, erinnert sei nur an die damalige Parole »5% sind genug!«) steckte und sein Bestes gab. Viel mehr als eine Prominenten-Patenschaft für räu-

mungsbedrohte Häuser scheint dabei aber nicht herausgesprungen zu sein, und diese
»Paten« – dabei mußten wir zu oft an elterliche Umarmung und zahnlose Reformpolitik denken, um uns für die dahinterstehenden Menschen ernsthaft interessieren zu
können. Wer konnte schon einen Günter Grass ernstnehmen, der verkündete, er werde nie mehr Lesungen in Berlin halten, wenn sein Patenhaus geräumt werde? Also, für
uns waren das überwiegend liberale Quatschköppe und gehörten auf das Minuskonto
der »Alten«, wo sich schon fast die gesamte »taz« und AL/Grüne darum drängelten,
wer schneller in die linksliberale Mittelmäßigkeit abrutschen würde. Da kam uns doch
der Lorenz-Prozeß gegen die Bewegung 2. Juni, Fritz Teufels B-libi und Ralf Reinders'
»Egal«-TShirt (zur Urteilsverkündung) sehr viel realer vor. Tatsächlich stand Kunzel
irgendwo dazwischen auf zwei Stühlen, oder wie das heißt. Er hatte sich, das sei hier
klargestellt, zu diesem Zeitpunkt bereits durch tätige Reue von seinen maoistischen Ab-
wegen der siebziger Jahre reingewaschen, jener Zeit, als er irrtümlich den bewaffneten
Kampf verurteilt und seine alten Genossen und Genossinnen aufgerufen hatte, die
Knarren niederzulegen (woran er heute ungern erinnert wird). Er mag damals beein-
flußt gewesen sein von der Schärfe der Konfrontation zwischen Staatsapparat und
Linksradikalen, die sich auch darin äußerte, daß die Bullen zu Anfang der siebziger
Jahre auf alle schossen, die ihnen schräg vorkamen, wobei sie etliche Menschen töte-
ten, Beteiligte wie Unbeteiligte – darunter auch Kunzels damals besten Freund Georg
von Rauch, und es hätte wohl auch ihn selbst erwischen können, wäre er zu jenem
Zeitpunkt nicht bereits verhaftet gewesen. Heute trägt Kunzel stets ausreichend Kra-
cher für die Jugend in seinen Jackentaschen bei sich und führt den Kampf mit allen
möglichen erlaubten und unerlaubten Waffen weiter, und wer glaubt, er ließe (gar aus
Prinzip) sich bei allem erwischen, befindet sich auf dem Holzweg. Kunzel ist ein genauer Beobachter der politischen Lage, und nach der Analyse drängt es ihn stets zur
Tat – keineswegs als überdrehter Einzelgänger, wie's oft dargestellt wird, sondern je
nach Notwendigkeit mal allein, mal im Verein, doch stets überlegt.

Zugegeben, es läßt sich nicht leugnen, daß er im öffentlichen Raum oft schwer zu
nehmen ist Manche finden's amüsant, andere strapaziös, oder auch beides, wenn
Kunzel mal wieder wie vom Hafer gestochen umherspringt und sich partout in den
Vordergrund spielen muß. Seine Freunde sehen's ihm gerne nach, denn erstens geht
er damit vor allem den staatstragenden Langweilern auf die Nerven, zweitens ist er
privat ganz anders, ein zurückhaltender, nachdenklicher, fast schon scharpinghaft ru-
higer Mann – es sei denn, im Restaurant mißfällt ihm der zugewiesene Sitzplatz. In
diesem außerordentlichen Notfall scheut er sich nicht, sein profundes Wissen über alle bekannten oder auch nur möglichen Krebsarten bekanntzugeben (die ihn angeblich allesamt plagen) und diverse tödliche Krankheiten zu simulieren, nur um einen
ihm genehmeren Tisch, Stuhl oder Löffel zu bekommen. Hier ist er Querulant, hier
darf er's sein!

Wie macht sich diese besondere Qualität erst bei den zahlreichen Strafprozessen
bezahlt, denen er über die Jahre hin ausgesetzt war …! Hier hat lange Schule wahr-

lich den Meister gemacht: Mutig, unerschütterlich und immer wieder überraschend beherrscht er die Bühne des Moabiter Amtsgerichtes und wird von Richtern und Staatsanwälten beiderlei Geschlechts ebensosehr gefürchtet wie von den Frauen der Gerichtskantine heiß geliebt. Er bereitet sich stets gründlich auf die Prozeßtage vor und weiß genau, wie sich der zentimeterdicke Staub aufwirbeln läßt, der jeden gesprochenen Satz in den Gerichtssälen und -fluren bedeckt. Er zwingt die Gerichtsdienerwachteln, ihm während der Verhandlung Wasser zu holen. Dann macht er den Staatsanwalt wild, indem er sich während der Verlesung der Anklageschrift erhebt und die in seinem fortgeschrittenen Alter unabdingbaren lautstarken Turn- und Dehnübungen vornimmt. Ein anderes Mal treibt er den Eingangskontrollbeamten in Infarktnähe, da er schreit, er habe Platzangst und müsse zwanghaft bei körperlichen Durchsuchungen blind um sich schlagen, wobei er gleichzeitig dem fast bemitleidenswerten Bullen mit einem belaubten Zweig im Gesicht herumfuchtelt. Wie dankbar wird an jenem Tag der Richter gewesen sein, daß Kunzel der Zutritt zum Gericht letztendes verwehrt wurde ... Es versteht sich von selbst, daß Kunzel sich nie und nimmer die Show von einem dahergelaufenen graugesichtigen Milchbubi wie Bürgermeister Diepgen stehlen lassen würde.

Noch einmal will ich auf Kunzels Verbindung zur KPD/RZ zurückkommen. Er war stets Sympathisant der Partei und ein treuer Verbündeter der extremen Mitte, und wo immer die Partei sich anschickte, Chili in die Berliner Lokalpolitiksuppe zu streuen, konnte sie auf seinen beifälligen Beistand und Rat zählen. Daß er nie kandidierte oder als Mitglied agierte, entsprach beiderseitigem Einverständnis, denn bekanntermaßen ist die KPD/RZ eine Partei der Mitte, die sich unmißverständlich abgrenzt von allen extremistischen Bestrebungen staatsfeindlicher Couleur, deren Mitglieder niemals Straftaten begehen oder begingen und die sich mit Parolen wie »Deutsche Polizisten – Gärtner und Floristen«, »Ruhe!« und »Kreuzberg ist nicht Hong Kong« um die freiheitlich-demokratische Grundordnung bemüht wie keine andere Partei. Ich will aber nicht verschweigen, daß eines der erfolgreichsten Partei-Events, nämlich das Musik-Festival »Woodstock bizarr«, das im Sommer 1997 auf dem Bolle-Platz in Kreuzberg anläßlich des zehnjährigen Jubiläums der 87er-Mai-Krawalle veranstaltet wurde, weitgehend Kunzels Idee war. Dafür sagen wir ihm Danke!

Kunzel ist jung geblieben, während um ihn her eine Generation ehemals rebellischer Menschen vergreiste. Er hat sich davon nicht entmutigen lassen, hat viel gelernt in seinem Leben und hört auch heute nicht auf damit. Das Dresdener Hygiene-Museum stellt seine einstige Wasserpfeife als Relikt der Kommune-Zeiten aus – aber drauf geschissen. Der Kampf geht weiter!

Otto »P.P« Feder, Mao »S.« Meyer, Abt. Seniorenbetreuung KPD/RZ,
geschrieben im Sommer 1998

DEM VOLKE
ZWEI JAHRE ABGEORDNETER
DIENEN

Gut zwanzig Monate währte mein Gastspiel als Abgeordneter der »Alternativen Li- 8. Juni 1980
ste für Demokratie und Umweltschutz« im Berliner Abgeordnetenhaus, das seinen
Sitz damals im Rathaus Schöneberg hatte. Vom Sommer 1983 bis März 1985 war ich
MdA. In jener Zeit bestand noch die Zwei-Jahres-Rotation und wir lösten mitten in
der Legislaturperiode die erste AL-Fraktion ab, die am 10. Mai 1981 erstmals ins
Stadtparlament einzog. Nach Hamburg war West-Berlin der zweite Stadtstaat, in dem
eine primär außerparlamentarisch geprägte Bewegung versuchte, engagiert, einfallsreich und noch unangepaßt dem trägen Parlamentarismus, der wenig mit demokrati-
schem Meinungsstreit, jedoch viel mit Parteienoligarchie und Verteidigung von
Pfründen zu tun hat, gegen das Schienbein zu treten.

28.11.83

PRESSEDIENST

Zur Abwanderung des Regierenden Bürgermeister von Berlin (West) ,Richard
von Weizsäcker erklärt der AL-Abgeordnete Dieter Kunzelmann folgendes:

ERFOLGREICHE UNTERWANDERUNG DER ETABLIERTEN PARTEIEN DURCH DIE AL

Durch eine zielgerichtete personelle Unterwanderungspolitik der etablierten
Parteien ist es der AL erneut gelungen, die Rotation eines Regierenden
Bürgermeisters durchzusetzen. Nach Stobbe, Vogel, Weizsäcker und dessen
Nachfolger/in bekommen 1985 die Berliner den fünften Regierenden Bürger-
meister in vier Jahren präsentiert.

Ausnahmsweise entspricht die gestern auf einer Veranstaltung der Jungen
Union öffentlich geäußerte Vermutung von Bürgermeister Lummer den Tat-
sachen:

" Die Alternativen usurpieren immer wichtigere Schaltstellen des Staats-
apparates, um Chaos und Terror in der Stadt zu verbreiten. Durch gezielte
Attacken auf die Würde höchster staatlicher Ämter treibt die alternative
Szene einen Regierenden Bürgermeister nach dem anderen zum Verlust seiner
Glaubwürdigkeit, zur Resignation, zur Amtsflucht."

Von meinem Vertrauensmann im Berliner CDU-Vorstand habe ich soeben
erfahren, daß sich Richard von Weizsäcker mit einem Erich Kästner -
Vierzeiler von seinen Berlinerinnen und Berlinern, deren Wohlergehen
seine Lebensaufgabe bleibt, verabschieden will:

> Was auch immer geschieht:
> Nie dürft ihr so tief sinken,
> von dem Kakao, durch den man euch zieht,
> auch noch zu trinken!

Weder vorher noch nachher gab es Parlamentsfraktionen wie die unsrige, die sowohl durch akribische Sacharbeit wie auch durch spektakuläre Aktionen Aufmerksamkeit erregte, dem Parlament seine ursprüngliche Bestimmung als Tribüne politisch konträrer Meinungen zurückzugeben versuchte. Zwar waren wir ein bunt gemixter Haufen unterschiedlichster politischer Biographien, doch durch die gemeinsame Arbeit, Respektierung der Stärken und Schwächen des anderen und durch offene Auseinandersetzung entwickelte sich ein produktives Kollektiv.

Es bleibt ein fundamentales Gesetz der Mediengesellschaft, jedes Ereignis auf eine Person konzentrieren zu müssen, womit all die anderen Personen, die den gleichen Anteil, das gleiche Engagement an den Aktionen hatten, einfach ignoriert werden. Für mich keine neue Erfahrung, denn auch in der Kommune I gab es Mitglieder, deren Bedeutung für die Existenz der Kommune nicht weniger relevant war als diejenige der drei Personen, natürlich Männer, von denen ausschließlich die Rede war und ist. Mit unserer Rathausfraktion passierte Ähnliches: von Anfang an wurde ich zum Buhmann hochstilisiert, zumal ich in den für die innere Sicherheit West-Berlins relevanten und heiklen Ausschüssen als einziger Vertreter der AL-Fraktion Sitz und Stimme hatte, dem Innenausschuß und dem Rechtsausschuß.

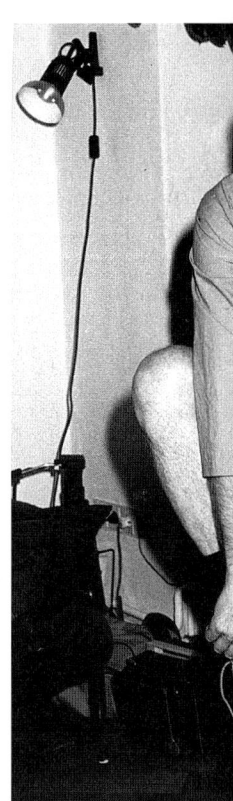

D.K. sammelt Spenden nach Barzels Rücktritt als Bundestagspräsident, 25. Oktober 1984

Ich selbst hatte wenig Probleme in der Rolle des wandelnden Aggressionsobjektes. Denn hinter dieser Aggression verbarg sich nichts anderes als die Angst vor dem Verlust weiterer Wählerstimmen und damit eine unfreiwillige Bestätigung meiner Arbeit. Doch in der eigenen Partei, weniger in der Fraktion, weckte meine (bisweilen nicht ganz unfreiwillige) Medienpräsenz – selbst eine negative ist immer noch besser als überhaupt keine – Eifersüchte und verdrängte Eitelkeiten. Leute, die für sich selbst jegliche Eitelkeit in Abrede stellen, jedoch bei anderen ständig danach suchen, leiden in Wirklichkeit häufig an ihrer eigenen, nicht ausgelebten Eitelkeit. Ich habe es immer so gehalten, uneingeschränkt zu meinen Eitelkeiten zu stehen und sie dann auch offen zu befriedigen.

Es ist die primäre Aufgabe eines Volksvertreters, die Exekutive zu kontrollieren. Dieses profunde Recht als Mitglied der Legislative nahm ich extensiv wahr: Beobachtete bei Demonstrationen die Polizei und die häufig abstrusen Befehle der Einsatzleitung. Tauchte unangemeldet in den Gefängnissen auf, um nach Hinweisen von Gefangenen gesundheitsgefährdende Reinigungsmittel in der Gefängnisküche durch die Kriminalpolizei beschlagnahmen zu lassen: sie waren längst verboten und aus dem Verkehr gezogen, doch die sparsame Gefängnisverwaltung wollte ihr Vorratslager

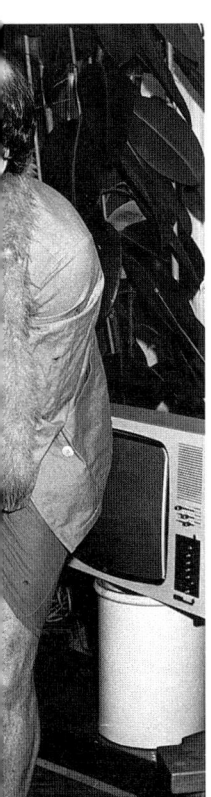

Mitte: Vorbereitung einer Aktion für billigere Nachttaxis für Frauen, 2. Juni 1984. Rechts: Innenausschuß, August 1983

nicht entsorgen, sondern aufbrauchen. Die Rechte eines Abgeordneten schöpfte ich bis an die Grenzen des Zulässigen aus. Nur einmal – vielleicht zweimal, doch die Gefährdung Dritter gebietet hier Schweigen – überschritt ich sie. Die Beratung des Etats des Landesamtes für Verfassungsschutz war einziger Tagesordnungspunkt einer nichtöffentlichen Sondersitzung des Innenausschusses. Dieser geheimnisvolle Etat wird nur diesem Gremium vorgelegt. Bei den Etatberatungen im Plenum werden die Kosten des Verfassungsschutzes in einem oder mehreren Posten im Etat des Innensenators versteckt. Immerhin ging es damals um zwanzig Millionen Mark Steuergelder, verschleudert für die Machenschaften dieser nichtsnutzigen Dunkelmänner. Die Mitglieder des Ausschusses erhalten zu Beginn der Sitzung eine durchnumerierte Tischvorlage des Verfassungsschutz-Etats, die am Ende wieder eingesammelt wird. Notizen dürfen nicht gemacht werden, alles streng geheim, alles sehr geheimnisvoll – fast wie im damals noch existierenden Politbüro der SED.

In Wirklichkeit ist dieser konspirative Ablauf eine reine Farce, denn die etablierten Parteien haben unter sich die Spitzenposition im Verfassungsschutz nach Parteienproporz aufgeteilt und sind deshalb über die anfallenden Etatposten und über wichtige operative Vorgänge bestens informiert. Deshalb stellte auch in dieser Sitzung

D.K. in der Polizeiuniform von 1848 fordert die Einführung einer Kennzeichnung für alle Polizisten, 12. Oktober 1984

außer mir niemand auch nur eine einzige Frage. Ich war berühmt-berüchtigt für mein enervierendes Nachhaken – der rechtslastige Innensenator und Informant des Bundesnachrichtendienstes Heinrich Jodokus Lummer bekannte freimütig Jahre später: »Kunzelmann hat mich Jahre meines Lebens gekostet«. So fiel es weiter gar nicht auf, daß ich unter Benennung des Etattitels und des hierfür vorgesehenen Geldbetrages zu jedem Einzelposten eine Frage vorzubringen hatte. Antworten erhielt ich zwar keine, doch gelangten alle Geldsummen – Zahlen im Kopf zu speichern, gehört trotz meiner Banklehre nicht zu meinen Stärken – auf ein Tonband, das ich in einer Aktentasche unter meinem Stuhl versteckt hatte.

Aufgrund dieses Tonbandes konnten wir nun halbwegs die Anzahl der Beamten des Verfassungsschutzes mit Hilfe des Etatpostens »Personalkosten« ausrechnen, doch ging daraus bedauerlicherweise nicht hervor, daß zur nämlichen Zeit mehrere Mitarbeiter/innen des Verfassungsschutzes in führenden Positionen der Alternativen Liste saßen. Nach dem Fall der Mauer wurde in der Öffentlichkeit bekannt, daß der Pressesprecher unserer Fraktion, mein innerparteilicher Intimfeind Dirk Schneider, IM der Hauptverwaltung A (Aufklärung) war, mit dem infamen Auftrag, besonders während seiner »Tätigkeit« als Bundestagsabgeordneter der AL die Unterstützung der Bürgerrechtsbewegung in Ost-Berlin zu behindern. Wir wunderten uns nur immer, daß für wichtige Kontaktpersonen nach Ost-Berlin plötzlich Einreiseverbot – »Ihr Aufenthalt in der DDR ist unerwünscht«, ich kannte diesen Spruch seit 1969 – verhängt wurde. Ein Fraktionskollege wurde von einer aufreizenden Mitarbeiterin des US-Geheimdienstes ins Bett gezerrt, sie war persönliche Sekretärin des verstorbenen

Einweihung einer Gedenktafel am ehemaligen Kontrollratsgebäude am Kleistpark, 7. Oktober 1983

CDU-Politikers, Parlamentspräsidenten und Filmunternehmers Wohlrabe, von Herbert Wehner auch als »Übelkrähe« tituliert. Mir selbst passierten mehrfach Begegnungen der dritten Dimension, doch mein gutentwickelter Verfolgungswahn rettete mich vor dem Trauma möglicher Erpreßbarkeit.

Die Gefahr, in diesen Geheimdienstdschungel verstrickt zu werden, ist jedoch weitaus geringer als die Gefahr, den Trennungsstrich zum politischen Gegner unmerklich verwischen zu lassen. Die Persönlichkeitsspaltung einer gewissen Spezies von Politikern geht so weit, daß sie keinerlei Skrupel haben, nach einer überaus scharfen verbalen Konfrontation bei einer zufälligen Begegnung im Kasino, in der Kantine oder auf der Toilette zynisch-charmant herumzumenscheln. Sich dem zu entziehen, die nötige Distanz zu wahren, sich nicht umgarnen zu lassen von einer infamen Kameraderie, welche nicht gegebene Gemeinsamkeiten unterstellt, ja selbst Schmeicheleien und Bauchpinseleien wirkungslos verpuffen zu lassen – dazu gehört eine gehörige Portion Selbstbewußtsein. Wobei nicht verschwiegen bleiben soll, daß ich gerade unter konservativen Politikern und Spitzenbeamten aufrechte und hochgebildete Persönlichkeiten kennengelernt habe, die sich wohltuend unterschieden von jenen führenden Sozialdemokraten, die in ihrem opportunistischem Mief immer bereit waren, ihre eigene Meinung der Parteiräson und dem Machterhalt zu opfern.

Am meisten hat die Wirklichkeit mein Vorstellungsvermögen weit übertroffen, wo es um die platte Wahrheit ging: »Die Parteien haben sich den Staat zur Beute gemacht.« Diese Parteibuchwirtschaft trifft nicht nur auf die aufgeblähte Verwaltung zu. Das gleiche mafiose Postenschieben herrscht in den senatseigenen Betrieben und Wohnungsbaugesellschaften, im Kulturbetrieb, den Universitäten, den öffentlich-rechtlichen Rundfunkanstalten, ja selbst in den angeblich überparteilichen Medien. Dieses Netz gegenseitiger Abhängigkeiten, das sorgsam gehütete Informationsmonopol und die Mauschelpolitik erstickt jedes demokratische Gemeinwesen und spült mittelmäßige, kleinkarierte, karriere- und geldgeile Knallchargen in führende Positionen, wo ihre fundamentale Ahnungslosigkeit nur noch von ihrer Ignoranz gegenüber jedem neuen Gedanken übertroffen wird.

Die Monate als Volksvertreter vergingen wie im Flug. Ich fühlte mich sauwohl als MdA und traute mir ohne Selbstbeschädigung noch zwei weitere Jahre zu. Doch nichts bringt eine unerbittliche und sauertöpfische Parteibasis mehr in Rage als das Eingeständnis, Spaß an der Arbeit zu haben. So scheiterte mein Versuch einer Kandidatur zu den Wahlen im Frühjahr 1985, wobei bei der knappen Abstimmungsniederlage die Hausmächte von Verfassungsschutz- und Stasi-Agenten eine nicht unwichtige Rolle spielten. Dieses Mißtrauensvotum gegen meine Arbeit im Abgeordnetenhaus konnte ich nicht nachvollziehen, doch Anbiederei und taktische Winkelzüge gehörten noch nie zu meinem Repertoire. Die Paradoxie dieser Entscheidung wurde später offenbar, als die gleichen Leute, die sich damals für das Rotationsprinzip einsetzten und vehement gegen meine erneute Kandidatur polemisierten, später das nämliche Rotationsprinzip abschafften und seitdem, ohne daß es weiter auffällt, zehn Jahre und länger im Parlament sitzen. Danach beziehen sie beruhigend hohe Ruhestandsgehälter und sind in ihrer Angepaßtheit, Reputationssucht und Biederkeit kaum noch zu unterscheiden von den Abgeordneten der etablierten Parteien. Vielleicht wäre es mir ähnlich ergangen im Laufe der Jahre, denn die Illusion von Macht und Einfluß ist eine starke Droge. Die Verfallszeit der Aufruhrbereitschaft ist bei den meisten Menschen sehr, sehr kurz. Danach schließen sie Burgfrieden mit einer Ordnung, die sie vorher so vehement bekämpft hatten.

Nur einmal stand ich in meiner sonst sehr solidarischen Fraktion mutterseelenallein im Regen: Ich verteilte im Pressezimmer eine fingierte Erklärung, daß der Innensenator am Abend zuvor an einem Treffen stadtbekannter Rechtsradikaler teilgenommen habe. Ein Skandal lag in der Luft, die Telefone liefen heiß, es war kurz vor Redaktionsschluß und auszuschließen war bei diesem Innensenator nichts. Ich glaubte zu wissen, daß er für ein Dementi an diesem Tage schwer zu erreichen sei, doch er war es und konnte glaubwürdig nachweisen, daß er sich in der fraglichen Zeit irgendwo anders aufgehalten hatte, ob in einem Liebesnest oder sonstwo, weiß ich beim besten Willen nicht mehr. Nun begann die vereinte Journalistenmafia zurückzuschießen, denn ich war bei dem Versuch ertappt worden, sie an der Nase herumzuführen. So etwas vertragen die von allen Politikern umschwärmten Damen und Herren Hofberichterstatter nicht. Sie

Kontaktversuch im Wahlkampf, März 1985

kündigten an, jegliche Berichterstattung über die AL-Fraktion zu beenden. Ich wurde nach einstimmigem Beschluß meiner Fraktion unter Kuratel gestellt und mußte in Zukunft jede Presseerklärung einem Mitglied des Fraktionsvorstandes vorlegen. Ich war stocksauer, verschwand für ein paar Tage und überlegte, ob ich den ganzen Kram hinschmeißen sollte, denn allein an zwei Fronten zu kämpfen, wäre über meine Kräfte gegangen. Das wirklich dicke Ende kam nach Wiederaufnahme meiner Arbeit: meine Freundin war – zu Recht – derart empört, daß ich meinen Konflikt mit der Fraktion nicht mit ihr diskutiert hatte, sondern tagelang an einem ihr nicht bekannten Ort still vor mich hinbrütete, daß sie all mein in ihrer Wohnung befindliches Geraffel, vom vertraulichen Innenausschußprotokoll bis zur Unterwäsche, in Plastiktüten packte und wortlos in mein Abgeordnetenzimmer feuerte. Ach Marina, wie hab ich dich bewundert …

Als ich Anfang 1981 nach Berlin kam, stand gerade der Stobbe-Senat auf der Kippe. Garskis Geschäfte im Wüstenland, der lange gärende Überdruß an einer satt und matt schmarotzenden SPD des öffentlichen Filzleistungsbetriebs, dazu der Skandal im Wohnungsbau, der selbst manche gestandene Alt-Berliner zu Sympathisanten von Hausbesetzern machte – da kommst du ja zur rechten Zeit, dachte ich; laß doch mal sehn, wie der Parlamentarismus in solcher Stunde aussieht.

Einer, der das schon immer gern getan hat, ist der Bürger Dieter Kunzelmann, den man getrost als alternativen Berufspolitiker bezeichnen kann. Nur einem so erfahrenen Beobachter und Partizipant der Berliner Politik konnte es deshalb auch gelingen, die abstrusen, peinlichen, ja pathologischen Szenen dieser Parlamentssitzung noch vor Stobbes Rücktritt mit einem einzigen Wort auf den Begriff und mit einer einzigen Geste auf den Punkt zu bringen. Kunzelmann, eingekeilt zwischen Presseleuten, Sympathisanten und Ordnern, reckte in einer jeremiadischen Geste den Arm gegen den schweißgebadeten Regierenden Bürgermeister und rief mit einer Stentorstimme, die die langen Jahre von der Subversiven Aktion über die K I und den Knast verriet: »Lüge! Lüge! Lüge!« Es war ein großer Augenblick, fand ich, das Alte Testament hatte Eingang gefunden in das Hohe Haus, ein Blitz war niedergefahren, Politik war ein schmutziges Geschäft, Politik war Lüge, es stand ihnen allen auf der Stirn geschrieben, und der Bürger Kunzelmann wurde aus dem Saal entfernt. Am Abend war indes auch der Senat entfernt, nicht aus dem Saal, aber aus der Macht, ja, diese Szene belegte es: Man kann Personen aus Hohen Häusern entfernen, Worte indes nicht und auch nicht das, wofür sie stehn, die Taten.

Ich bin wahrlich kein Wähler der Alternativen Liste, aber daß Dieter Kunzelmann heute als AL-Vertreter im Berliner Abgeordnetenhaus sitzt und aufpaßt, geht für mich völlig in Ordnung. Wir haben alle unsere Vergangenheit, auch heutige Bundesminister, und daß einige von uns mit unserer besonderen Vergangenheit immer noch oder wieder in Berlin leben und das aller Voraussicht nach auch noch tun werden, wenn die Westdeutschen endgültig vergessen haben, wozu Freiheit da ist, das hängt doch sehr mit dieser Stadt zusammen, mit dem, was sie gibt und was sie nimmt. In irgendeinem Aschaffenburg oder Iserlohn sind wir alle geboren, in irgendeinem Wedding oder Schöneweide, und manchmal endet man dann wegen irgendwelcher alten und neuen Geschichten in Frankenthal, Buxtehude oder Britz. Aber nirgendwo in Deutschland bekommt man drastischer vorgeführt als in Berlin, daß die Summe von Millionen alter und neuer Geschichten die Geschichte des eigenen Volkes ist, daß all diese Geschichten, die wir hören und lesen und selbst erleben, vergessen und wieder erleben, deutsche Geschichten sind, deutsche Geschichte, noch immer zusammengefaßt und in Quadern getürmt in Berlin. Weit weg von der BRD und inmitten der DDR behauptet dieses Berlin noch immer, daß es Deutschland gibt und Europa mehr sein kann als ein verkrachter Freihafen, ein Babylon der Bürokraten und der Sandkasten für die Militärs in Washington und Moskau. Auch deshalb bleiben wir hier.

Berlin formt. Ich weiß nicht, was das Gerede von New York soll, Berlin formte einmal deutsche Literatur und Kunst, als diese in ihrer letzten und allergrößten Blüte stand, in ihrer europäischen Blüte, die erst im Exil, in den Lagern und im Krieg verschwand. Große Namen gibt es hier heute nicht mehr viele, große Stile auch nicht, wo finden die erregenden geistigen Debatten unserer Zeit statt? Gewiß nicht im satten, matten Europa, ich könnte mir vorstellen in sibirischen Gulags, in vietnamesischen Umerziehungs-

»Lüge! Lüge! Lüge!«, 15. Januar 1981

lagern, in geheimen Laboratorien in der Mandschurei oder der Antarktis, und ihre Ergebnisse werden keine neue Stilrichtung in der Kunst begründen. Aber noch immer formt diese Stadt, sie fordert und sie fördert auch Erkenntnisse, die ihre Anschaulichkeit gerade aus der Spannung zwischen dem östlichen Sozialismus und den oft fragwürdigen Freiräumen bezieht, die der westliche Subventionskapitalismus hier ausstellt. Wo immer man die Akzente setzen mag: Diese Anschaulichkeit gibt es nicht in Bad Tölz und nicht auf St. Pauli.

Es gibt sie auch nicht gratis. Mögen vielleicht geschäftstüchtige Spekulanten diese Stadt als Tummelplatz ihres spezifischen Schmarotzertums empfinden, für uns, die wir auch nicht im öffentlichen Dienst stehen, heißt Leben in Berlin zulegen und die Spuren genauer verfolgen. Das haben Hauptstädte so an sich, und wenn dieses westliche Berlin auch längst keine politische und ökonomische Metropole mehr ist, es bleibt die einzige Metropole der Bundesrepublik, die immer noch Anspruch darauf hat, auch eine europäische Metropole zu sein, Großstadt eines Kontinents, der ja auch noch das Goldene Horn am Bosporus umfaßt. Wenn Europa noch einmal politisch und geistig hochkommen will, dann nur, wenn es uns gelingt, im Schlamm und Moder seiner tödlichen Ismen wieder die Konturen zu erkennen, die große Europäer wie Camus diesem Kontinent zu geben versuchten. In Berlin wird klar, wofür Europa stehen muß, wenn es denn stehen will: Unabhängigkeit, nicht Anpassung; Rationalität, nicht Aberglaube; Freiheit, nicht Unterwerfung. Und so empörend es für viele hier klingen mag: Bürger wie Kunzelmann braucht diese Stadt nötiger als eine neue aufregende Mode und ein Dutzend zugereiste Politiker.

Jörg Fauser, veröffentlicht in »tip« 23/ 4. November 1983

EIN REGIERENDER
■ UNTER SCHWEDEN
ALS RINGKÄMPFER

Die Mediengesellschaft hat es auf perfide Weise geschafft, jedes Ereignis in seiner al-
lerverkürzesten Form zu reproduzieren. Dadurch wird es nicht selten bis zur Un-
kenntlichkeit entstellt. Dieses Bild (rechts) ist ein Paradebeispiel dafür. Mehr als zwei
Sätze unter ein Presse-Photo sind verpönt, womit zwangsläufig der Hintergrund der
festgehaltenen Situation ausgeblendet bleiben muß. Doch ohne Kenntnis der Vorgeschichte zeigt dieses Photo lediglich eine belanglose Rangelei zwischen erwachsenen
Halbstarken. Welch ein Irrtum!

Am Anfang stand ein Interview, in dem ich den Berliner Senat wegen seiner Ver-
strickung in mehrere Bauskandale eine »kriminelle Vereinigung« nannte. Nach langem Zögern stellte der Senat durch den Regierenden Bürgermeister (auf dem Photo
links), die für die Strafverfolgung nötige Strafanzeige, und die Berliner Staatsanwaltschaft erhob Anklage wegen »Beleidigung eines Verfassungsorgans« gegen die beiden
Journalisten, die das Interview geführt hatten, gegen den presserechtlich Verantwortlichen und gegen mich. Da ich den Wahrheitsbeweis für meine Äußerung antre-

Kostümprobe in der Wohnung von Antje Krüger, 26. Juni 1987

ten wollte, stellte mein Verteidiger, Hajo
Ehrig, zu Beginn des ersten Verhandlungs-
tages den Antrag, alle Prozeß- und Ermittlungsakten gegen Politiker, Senatoren,
hohe Finanzbeamte, Baustadträte, Bauunternehmer und einen Bordellbesitzer namens Schwanz herbeizuziehen. Als uns
dieses lautere Begehren vom Moabiter
Amtsrichter verwehrt wurde, verlor ich
das Interesse am Verfahren und entfernte
mich während einer Prozeßpause diskret
aus dem Kriminalgericht Moabit. Der Prozeß wurde vertagt und ein Vorführhaftbefehl gegen mich erlassen. Dies bedeutet,
daß der Angeklagte am nächsten Prozeßtag in den frühen Morgenstunden von der
Polizei aus der Wohnung, in der er gemeldet ist, abgeholt wird, um pünktlich zu
Prozeßbeginn aus der Zelle vorgeführt
werden zu können.

Die korrekte Bildlegende kann laut D.K. nur heißen:
»Außer sich vor Wut traktiert der Regierende Bürgermeister während der feierlichen Eintragung des schwedischen Ministerpräsidenten ins Goldene Buch der Stadt Berlin den seit Monaten mit Haftbefehl gesuchten Mitbürger Dieter K.. Mit Toupet und modischem Samt-Anzug samt Krawatte verkleidet, mischte sich der stadtbekannte Ex-Abgeordnete unter die schwedischen Gäste, ergriff als erster das Wort und beschimpfte angesichts des Berliner Bausumpfes den Senat erneut als eine kriminelle Vereinigung.«

Durch die zahlreichen Hausdurchsuchungen, die ich über mich ergehen lassen mußte – besonders exzessiv zu Kommune-Zeiten – angeödet, entschloß ich mich nach meiner fünfjährigen Haft 1975, nie wieder dort zu wohnen, wo ich gemeldet war. Also erfolgte auf den erfolglosen Vorführhaftbefehl ein erfolgloser Haftbefehl, der Prozeß platzte und ich spielte mal wieder begeistert Untergrund. Hierfür bietet Berlin, selbst das damalige halbe, ideale Voraussetzungen, denn Berlin war, ist und wird auch als Hauptstadt nie etwas anderes bleiben als die addierte Summe zahlreicher Städte und Dörfer. Statt von Wuppertal nach Augsburg, von Bamberg nach Tübingen zieht man bei einem Haftbefehl oder sonstigem Ungemach von Kreuzberg in den Wedding oder von Schöneberg nach Nikolassee.

Da ich jedoch erreichen wollte, daß der Senat ohne Strafverfolgung von allen Bürgern als eine »kriminelle Vereinigung« bezeichnet werden darf, suchte ich nach einer passenden Gelegenheit, mich der Justiz zur Verfügung zu stellen. Der Staatsbesuch des schwedischen Ministerpräsidenten schien mir hierzu sehr geeignet, denn für eine

FREIE UNIVERSITÄT BERLIN

Herrn
Dieter Kunzelmann
c/o Alternative Liste
Badensche Str. 29

29.2.1988

1000 Berlin 31

_____

Sehr geehrter Herr Kunzelmann,

im Auftrag des Präsidenten der Freien Universität Berlin darf
ich Sie zu der im Sommersemester 1988 geplanten UNIVERSITÄTS-
VORLESUNG "1968 - Vorgeschichte und Konsequenzen" einladen.

Herr Dr. Lönnendonker, Prof. Dr. Pirker sowie Herr Dr. Staadt,
die die obige UNIVERSITÄTSVORLESUNG konzipiert haben, teilten
uns mit, daß Sie liebenswürdigerweise bereit sind, am 18.5.1988
gemeinsam mit Herrn Dr. Dirk Müller (Berlin) - Diskussionslei-
tung: Jochen Staadt - einen Vortrag zum Thema

                  Provokation als Öffentlichkeit

zu halten.

Die Vorlesung findet statt um 16.00 Uhr im Hörsaal C, Henry-
Ford-Bau, Garystr. 35, 1000 Berlin 33.

Wir danken Ihnen für Ihre Bereitschaft, den Vortrag zu halten,
und freuen uns, Sie als unseren Gast begrüßen zu dürfen.

                        Mit verbindlichen Empfehlungen

                        Dr. Horst W. Hartwich
                        Leiter des Universitätsaussenamtes

Teilnahme am Empfang in der Brandenburg-Halle des Schöneberger Rathauses mit den üblichen Ansprachen, der obligatorischen Eintragung ins Goldene Buch und all dem übrigen Tamtam benötigte ich nur eine Einladungskarte und ein Toupet. Die nötige Ortskenntnis in diesem labyrinthischen architektonischen Monstrum hatte ich mir in den zwei Jahren meiner Abgeordnetentätigkeit von 1983 bis '85 verschafft. Ich wußte, durch welche Seitentür die schwedische Delegation die Halle betreten würde und genau dort postierte ich mich. Als die Tür sich öffnete, Personenschützer den Weg freimachten für die staatlichen Würdenträger, mischte ich mich als Schwede unter Schweden und bestieg das feierlich mit Blumen geschmückte Podium.

Doch dann unterlief mir ein schwerwiegender Fehler. Ich trat für alle überraschend als erster ans Mikrophon und fing an zu sprechen. Aber all meine Verwandlungskünste waren mit ein, zwei Sätzen hinfällig geworden, denn zuviele der anwesenden Gäste, Sicherheitsbeamten (und besonders der Rabauke links auf dem Photo) kannten meinen markanten oberfränkischen Dialekt, mit dem ich sie allzu häufig traktiert hatte. Ich hatte eine polemische Rede gegen die undemokratische Abriegelung von Kreuzberg während des Reagan-Besuches wenige Wochen zuvor im Kopf, die ich dann leider nicht mehr halten konnte. Niemand vernimmt eben seine eigene Stimme im Moment des Redens; wenn ich mich selber über Mikrophon oder Mitschnitt sprechen höre, erschrecke ich über meine Aussprache und schalte peinlich berührt ab.

Was sich nach meiner Enttarnung abspielte, ist mit der Bezeichnung »totale Konfusion« noch untertrieben. Vielleicht sind es diese Sekundenerlebnisse, in denen die hohle Wohlgeordnetheit ritueller Abläufe ins absolute Chaos hinabstürzt, die das Leben eines Aktionspolitologen so aufregend machen.

Obwohl sich sofort mehrere Personenschützer auf das Podium schwangen, während die schwedische Regierungsdelegation leicht verwirrt, doch gelassen der Dinge harrte, ließ es sich die Weddinger Hinterhof-Führungsfigur einer von mir öffentlich überführten »kriminellen Vereinigung« nicht entgehen, persönlich Hand an mich zu legen. Diesen Augenblick hält also das Photo fest.

Zwar wurde ich nachher unter Ausschluß der Öffentlichkeit vom Personenschützer des Regierenden Bürgermeisters, einem austrainierten Kickboxer, noch übel malträtiert – diese Typen empfinden derartige Situationen immer als persönliche Niederlage und beginnen dann ähnlich wie ihr Chef durchzudrehen –, doch das von mir selbst gesteckte Ziel war erreicht: der Haftbefehl konnte vollstreckt und das Verfahren wegen der Kennzeichnung des Berliner Senats als einer »kriminellen Vereinigung« neu terminiert werden. Knapp fünf Wochen später begann der Prozeß erneut und endete dank der Bemühungen meines Verteidigers Ehrig mit Freispruch.

... war oft, d.h. die meiste Zeit abwesend, wohnte an geheimgehaltenem Ort, nur wenigen Menschen bekannt, aber ordnungsgemäß bei mir gemeldet und dies seit fast zehn Jahren. Ich leitete Telefongespräche weiter, besaß eine Postvollmacht und konnte das Postgeheimnis, was Dieters Post betraf, außer Kraft setzen. (Fast) jeden Brief an Dieter durfte ich öffnen, besonders die »Blauen« vom Amtsgericht Berlin-Moabit, die ich dann eiligst unter Beachtung der größtmöglichen Konspiration weiterleitete. Auf seinen gebetsmühlenartig wiederholten Vorwurf hin, ich sei so selten zu Hause und, da ich keinen Anrufbeantworter hätte, unerreichbar (für ihn) –, legte ich mir dann endlich auch eine »Fridoline« zu.

Für eine »Nachricht« von Dieter reichte nicht die Länge eines Bandes. Sie bestand in der Regel aus 1. einem dringend – eiligst – zu erledigenden Auftrag; 2. politischer Einschätzung der Tagespolitik unter Verwendung deftigster fränkischer Beschimpfungen gegen grüne Politiker (deine Partei!); 3. der Ankündigung eines Besuches oder dicken Umschlages (ich wurde mit Kopien, Ladungen, Pressespiegel auf dem laufenden gehalten); 4. dem Erkunden meiner Befindlichkeit und dem meiner Familie plus 5. Ratschlägen zu Pflanzen – sprich Hanfpflege. (»Du solltest mal meinen Sommergarten im Seitenflügel sehen« oder »Du hast die Pflanzen wieder in Schwung gebracht, aber es fehlt ihnen an Licht, Luft und Ansprache.«) Meist brach das Band dann abrupt ab. Ich rief zurück, wir setzten den »Monolog« fort oder ich sprach mit seiner »Fridoline«, die mich immer wieder von neuem mit ihrer »Stimme« überraschte. Mal brüllten Löwen, mal hörte man Nachrichtensprecher, mal die Stimme von Max Raabe. Er wechselte mindestens wöchentlich die »Ansagen« ...

Natürlich besaß Dieter den Schlüssel zu »seiner« Wohnung. Er schaute oft selbst nach Post und dem »Rechten«, lieh sich Bücher aus, die er gewissenhaft mit kommentierenden gelben Zettelchen zurückgab, hinterließ kleine Installationen aus Aschenbechern, Räucherstäbchen und gebrauchten Teebeuteln mit Schriftstücken, die mit »Carola persönlich« versehen waren, denn: vor der Familie kann man nie sicher sein; vor allem nicht vor den Söhnen, deren »fehlgeschlagene Erziehung« oft eine pädagogische Exkursion auslöste.

Schaffte ich es nicht, Dieters Post persönlich vorbeizubringen, schickte ich sie ihm, nicht ohne passenden Comic oder Spruch zwecks Erheiterung und Erhellung unseres Alltags. Wir hatten unseren postalischen Spaß. Natürlich ging ich nicht zum soundsovielten Mal jubelnd zum Postamt, um diverse Einschreiben abzuholen. Am Schalter kannten Dieter alle, wollten wissen, wie es ihm geht, bestellten Grüße. Fiel sein Name, feixten sie. Einmal – erzählte er mir – kam er selbst kurz vor Schließung zum Schalter. Noch zwei Stunden später saß ein Grüppchen von Postangestellten im Postamt und amüsierte sich köstlich mit ihm über seine Geschichten aus dem »Untergrund«!

Woher den Anzug (dunkel!) bekommen, um beim Empfang des schwedischen Premiers Carlsson (1987) – auch uneingeladen – zu bestehen? Er bekam ihn durch mich;

18. März 1989

er sah nicht unflott damit aus. Diepgen hatte ihn fast nicht erkannt. Wenn mir seine Anweisungen im Befehlston den Geduldsfaden reißen ließen, versuchte Dieter, mich bei Laune zu halten, z.B. variierte er seine Anreden in einer Mischung von Mitgefühl und Ehrerbietung: »Geehrte Schwerstarbeiterin!«, »Hallo, Schwester des bekannten Herrn Wagemann« – mein Bruder arbeitete für die Treuhand, und es erschienen Artikel in der Zeitung, was Dieter schwer imponierte –, »Verehrte Frau Hauptmieterin!«, »Der von allen Berbern verehrten Obdachlosenhelferin Carola, vom Häuptling der Schöneberger Clochards!«. Er taufte sogar eine Waschmaschine, die ich ihm schenkte, nach mir: Caroline.

Wir saßen, vielleicht vor drei Jahren, in meiner (unserer) Küche und redeten – ganz normal, das kam auch vor –, da fiel Dieter ein, daß seine Mutter Geburtstag (85) hatte. Er rief an, um zu gratulieren, recht kurz und barsch, wie ich meinte. Ich bat ihn, mir den Hörer zu geben. Nach meinen Glückwünschen klagte sie mir ihr Leid: Ob ich denn nicht auf ihren Sohn (55) etwas Einfluß hätte, damit aus ihm mal was Anständiges wird, daß er einen Beruf erlernt bzw. ausübt … Ich versprach ihr, mein Möglichstes zu tun.

»Mit Eiern gegen das Establishment. Die Spaßguerilla als Element des politischen Widerstandes Ost und West«. So lautete der Titel einer Veranstaltung im Haus der Demokratie, Dezember 1994, bei der Dieter auf dem Podium saß. Die Veranstaltung endete mit praktischen Beispielen, u.a. dem Vorführen der Eierwurfmaschine von Kurt Buchwald. Niemand traute sich, sie an sich testen zu lassen. Ich traute mich und wurde mit einer Beule belohnt und der Teilnahme an einer subversiven Aktion, deren Geburt in anschließender »Nachbesprechung« stattfand. 1995 sollte von Christo der Reichstag verhüllt werden. Unter Vorsitz von Kurt Buchwald, seinem »Amt für Wahrnehmungsstörung (Ost)« und Dieter (Spaßguerilla West) wollten wir am verhüllten Reichstag ein zeitweises Photographierverbot durchsetzen. Der Zeitraum der Verhüllung rückte näher, der Vorbereitungsstreß steigerte sich. Zu unterschiedlich waren die Biografien und die Herangehensweisen an solch subversive Aktion.

Dieter arbeitete unter höchster nervöser Anspannung und Einhaltung aller konspirativen Regeln (gelernt ist gelernt) einen generalstabsmäßigen Plan aus, Kurt vertrat mehr den laissez-faire-Weg. Es gab Auseinandersetzungen, harte Worte. Wir anderen ordneten uns zu bzw. unter. Wir mußten – ohne aufzufallen – mit riesigen Transparenten und unseren Verkleidungen (»Photographieren verboten«) auf's Reichstagsgelände gelangen. Dieter fürchtete Festnahme und Verhaftung schon im Vorfeld – stattdessen wollte uns ein Polizist beim Tragen helfen.

Es wurde ein großer Erfolg. Presse und Photographen stürzten sich auf uns, fotografierten unsere Aktion (trotz Verbots!) anstatt den verhüllten Reichstag. Die Reaktionen der Touristen waren höchst unterschiedlich. Ausländer reagierten meist amüsiert, einige wollten gleich mitmachen, andere, hauptsächlich Deutsche, fühlten sich durch uns derart provoziert, daß sie das Photographierverbot mit »Faschismus« verwechselten! Dieter diskutierte ohne Pause, er lief zu Höchstform auf, seine Argumente gingen ihm nicht aus (»Die Aura des Kunstwerks würde zerstört …«). Anschließend verfolgten wir in einer Künstlerwohnung am Schiffbauerdamm unsere Videoaufzeichnung und bogen uns vor Lachen. Es war die einzige und letzte Aktion, die ich mit Dieter erlebte, ohne Festnahme, Strafandrohung oder Prozeßlawine.

In der Zeit seines Untertauchens genoß ich die Ruhe, keine Verpflichtungen, Aufatmen, klar würde ich ihn im Knast besuchen, ihm behilflich sein. Ich redete auf ihn ein, sich freiwillig zu stellen. Dreimal stand die Polizei in dieser Zeit vor der Tür: Hausdurchsuchung, Gefahr im Verzug, d.h. ohne Voranmeldung. Nicht gerade lustig, aber ich war ja vorbereitet auf die freundlichen jungen Männer mit oder ohne Uniform.

Am 3. April 1998, meinem 48. Geburtstag, kam der erste Anruf um 7.30 Uhr. Zu früh für eine Gratulation, dachte ich noch. Eine Reporterin fragte, was ich von der Todesanzeige des Dieter Kunzelmann hielt … Ich war geschockt, wollte es nicht fassen, wurde aber auch wütend, warum mußte er mir meinen Geburtstag verderben? Besuche, Anrufe, Nachfragen der Presse rissen nicht ab. Das Wechselbad meiner Gefühle an diesem Tag läßt sich kaum beschreiben.

Carola Wagemann, geschrieben im Sommer 1998

ICH DACHTE IMMER

NUR AN DAS EINE

Die Entdeckung der Eier als Wurfgeschoß war eine Errungenschaft der antiautoritären Bewegung in Berlin-West. Ob roh, gekocht oder mit Farbe gefüllt – bei richtiger Plazierung wie z.B. 1967 an der Fassade des Amerika-Hauses erreichten sie einen Wirkungsgrad, den ihre weitläufig Verwandten, die Eierhandgranaten, niemals zu erzielen vermocht hätten. Gemeinsam mit China-Krachern gehörten Eier zur Grundausstattung jedes Demonstranten, die Frauen bevorzugten eher faules Obst und überreife Tomaten. Doch mit zunehmender Knüppel-Schlagkraft der Polizei gerieten die symbolträchtigen Eier ins Hintertreffen und viereckige »Argumente«, deren einziger Vorteil war, daß sie nicht in den Kleidertaschen zerdrückt werden konnten, traten ihren zwiespältigen Siegeszug an.

Massenhaft neu entdeckt wurden die Eier als Argumente im politischen Meinungsstreit erst wieder am 8. November 1992 im Berliner Lustgarten. Ein wahrer Eierregen, ausschließlich rohen Kalibers, ergoß sich auf eine von Berufsheuchlern besetzte Tribüne. Um die Legitimität dieser neu entstandenen Protestkultur gerichtlich bestätigen zu lassen, entschloß ich mich zur Selbstanzeige. Der Prozeß endete mit Freispruch und würde, besonders wegen der Aufgeschlossenheit des Moabiter Amtsrichters Fischer (»Es gibt noch Richter in Berlin!«), eine gesonderte Würdigung verdienen.

Frühjahr und Sommer 1993 waren in Berlin geprägt von den Protesten gegen die Bewerbung für die Austragung der Olympischen Doping- und Kommerzspiele im Jahre 2000. Die Absichten des Senats und seiner Sponsoren lagen offen auf dem Tisch: der Metropolenanspruch der Provinzhauptstadt sollte herausgestrichen und gewachsene Stadtstrukturen noch dreister zerstört werden. Trotz vieler Claqueure in den Medien, der üblichen (aber in diesem Falle zu sparsam ausgefallenen) Bestechung von IOC-Mitgliedern – geriet die Abstimmung des IOC in Monte Carlo am 23. September 1993 zum Desaster ohnegleichen. Etliche Millionen Mark Steuergelder waren verpraßt, Beweismaterial für die mafiosen Zustände in der Olympiagesellschaft durch den Reißwolf gejagt, doch die hierfür verantwortliche politische Führung dachte nicht einmal an Rücktritt.

Um von ihrer schmählichen Niederlage als Olympiabewerber abzulenken, mußte schnell ein neues Prestigeobjekt abgefeiert werden: der Erste Spatenstich am Potsdamer Platz am 11. Oktober 1993, inszeniert vom blamierten Olympiasponsor Mercedesdebis und seinen Geschäftspartnern im Roten Rathaus. Bereits beim Grundstücksverkauf gab es undurchsichtige Machenschaften – auf Anweisung der zuständigen EG-Kommission mußte debis knapp 40 Millionen DM nachzahlen. Der wirkliche

Dieter Kunzelmann

<u>1 B e r l i n 62</u>

Schöneberg
Freitag,der 13.Nov.1992

Sehr geehrter Herr Staatsanwalt Carlo Weber!

Nach all den Aufgeregtheiten in der veröffentlichten Meinung,
im Bundestag und in der Berliner Stadtverordnetenversammlung
über die ermutigende Demonstration am 8.November 1992 in Berlin
gegen Ausländerhaß und gegen all die heuchlerischen Politiker,
die aus niedrigen Beweggründen die Feindbilder Asylbewerber
und Flüchtlinge mitproduzieren, meldet sich nun lautstark
mein persönliches Gewissen.

Hiermit zeige ich an, daß ich während der Abschlußkundgebung
im Lustgarten am 8.11.92 mit großer Begeisterung und tiefer
innerer Überzeugung ein märkisches Landei der Güteklasse A
in Richtung Staats-Tribüne mit meiner linken Wurfhand ge -
schleudert habe. Ob das Ei sein Ziel - den ehemaligen In -
offiziellen Mitarbeiter des Ministeriums für Staatssicherheit
der DDR und derzeitigen Ministerpräsidenten von Brandenburg -
erreicht hat, entzieht sich bedauerlicherweise meiner Kenntnis,
da ich wg. eines Polizeieinsatzes an der Inaugenscheinnahme
von Flugbahn und Landung meines Frischeies gehindert wurde.

Entgegen meiner jahrzehntelang geübten Gewohnheit, jegliche
Unterstützung von Ermittlungstätigkeiten seitens Ihrer Behörde
bei politischen Straftatbeständen zu verweigern, versichere
ich Ihnen in dieser hier selbst zur Anzeige gebrachten Straf -
tat, daß ich im Interesse einer rechtsstaatlichen Aufklärung
und gerichtlichen Sanktionierung zu einer innigen Kooperation
mit der Berliner Staatsanwaltschaft bereit bin.

Hochachtungsvoll

Dieter Kunzelmann

Ladung zum Termin am

Datum	Uhrzeit	Stockwerk	Raum
7. Dezember 1992	9.00	III	837

Sehr geehrte Dame! Sehr geehrter Herr!

Gegen Sie ist die/eine Beschuldigung erhoben worden:
Sie sollen am 8.11.1992 in Berlin -Mitte, Lustgarten, ein Ei in Richtung auf den
Ministerpräsidenten von Brandenburg, Manfred Stolpe, geworfen haben. Ob dieses Ei
traf, konnte nicht geklärt werden.
Da zur selben Zeit weitere Eier-, Obst- und STeinwürfe in Richtung auf die Redner-
tribüne, auf der u.a. auch der Bundespräsident stand, geworfen wurden, könnten Sie
sich durch den Wurf wegen Landfriedensbruchs, Verunglimpfung des Bundespräsidenten
und Beleidigung gem. §§ 125 Abs. 1, 90, 185, 52 StGB schuldig gemacht haben.
Zur weiteren Aufklärung ist eine ergänzende Vernehmung erforderlich.
Hierüber sollen Sie vernommen werden.

EVANGELISCHE KIRCHE IN BERLIN-BRANDENBURG

Der Konsistorialpräsident

K. -- Nr. --

Bei Beantwortung wird um Angabe
der Geschäftsnummer gebeten

1020 Berlin, den 29. Juni 1987

Neue Grünstraße 19 - 22
Fernsprecher 2 00 30

Herrn
Joachim Herrmann
Sekretär des Zentralkomitees
Mitglied des Politbüros

Berlin

Sehr geehrter Herr Herrmann!

Bitte gestatten Sie, daß ich Ihnen unmittelbar nach dem Evangelischen Kirchentag Berlin herzlich für die offensive Informationspolitik unserer Medien zum Kirchentag danke! Sachlich, umfassend
und wohlwollend wurde unser Kirchentag in Fernsehen, Rundfunk und
Presse dargestellt und der gesamten Öffentlichkeit das richtige
Bild einer vielgestaltigen religiösen Groß-Veranstaltung vermittelt, die für evangelische Christen in der Deutschen Demokratischen Republik eine große Ermutigung brachte.

Diese Informationspolitik war deshalb besonders wichtig, weil
einige westliche Medien versuchten, unter Mißbrauch des Kirchen-
tages die Reihe von Provokationen gegen die DDR fortzusetzen.
Sie haben unwesentliche Randerscheinungen als Hauptsache dargestellt, um den Eindruck von Turbulenzen in der DDR-Kirche und
damit der DDR zu vermitteln. Ich habe selbst erlebt, wie ein
Korrespondent der ARD nachts um 3.00 Uhr versuchte, christliche
Jugendliche zu Aussagen über Vorgänge Pfingsten am Brandenburger
Tor zu provozieren. Zu meiner Freude haben die Jugendlichen spontan richtig reagiert: Ein Punk warf ein Ei auf den Korresponden-
ten, und die übrigen empfohlen ihm, schlafen zu gehen.

In der gegenwärtigen Situation haben viele Christenmenschen bei
uns die Solidarität der Medien der Deutschen Demokratischen Republik dankbar empfunden.

Mit vorzüglicher Hochachtung

Stolpe

Skandal aber waren die Bebauungspläne der Privatunternehmer im Herzen der
Stadt. Selbst die Brache Potsdamer Platz mit durchbrochener Mauer strahlte mehr
Charme aus als die geplanten Panzerglas- und Betonfestungen mit postmodernem
Schnickschnack.

Statt humane Stadtkultur architektonisch neu zu erfinden, bestimmen Quadratme-
terpreise, Nutzungsflächen, Tiefgaragen das geschundene Gesicht einer Stadt. Inso-
weit stellt der Potsdamer Platz ein Mahnmal für kommende Generationen dar: für die
Kulturfeindschaft der Großkonzerne und die Mediokrität politischer Verantwortung.

Die Dessauer Bauhaus-Kommune, deren Intention eine spielerisch-schöpferische
Selbstverwirklichung menschlicher Leidenschaften und Utopien als Gesamtkunst-
werk war, würde sich angesichts der straffrei bleibenden Verbrechen egomanischer, gi-

U-Bahn-Eingang Potsdamer Platz, Juli 1990

UNITÄRER URBANISMUS

Der unitäre Urbanismus widersetzt sich dem passiven Spektakel, dem Grundsatz unserer Kultur, in der sich die Organisation des Spektakels umso skandalöser erweitert, als die Mittel der menschlichen Intervention zunehmen. Während die Städte selbst wie ein elendes Spektakel, eine Ergänzung zu den Museen, den in Glasbussen herumfahrenden Touristen feilgeboten werden, betrachtet der unitäre Urbanismus die städtische Umwelt als ein Gelände für Spiele der Beteiligung.

Der unitäre Urbanismus ist vom jetzigen Stadtgelände nicht ideell getrennt. Er entsteht aus der Erfahrung dieses Geländes und den vorhandenen Bauten. Wir müssen sowohl die heutigen Szenerien ausnutzen durch die Behauptung eines spielerischen städtischen Raumes, wie ihn das Umherschweifen erkennen läßt, als auch neue, noch nie dagewesene aufbauen. Diese gegenseitige Durchdringung – Gebrauch der gegenwärtigen und Aufbau der zukünftigen Stadt – impliziert die Praxis der Zweckentfremdung in der Architektur.

Der unitäre Urbanismus ist gegen die Bindung der Personen an bestimmte Punkte. Er ist das Fundament einer Zivilisation der Freizeit und des Spiels. Zu beachten ist, wie die Technik in den Fesseln des jetzigen ökonomischen Systems dazu benutzt wird, die Pseudospiele der Passivität und der gesellschaftlichen Zersplitterung zu vervielfältigen (Fernsehen), während die neuen, gleichfalls ermöglichten Formen der spielerischen Beteiligung durch alle möglichen polizeilichen Verordnungen geregelt werden.

Situationistische Internationale, Nr. 3, Dezember 1959

Böcklerpark, Kreuzberg, Ostern 1993

gantischer Architektur als pyromanische Spaßguerilla »Wörlitzer Park« neukonstitu-
ieren. Rätselhaft bleibt die Ironie deutscher Zustände, daß genau der Konzern, der mit
seinem Unglücksstern und mafiosen Lobbyismus nach der Befreiung vom Nationalsozialismus (in dem er bekanntlich auch gut verdiente) die autogerechte Stadtplanung mitdiktierte, auch noch den politischen Segen erhielt, sein Brandzeichen dem
Zentrum der vereinten Hauptstadt der Bundesrepublik Deutschland aufzudrücken.

Ich bin mir sehr sicher, daß es dereinst zum Ritual Berliner Protestkultur gehören
wird, nach der Vertreibung aus der Regierungs-Zwingburg und vor Besteigen der
Fahrräder, der U- und S-Bahnen, dem Potsdamer Platz eine Kurz-Visite abzustatten.
Klirrende Scheiben, leergeräumte Schaufenster – es werden die einzigen Augenblicke
sein, wo der Potsdamer Platz Leben und nicht Friedhofsruhe ausstrahlt.

Mit solchen Gedanken im Herzen und Eiern in den Taschen schwang ich mich auf
meinen Drahtesel »Rosinante« und radelte zum Potsdamer Platz, um meinen be-
scheidenen Beitrag zur Feier des Ersten Spatenstichs zu leisten. Mehr Polizisten als
Demonstranten bewegten sich um das abgesperrte Gelände, was eine Besetzung des
Festzeltes und den Verzehr der gebotenen Köstlichkeiten unmöglich machte. Als
verantwortungsbewußter Bürger entschloß ich mich, meinem Protest trotzdem an-
gemessenen Nachdruck zu verleihen und sprang bei der Vorfahrt der Gäste auf die
Kühlerhaube der Mercedes-Limousine des Regierenden Bürgermeisters, um die

179

Windschutzscheibe mit einem Ei zu garnieren. Welch lächerliche Aktion angesichts all dessen, was mit dem Ersten Spatenstich seinen traurigen Anfang nehmen sollte. Ich muß auch eingestehen: es fehlte mir die gewohnt heitere Lockerheit, denn wenige Nächte zuvor war eine große Sommerliebe – vor Elbchaussee-Schnepfen sei hiermit öffentlich und ungefragt gewarnt! – jäh und schmerzhaft zerbrochen.

Doch siehe da: mein Überraschungsei besaß die wundersame Fähigkeit, die mit besonderem Sicherheitsglas ausgestattete Windschutzscheibe der Staatskarosse bersten zu lassen. Der Regierende, neben dem Fahrer sitzend, direkt vor meinen Augen noch blasser als sonst, muß ein Attentat mittels einer Eierhandgranate befürchtet haben, denn Todesangst zeichnete sein blasses Antlitz. Natürlich lag das nicht in meiner Absicht.

Danach ging alles sehr schnell. Wie eine reife Frucht wurde ich von unzähligen Polizistenhänden von der Kühlerhaube des Regierenden gepflückt, unsanft auf die frisch ausgehobene Erde gelegt und anschließend auf den Boden eines Mannschaftswagens geworfen, mit sechs Polizeistiefeln auf meinem Rücken. Mein Atem stockte, mein Herzschlag raste, es ging mir hundsmiserabel. Ich schrie gellend nach einem Notarzt, doch erntete ich nur das Gelächter der jungen Polizisten und zynische Bemerkungen wie: »Wir können dich ja gleich auf dem Friedhof abladen«. Nach langen Funk-Gesprächen kam endlich von der Einsatzleitung die Anweisung, mich ins Krankenhaus Moabit zu fahren. Mit der Übergabe an die Ärzte in der Notaufnahme war ich nach der vorläufigen Festnahme in Freiheit und konnte nach einigen Stunden das Krankenhaus verlassen. Meine am folgenden Tag im Polizeipräsidium erstattete Strafan-

zeige gegen die Polizeibeamten wegen Körperverletzung und unterlassener Hilfelei-stung wurde selbstverständlich eingestellt, ich bekam jedoch eine Anklageschrift we-gen Sachbeschädigung resp. Demolierung einer Windschutzscheibe unter Zuhilfe-nahme eines Eies.

Das Verfahren begann Ende 1995 vor einem unsicheren und kleinkarierten Amts-richter. Als es aufgrund der Bemühungen meiner beiden Verteidiger Ehrig und Strö-bele gelang, den Regierenden Bürgermeister am 20. Dezember 1995 als Zeugen vor-zuladen, wollte ich es nicht versäumen, ihm vorab meine Weihnachtsgrüße zu übermitteln. Viele Prozeßbeteiligte, Prozeßbeobachter und besonders die Sicherheits-organe im Kriminalgericht Moabit fieberten geradezu einem Überraschungsei entge-gen. Die Gepäck- und Kleiderkontrolle am Portal 1 verlief bei mir immer äußerst in-tensiv. Also bestellte ich in meinem Kreuzberger Bio-Laden »Himmel und Erde« ein Prachtexemplar von einem Ei freilaufender Hühner und packte es am Prozeßtag in ein Suspensorium zu meinen beiden eigenen Eiern, wohlwissend, daß beim Abtasten des Körpers der Genitalbereich ausgespart bleibt – ich hätte ja bei Befummeln An-zeige wegen sexueller Belästigung stellen können. Unter meine Gefängniswäsche – bei geglückter Aktion rechnete ich mit einem sofortigen Vollzug der Ordnungsstrafe – mischte ich zwei andere Eier, die den Kontrollorganen das gewünschte Erfolgser-lebnis verschaffen sollten.

Alles verlief bei der intensiven Visitation durch mehrere Justizbeamte wie erwartet: zwei Eier wurden gefunden, das Tat-Ei entnahm ich nach der Kontrolle auf der Toi-lette meinem Suspensorium, steckte es in die äußere Manteltasche und schritt frohgemut dem Gerichtssaal entgegen. Doch siehe da: vor der Saaltür war auf Anordnung des Amtsrichters eine zweite Kontrollstelle eingerichtet worden. Darauf war ich nicht vorbereitet und sah meine Weihnachtsüberraschung für den Zeugen D. schon vorzeitig auffliegen. Ich schimpfte, ich tobte, stülpte den Inhalt all meiner Gepäckstücke auf den Tisch, wühlte darin herum und schuf so mit klarem Kopf ein vollkommenes Chaos, verbarg dabei aber immer geschickt das zerbrechliche Ei abwechselnd in einer meiner beiden Fäuste. Als mir mein Jackett wieder gereicht wurde – jedes Kleidungsstück wurde von den sechs Justizwachtmeistern regelrecht durchgewalkt –, ließ ich das Ei dezent in der rechten Außentasche versinken.

Endlich durfte ich mein Wohnzimmer, den Gerichtssaal, betreten. Publikum, Presse, Verteidiger, Staatsanwalt, Richter, Protokollführerin und der Zeuge mit seiner Leibgarde, sie alle hatten bereits seit Beginn meiner zweiten Leibesvisitation ihre Plätze eingenommen. Ich hängte mit leichter Hand Mantel und Hut an die Garderobe, begrüßte Freundinnen und Freunde im Publikum, baute auf meinem angestammten Platz zwischen meinen Verteidigern Prozeßakten auf, stellte meine Knasttasche hinter mich, gab einige bissige Bemerkungen von mir wie »Ist denn auch der Herr Zeuge einer Leibesvisitation unterzogen worden?«, plauderte mit meinen Verteidigern, verbreitete durch allerlei vertrauensfördernde Gesten eine anheimelnde, vorweihnachtliche Atmosphäre, dachte aber immer nur an das EINE.

Verschiedene Male unternahm der Amtsrichter den vergeblichen Versuch, die Verhandlung zu eröffnen, ich kramte noch einen Aktenordner aus einer Tasche, bat den

Saalwachtmeister um ein Glas Wasser, was vom Richter verweigert wurde, denn ich könnte ja den Zeugen damit begießen oder andere Wasserspiele veranstalten. Zur nötigen Gelassenheit vor Aktionsbeginn gekommen, setzte ich mich erstmals, stand aber gleich wieder auf und bekundete, ich müßte noch einen Stift aus meinem Mantel an der Garderobe holen. Diese befand sich vom Verteidigertisch aus gesehen genau auf der anderen Seite des Saales, doch dazwischen saß der Zeuge – allein und verlassen inmitten des Raumes. Betont ruhig schritt ich zur Garderobe, die rechte Hand mit dem Ei in der Jackettasche. Die Personenschützer saßen in einigen Metern Abstand. Ich kramte aus meiner Manteltasche einen Filzstift und auf dem Rückweg geschah es: fast beiläufig und dezent zerdrückte ich mit dem Handballen das rohe Frischei auf dem schütteren Haupt des Regierenden Bürgermeisters und gratulierte ihm gleichzeitig zu seinem neuen Kopfschmuck mit den Worten: »Frohe Ostern, Sie Weihnachtsmann!«

Welch ein Tumult brach aus! Als ob ich ein Ohr abgeschnitten hätte! Doch statt Blut – vielleicht hätte ich ein rotes Farbei nehmen sollen – floß nur gelber Glibber in den Hemdkragen. Alarmglocken schrillten, Leibgardisten rissen mich zu Boden, das Publikum wurde aus dem Saal getrieben, Journalisten rannten an die Telephone – die streng ritualisierte Gerichtsszenerie stürzte ins Chaos. Am Boden liegend schrie ich zwar herzergreifend wegen des schmerzhaften Knebelgriffs von einem sich wieder mal rächenden Personenschützer, doch innerlich jubelte ich über die geglückte Gratulation nach all den erniedrigenden Leibesvisitationen. Wäre Gerichtsfernsehen in der deutschen Justiz zugelassen, ich hätte sicherlich für die schauspielerisch ausgereifte Vorstellung ein goldenes Straußenei erhalten. Stattdessen flatterte mir Monate später eine Anklageschrift wegen »Beleidigung mittels einer Tätlichkeit« ins Haus.

Nach der dringlich gewordenen Prozeßpause, in der dem Zeugen Zeit zum Restaurieren von Kopf und Kragen gegeben wurde, verkündete das Gericht meinen Ausschluß aus der Verhandlung wegen ungebührlichen Benehmens und eine Ordnungsstrafe über DM 1.400 ersatzweise 1 Woche Haft. Beide Strafen paßten mir nicht: Ich konnte den Zeugen nicht befragen über die Machenschaften beim Grundstücksverkauf Potsdamer Platz, und mein Kurzbesuch im Knast, für den ich Bücher, Wäsche u.a.m. mitgeschleppt hatte – Weihnachten im Gefängnis ist das absolute Kontrastprogramm – fiel auch aus. Am 10. Januar 1996 sprach das Schöffengericht sein Urteil über meinen legitimen Protest beim Spatenstich auf dem Potsdamer Platz: Fünf Monate Gefängnis ohne Bewährung. Das gut plazierte Ei im Gerichtssaal wurde als strafverschärfend ins schriftliche Urteil mitaufgenommen.

Die skandalöse Berufungsverhandlung beim Landgericht Berlin unter Vorsitz einer unsäglichen Richterin namens Frutschki-Tief begann im November 1996. Am Tag, als der Zeuge D. erscheinen mußte, war Alarmstufe 1 in Moabit. Selbst meine Verteidiger sollten sich einer Leibesvisitation unterziehen, was sie zu Recht verweigerten, weswegen ihnen der Zugang zum Gerichtssaal verwehrt wurde. Daraufhin legten sie mit meinem Einverständnis das Mandat nieder. Mit sechs Bodyguards erschien der

Zeuge, ich selbst war eingekreist von Justizwachtmeistern und selbst bei einer Pinkelpause wichen sie nicht von meiner Seite. Ein großer Teil meiner Fragen an den Zeugen wurde von der Richterin als »unzulässig« verworfen. Dieser Verhandlungstag am 11. Dezember 1996 war die Karikatur auf ein rechtsstaatliches Verfahren. Meiner neuen Verteidigerin Frau Ulrike Zecher, verweigerte das Gericht die erforderliche Zeit zum Aktenstudium, folglich legte auch sie das Mandat nieder. Wie erwartet wurde am 16. Januar 1997 das Urteil aus der 1. Instanz bestätigt, ich bin zur Urteilsverkündung gar nicht mehr hingegangen.

Bereits eine Woche später begann der Prozeß bei einem Amtsrichter Obereimer wegen der »Beleidigung mittels einer Tätlichkeit«. Am zweiten Prozeßtag, den 31. Januar 1997, wurde mir der Zugang zum Kriminalgericht Moabit verwehrt. Ich wollte an diesem Tag die Ordnungsstrafe vom 20. Dezember 1995 antreten und rechnete mit ein paar Wochen Nachschlag, da ich in der Verhandlung mein Suspensorium mit dem dritten Ei vorführen wollte. Doch wegen meines mit Arbeitsunterlagen für den Knast vollgepackten Rucksacks ließ man mich nicht passieren. Vor Verlassen der Eingangshalle rief ich mit Stentorstimme: »Wenn die Justiz mich nicht will, dann muß sie mich holen!« Aus dem Radio erfuhr ich dann das Urteil: Sechs Monate Gefängnis ohne Bewährung wegen Majestätsbeleidigung.

Die Berufungsverhandlung im September 1997 fand vor der gleichen Landrichterin statt, der ich aus reinem Selbstschutz nicht noch einmal begegnen wollte, denn sonst hätte womöglich eine neue Anklage wegen »versuchter Handgreiflichkeit« gegen mich erhoben werden müssen. Außerdem war trotz größter Anstrengungen meiner beiden Anwälte Ehrig und Ströbele die Revision wegen meiner Aktion auf dem Potsdamer Platz vom Kammergericht Berlin abgeschmettert worden, und es war nicht auszuschließen, daß bereits ein Haftbefehl gegen mich vorlag. Statt ins Gericht ging ich also in den Untergrund. Wie erwartet, bestätigte die Kleine Strafkammer auch die sechs Monate ohne Bewährung wegen des Ostereis zum Weihnachtsfest.

Eineinhalb Eier bei korrekter Nutzanwendung: knapp ein Jahr Gefängnis. Mauerschützer, Kinderschänder, korrupte Beamte zum Beispiel kommen billiger davon. Der Protest gegen die erneute Zerstörung von Berlin, meiner mittlerweile dritten Heimat, und gegen den für dieses Verbrechen verantwortlichen Politiker war jedoch diesen Preis wert. Wann und ob ich ihn bezahlen werde, bleibt meiner freien Entscheidung überlassen …

Berlin 21, den   7.12.1992

Strafsache

Geschäftsnummer:

81 Js 752/92

gegen   Dieter Kunzelmann
geboren 14.7.1939 in Bamberg

wegen   Verunglimpfung des Bundespräsidenten u.a.

Gegenwärtig:

Eggebrecht

als Staatsanwalt,

Blank

als Urkundsbeamter der Geschäftsstelle.

Auf Ladung~~Vorgeführt~~ erschien d er
Beschuldigte

D_{er} Beschuldigte erklärte zur Sache:

Am 8.11.1992 bin ich gegen Mittag mit dem Fahrrad
in die Stadt-Mitte gefahren um an der Demonstration
teilzunehmen.
Ich wollte allerdingstdie Veranstalter der Demon-s
stration darauf aufmerksam machen, daß sie für die
Ausschreitungen gegen die Ausländer mitverantwortlich
sind. Mit Veranstalter meine ich insbesondere
die etablierten Parteien.

Gegen 12.45 Uhr erreichte ich die Straße Unter den Linden und stellte fest, daß
dort bereits viele Menschen unterwegs waren. Ich selbst fuhr dann mit dem Rad
weiter in Richtung Stadt-Mitte, dem Zug von der Gethsemane-Kirche. Der kam jedoch nicht in Sicht, so daß ich zurück zum Brandenburger Tor fuhr. Kurz nachdem
ich dort ankam, sah ich eine große Gruppe, die an der Spitze des Zuges marschierte,
aber nicht die offizielle Spitze war. Diese Gruppe führte ein großes Transparent
mit der Aufschrift "Die Biedermänner sind die ~~xxxxxxxxx~~ Brandstifter!" mit sich.
In dieser Gruppe befanden sich viele junge Türken. Diese Parole sowie ~~die~~ viele
andere Transparente, die in dieselbe Richtung ~~führten~~, und entsprechende Sprechchöre
stimmten mit meiner Meinung überein.
Ich selbst fuhr dann neben dem Zug her, fuhr dann aber vor zur Ecke Friedrichstraße/
Unter den Linden. Dort stellte ich mich auf die Ballustrade des Treppenabgangs, der
zu den öffentlichen WC's führt. Ich sah dann ~~xxxxxxxxxxxxxxxxxxxxxxxxxxx~~
große Teile des Zuges vom Wittenbergplatz an mir vorüberziehen. Auch Herrn Stolpe
bemerkte ich, wie er in einer offiziellen Brandenburger Gruppe vorbeizog. Bereits
zu diesem Zeitpunkt ~~x~~ holte ich meine Trillerpfeife, eine sehr laute englische
Schiedsrichterpfeife, die ich eigentlich fast immer bei mir trage, hervr. Ich
pfiff lautstark, ebenso wie ich bei einer CDU-Gruppe getrillert hatte.
Ich fuhr dann mit dem Rad über die Friedrichstraße, über die Schiffbauerdamm-Brücke
zum Mon-Bijou-Platz und deponierte dort mein Fahrrad. Dann ging ich von hinten am
Alten Museum vorbei zum Kundgebungsplatz auf dem Lustgarten. Ich wurde locker von
Polizeibeamten kontrolliert, d. h., sie fragten nur, wo ich denn hinmöchte. Ich
konnte anstandslos passieren.

- 2 -

- 2 -

Als ich auf den Platz kam, sah ich das oben erwähnte Transparent und orientierte mich
in diese Richtung. Ich stellte mich dann wenige Meter hinter das Transparent (von
der Tribüne aus gesehen). In meiner näheren Umgebung herrschte eine lockere Atmosphäre. Es wurden Sprechchöre wie "Die Heuchler sind die Meuchler!" u. ähnliche
gerufen. Die Menschen waren nicht so aggressiv und gewaltbereit ~~wie~~ wie man das *biswelen*
~~häufig~~ in der Stadt unter den Jugendlichen bei anderen Demonstrationen bemerken
kann.

                    Rednerpult
Als Frau Laurin ans ~~RedinmxxxxxxRednepult~~ trat, begannen viele Menschen zu pfeifen.
Auch ich holte wieder meine Trillerpfeife hervor und beteiligte mich daran. Ich
glaube, daß bereits zu diesem Zeitpunkt Eier, Tomaten und anderes Obst und Gemüse
flog. Dann sollte Bundespräsident von Weizsäcker seine Rede halten. Er trat ebenfalls ans Rednerpult. Auch zu diesem Zeitpunkt flogen Eier und andere Gegenstände.
Allerdings habe ich während meiner gesamten Anwesenheit auf dem Platz keinen einzigen
Stein fliegen ~~xhx~~ sehen. Das konnte man an der Wurfbahn sehen. Ein Stein fliegt ganz
anders als die Gegenstände, die ich gesehen habe. Ich fand die Aktion ganz toll, da
                            beabsichtigte
den Politikern die Show gestohlen wurde. Zu diesem Zeitpunkt kamen dann auch die
Polizeibeamten mit den Schildern auf die ~~Trxnbü~~ Tribüne, vor das Rednerpult. Als
ich auch zu meiner Umgebung irgendwie äußerte, daß ich die Aktion gutfand, wurde
mir von hinten ein Ei gereicht. Ich selbst hatte nämlich keine Wurfgeschosse, d. h.
~~Kixax~~ Eier oder Obst oder Gemüse mitgebracht. Zu diesem Zeitpunkt war der Ton über
das Mikrophon bzw. die Lautsprecher wieder zu hören. Er war ja vorher kurzzeitig-
ausgefallen. Allerdings war das noch nicht ~~inga~~ lange her. Ich sah dann Herrn Stolpe
wie er, von mir aus gesehen, links hinter dem Bundespräsidenten versetzt stand.
                    völlig spontan)
Ich warf nunmehr das Ei in seine Richtung. Gegenüber meinem Schreiben vom 13.11.1992
muß ich mich allerdings berichtigen; ich warf nicht mit der linken, sondern mit der
rechten Hand. Ich bin nämlich Rechtshänder. Die Formulierung "Mit der linken Wurfhand!" erfolgte aus literarischen Gründen. Ich konnte in dem Zusammenhang, d. h.
Demonstration gegen Gewalt von Rechts, nicht von einem Wurf mit der rechten Hand
schreiben.
Ob der Wurf überhaupt das Podium erreichte, konnte ich nicht sehen. Die vor mir
stehenden Leute drängten nämlich plötzlich nach hinten. Ich vermute, daß dies
Folge eines Polizeieinsatzes war. Meines Wissens war dies auch das erste Zurück-
weichen an dieser STelle. Ich bewegte mich dann nach hinten rechts - in Richtung
Dom - weg. ~~RixxRedexxan~~ Dies geschah hauptsächlich, weil ich unter leichter Platzangst, d. h. Klaustrphobie leide. Die Rede von Weizsäcker habe ich dann auch noch
gehört auf meinem weiteren Weg zu meinem Fahrrad.
Wenn mein Ei den Bundespräsidenten getroffen hätte, hätte mich das an diesem Tage
und bei dieser Rede nicht berührt. Es wäre mir egal ~~w~~ gewesen, da er ja in seiner
Rede nicht für die Aufrechterhaltung des Artikel 16 des Grundgesetzes dezidiert
eingetreten ist.
Allerdings hätte ich es sehr bedauert, wenn mein Ei den Vorsitzenden des Zentral-
rats der Juden in Deutschland, Ignaz Bubis, getroffen hätte.

Geschlossen:

Selbst ~~gelest~~ gelesen, genehmigt und unterschrieben:

186

Hermann Bohlen: Spaziergänge mit Dieter Kunzelmann

Die Spaziergänge mit Dieter Kunzelmann begannen als Gespräche mit Dieter Kunzelmann an der Gegensprechanlage. Aber egal. Irgendwann hatte ich seine Darstellung begriffen, was an Strafen auf ihn zukommen würde und aus welchen Eiern sie sich zusammensetzten. Vielleicht mit Hilfe der Gegensprechanlage. Alles in allem fast ein Jahr. Ob ihm angesichts dieser langen Zeit des Eingesperrtseins nicht doch mulmig geworden ist? Er komme gut zurecht im Knast! Davor habe ich keine Angst, versicherte er. Das habe ich geglaubt, bis er mich zu Beginn der letzten Eierprozeßwelle mitten in der Nacht anrief: Kannst Du mir morgen früh um halb acht in den Mantel helfen? Ich muß zu einem Gerichtstermin nach Moabit. Vielleicht würden sie ihn anschließend gleich einkassieren wegen Kühlerhaube, rechtskräftig zwei Wochen, weeßte? ... Wie? Verstehste nicht? Die Tagessätze! ...?... Absitzen, kapiert? wird nicht gezahlt! Tagessätze nie! Klar?... achso ... Kann sein, daß sie die fünf Monate in Sachen Eierwurf-Zwei gleich dranhängen bzw. vielleicht auch nur die, das sind ja alles Teile vom Ganzen nur verstehste? ... verstand gar nichts, knurrte, aber JA.

Einmal, das war im Herbst 97, fehlte mir die Elastizität, die den Umgang sehr erleichterte. Dazu später. Nun ist er fort, keiner weiß wohin, ich auch nicht. Eigentlich wollte er seine Memoiren doch im Knast schreiben! Und die Zeit käme ihm ganz gelegen. Da werde er die Ruhe finden, die zum Schreiben notwendig sei. Zum Knast hatte er aber wirklich ein Verhältnis, das muß man wissen. Waren es fünf Jahre, die er mal am Stück gesessen hat? – Den Ort, die Gesetze kannte er, er hatte Zugang zu

1993

dieser Erfahrung, die alle, die einmal drin waren, miteinander teilen. Fast wie Krieg – auch eine Erfahrung, die alle, die sie gemacht haben, verbindet und, andersrum, eine Barriere aufbaut zu denen, die nichts davon wissen. Deswegen hatte Kunzelmann auch einige sehr gute Kontake zu Tabak- und Zigarettenhändlern, weil eine Tätigkeit in dieser Branche bei Ex-Knackis recht verbreitet ist. Zum Beispiel der gute Freddy, Alter-Deine-Luschen-sind-da-Freddy, ehemals Kalfaktor in einem Berliner Knast: sofort ein Verbündeter von Kunzelmann.

Als er mir am Morgen die Tür öffnete, war er kaum wiederzuerkennen, er sah aus wie das tapfere Schneiderlein mit etwas Dolittle abgeschmeckt. Tadellose Verkleidung, nur alte Sachen aus dem letzten Jahrhundert – Cut, Binder, versparkte Schlotterhose, oben Zylinder. Damit krabbelte er durch die Wohnung, wie ein Käfer, ein schillerndes Exemplar, immer in Bodennähe – eine Höhe, in der bei ihm ja ohnehin alles organisiert war, kein Tisch, kein Stuhl, überall Teppich, sogar in mehreren Schichten, so daß sich die krabbelnde Art der Fortbewegung sowieso empfahl.

Das Zentrum seiner ganzen Unternehmungen stellte ein Rucksack dar, ebenfalls aus vergangenen Tagen, prall gefüllt mit Klamotten und Tabak plus Blättchen für den Rest aller Zeiten. Ins Auge stach die äußere Dekoration, eine Schlagzeile der B.Z. zu Schönbohms Säuberungen: »Berlin wird wieder sauber«. Dazu passend ein buntes Allerlei von Reinigungsmitteln, uralte Schrubber und Bürsten, die bei Rot über die Straße gelaufen waren, Schwämme, Putzlappen – lauter Gelumpe, das er mit Schnüren und Tesafilm kunstvoll befestigt hatte. Es sah eigentlich aus wie eine Assemblage! ein kleines Meisterwerk!

Um die Vorbereitungen zum Abschluß zu bringen, arbeitete seine innere Maschine an diesem Morgen wie wahnsinnig, jeden Moment mußte man einen schrillen Ton befürchten, mit dem sich alles festfressen würde, so bekloppt schnell. Wie ein Irrer astete er umher, klaubte Zeugs zusammen, brachte es wieder zurück, drehte eine Sache auf diese Seite, auf die andere, flitzte zur Uhr, stellte diverse Wecker auf Kurzweckzeiten, die in seinem Masterplan zur Strukturierung der verbleibenden Viertelstunde diffizile Arbeitsschritte anmahnten. Kaum klingelte es, sauste er herbei, murmelte ein paar Worte, »das«, »dies«, stellte gleich wieder neue Zeiten ein, »fünf«, »vier«, »einhalb«, flitzte wieder weg … nahm nochmals den Stapel Papiere auf, den

er eben an den Rand gesetzt hatte, sortierte nach einem noch komplizierteren Prinzip, setzte ihn auf einen anderen Stapel drauf, um das Ganze gleich wieder auseinanderzuklamüsern. Zwischendurch krabbelte er in einen anderen Winkel seiner Behausung, zog dort etwas hervor, was in irgendeiner Verbindung mit dem Stapel stand, strich mit einem Leuchtmarker herum, drehte eine Zigarette, brummelte zu allem und jedem ein »So!«, »Das!« »Dies!« oder »Noch!«, rief »Feuer!«, suchte bestimmte Filzer, mit denen er wieder in einem anderen Winkel auf einer Fotokopie etwas anmerkte, zweifarbig unterstrichen – es wollte kein Ende nehmen, er verströmte eine starke Hitze, klingeling! Wieder die Wecker, neue Frist! es dampfte, man hätte ihn von oben mit kaltem Wasser berieseln müssen, so heiß alles, – seine Birne, die kleinen Rädchen in den filigranen Lagern, der starke Strom, der durch ihn hindurchging, ratter-ratter, Schweiß lief herunter, alles dicht an der Überlast.

Plötzlich klingelte alles auf einmal, er starrte die Eieruhren an – Mantel! Ich reichte ihm den Mantel ... Hast Du schon mal jemandem in den Mantel geholfen? Was? ... Jetzt, langsam. Nicht so hoooooch! Määänsch, weißt Du nicht, wie man jemandem in den Mantel hilft? Tiefer, tiefer! Noch mal von vorn! Tieeefer! Saaag maaal! Was machst Du denn?! ... Ich war unsicher. Eine Kunst ist das!! rief er, in den Mantel helfen! Kunst das! Mußt Du mal üben! Dann kam der Rucksack dran, das Meisterwerk, alle Achtung. Wir gingen damit ins Treppenhaus, ich oben, er zwei Stufen tiefer. Jetzt ganz vorsichtig! Jetzt überlegen! Senken! Nicht so!! Laaangsaaam! ... das Ding war wahnsinnig schwer. Etwas anheben links! Rechts-rechts! Rüber! ... ich gab

189

mir alle Mühe, das Gewicht langsam auf seinen zarten Rücken zu übertragen. Er wackelte, kriegte Übergewicht nach hinten, schlug mit den Armen. Das braucht Gefühl! … meine Leistungen stellten ihn nicht zufrieden. Eine Kunstform, verstehste?! Kulturleistung! Halten! Anheben!! Laß! Laß!! Nich, nein! … ich versagte total. Verärgert wurschtelte er am Cut herum, der vom Gewicht ganz zerknittert saß, überall Falten. Dieter drehte sich um und guckte mich böse an. Er sah bekloppt aus. Stock!! Ich reichte ihm den Stock. Er drückte mir den Wohnungsschlüssel in die Hand, und wir gingen zur U-Bahn, er vorneweg, ich immer hinterher. Am Görlitzer Bahnhof stand bereits das Übernahme-Kommando, ein Mädchen, ein Junge, beide höchstens zwanzig. Lange weg war Dieter nicht. Fünf Minuten nach Beginn der Vorstellung wurde vertagt.

Wie ich ihn kennengelernt habe, das weiß ich noch ganz genau, das war Anfang 95, als Tobias Hauser in seinem Atelier ein Fest veranstaltete, in dessen Verlauf eine Schießübung mit abschließendem Kampfschießen stattfand. Als langjähriges Mitglied des Schützenvereins Raven-Rolfsen und Träger der Hutschützen-Nadel war mir übertragen worden, einen schützenmäßigen Ablauf dieses Teils der Veranstaltung zu gewährleisten.

Ich war die Autoritätsperson beim Schießen, an dem auch Kunzelmann teilnahm. Er war kein guter Schütze. Aber von seinen Schießleistungen einmal abgesehen, zeichnete er sich vor allem dadurch aus, daß er sich nicht an meine Anweisungen hielt und einen unglaublich störenden Einfluß auf die Veranstaltung nahm. Er hatte sich schneller auf mich eingeschossen, als daß er mal wirklich ins Schwarze traf. Man muß sagen erfolgreich. Denn bald hatte ich die Schnauze voll, gestrichen. Er hatte mich besiegt, er war so scheiße renitent, ich bin bald blöd geworden, so fuchtelte er mit dem Gewehr herum, trat immer über die Linie, wollte sich nicht an den Strich halten, richtete die Flinte fahrig in die Menge, machte einen unglaublichen Aufstand, – es war zum Verrücktwerden mit ihm.

Und wie es dauerte! Und wie lange der brauchte! Erstmal eine Bekanntmachung loslassen! Bevor er auch nur einen Schuß absetzte, erstmal einen Eklat produzieren, damit auch alle gucken, was für einen gewaltigen Schuß er absetzt. Und immer wieder über die Linie! Und wieder abgesetzt! Deklamiert! Dabei mit dem Gewehr herumgefuhrwerkelt! Noch einen Satz herausgebrüllt! An alle! … Der Gewinner war schließlich Klaus Bittermann, der besaß genau das, was Kunzelmann nicht hatte: Konstitution, Wesen und Eigenschaften eines guten Schützen – gutes Augenlicht, regelmäßiges Atmen, etwas phlegmatisch.

Kunzelmann war eigentlich gar nicht richtig bei der Sache. Oder auch so: Er war voll und ganz dabei: nämlich mich, die Autoritätsperson, fertigzumachen und den von mir gezogenen Strich mit Füßen zu treten. So hab ich ihn kennengelernt. Das war er. Zuvor vergewisserte er sich der Aufmerksamkeit der Anwesenden. Alle sollten seinen Übertritt bezeugen, seinen Schuß, seinen Knall, das Peng! das. Alle mal hergucken!

Ich kann nicht mehr, sagte ich zu Tobias, ich war am Ende: Es macht überhaupt keinen Spaß; der Mann da mit Hut da gehorcht mir nicht, der tritt immer über den Strich …. Laß gut sein, meinte Tobias, das ist Kunzelmann, und entließ mich.

Lange besaß ich weder Anschrift noch Telefonnummer von ihm. Er war heikel in dieser Sache, so sehr, daß man ihr schon einen sportlichen Reiz abgewinnen konnte: Wie gewinne ich das Vertrauen und die Anschrift von Dieter Kunzelmann? Das war eine echte Aufgabe. Man mußte sich bewerben, aber unauffällig, ganz subtil klarstellen, daß man ein Mensch ist, der diese kostbare Information verdient, das ging über mehrere Wochen. Bis schließlich Dieter Kunzelmann, sein inneres Komitee, in einer geheimen Sitzung den Beschluß faßte, dem Individuum X das kostbare Wissen zuzuteilen. Beachten Sie bitte das außerordentliche Vertrauen, das Ihnen hiermit entgegengebracht wird, und erweisen Sie sich seiner würdig.

Irgendwann gingen wir dann mal zu ihm. Er wohnte nicht weit weg – ich scheue mich immer noch zu sagen wo, ich bin diskret. Also gut: Er wohnte in Kreuzberg. Aber wo ich ihn am häufigsten traf, das war im Waschsalon. Bevor ich seine Adresse hatte und er eine Waschmaschine, war das praktisch unser Treffpunkt. Dort sprach ihn mal jemand an, jemand aus der autonomen Szene: Bist Du nicht der Kunzelmann? Worauf Kunzelmann diesen Menschen kurz musterte und dann recht freundlich »Wieso?« Er versuchte nicht lange abzustreiten, Kunzelmann zu sein, sondern gab es zu. In der Ansprache lag bei aller szenemäßigen Vertrautheit, die manch einer

191

Mit Bernd Kramer (Neukölln) am 1. Mai 1992

als anmaßend empfunden hätte, aber auch eine Menge Respekt. Ja, Kunzelmann stellte in bestimmten, autonomen Kreisen eine sehr respektable Persönlichkeit dar. Er genoß das Vertrauen dieser Leute, sie blickten fast ein wenig zu ihm auf – soweit das zwischen Menschen möglich ist, denen die Emanzipation von jeder Art Zwang das Wichtigste ist. Den Respekt hat er sich immer wieder neu verdient – durch seine niemals gebrochene Vorliebe für Aktionen aller Art, seinen Einsatz, seine Furchtlosigkeit, seine Intransigenz. Und Wagemut!

Mit seiner Anschrift in der Hand konnte ich noch lange warten, bis er mir seine Telefonnummer gab! Das war die nächsthöhere Auszeichnung. Ich habe nie darauf gedrängt, sonst hätte ich sie wohl nie bekommen … Dann, endlich, war es so weit, ich weiß noch genau, er hatte sie auf ein winzig kleines Stück kartoniertes Papier geschrieben. Ein echter Kunzelmann: Das Papier stammte von der Polizei. Oben Polizeiemblem und darunter der Spruch »Für Ihre Sicherheit – Ihre Polizei«. Auf der anderen Seite diese kostbare Folge von Zahlen, handgeschrieben. Auf mich machte das einen starken Eindruck, als müßte ich diesen Zettel nach einmaligem Durchlesen in den Mund stecken und neutralisieren. Er reichte mir das Kärtchen mit ernstem Gesicht, ich empfing die höheren Weihen, ich war zum Abendmahl zugelassen, die Oblate kam, bin konfirmiert.

Kunzelmann war kreuzberger als jeder Kreuzberger. Das habe ich mit als erstes kapiert. Ein Lokalpatriot! Er war unglaublich lächerlich mit dem ständigen Kiezkram. Anfangs führte das dazu, daß ich ihn mehr als Witzfigur denn als alles andere wahr-

192

nahm. Immer wieder KIEZ! Sag mal, was ist denn mit dem los? Manchmal konnte man denken, er hätte gar nichts anderes im Kopf als KIEZ. Es war grotesk. Ständig KIEZ! Auf einem Spaziergang, als wir den Landwehrkanal überschritten, sagte er plötzlich:

»Feindliches Gebiet.«

»Was meinst Du?« fragte ich.

»Mensch, hier fängt Neukölln an!«

»Achso, wußte ich gar nicht,« sagte ich, »daß hier Neukölln anfängt.«

Er tat einen Satz zur Seite und starrte mich mit entsetzten Augen an: »Waaaaas? Du weißt nicht, daß hier die Grenze zwischen Kreuzberg und Neukölln verläuft? – Du mußt noch viel lernen.«

Die letzten Zuckungen, die das Kreuzberger Kieztum noch zeigte, konnten sich seiner Teilnahme gewiß sein, er war dabei – mit Feuereifer. Wenn nur Kreuzberg wieder in die Schlagzeilen geriet! Als er einmal bei mir oben war, um im Milchkaffee zu rühren, bat ich ihn am Ende seiner Visite, einen Brief für mich einzuwerfen. Er guckte sofort nach, was ich als Absender geschrieben hatte. Resultat? Ein Anfall. Und das ging so: Erstmal eine deutlich wahrnehmbare Pause, bis sich der Blick auf ihn konzentrierte. Daraufhin verdrehte er die Augen, bog das Kinn runter auf den Brustkasten, um von dort unten Schwung nehmend den Kopf zurückzuwerfen und in der Aufwärtsbewegung die Szene zu gestalten.

»Was fällt Dir ein!«

»Wieso?«

– (Große Pause) –

»Was ist? wieso?«

»Mensch, so schreibt man doch nicht seine Adresse!!«

»Ist doch korrekt!«

»Verstehste nicht? – die wollen die Bezirke zusammenlegen!«

»Naja …«

»Wenn Du schon die neuen Postleitzahlen verwendest, dann aber mindestens 10999 Berlin-Kreuzberg. Oder 10999 Berlin SO 36!«

Die nachlassende Popularität Kreuzbergs hätte ihn eigentlich deprimieren müssen. Aber nein, unverbrüchlich, fest und zuverlässig stand er zum Kiez und ließ nicht nach in seinen Bemühungen, Kreuzberg attraktiv zu machen – Kreuzberg war ja tatsächlich deswegen so attraktiv, weil Kunzelmann darin mit Hut herumpeeste. Zum Beispiel passierte es mir oft, daß ich über die Straße ging, und plötzlich kam von irgendwoher ein Meckern. Wer meckert denn da? Ich drehte mich nach allen Seiten … da! hinter einem Gebüsch stand Kunzelmann und hatte seinen Spaß. Ein Kasper, ja, da hat Ulrich recht. Es war manchmal schwierig, ihn jenseits davon wahrzunehmen, – kein Durchkommen, nur Kuriositäten. Es war allerdings auch nicht vorteilhaft, ihn ständig beim Wort zu nehmen oder bei seinen raumgreifenden Gesten, genau! seine zahlreichen Gesten, die Distanzsprünge, mit denen er einen Vortrag einleitete, einen gepfefferten. Ein großer Theatraliker! Da mußte man erstmal durch.

»*Berlin, Sonntagmorgen (Invokavit), 16. Februar 97*

Liebe Großmutter!
Falls Dich die etwas panische Herzlichkeit meines verspäteten Glückwunsches gewundert hat, so hast Du dies dem Bürgerschreck Dieter Kunzelmann zu verdanken. Als ich am Mittwoch auf einem kleinen Gang mit ihm bemerkte, daß heute meine Großmutter ihren 92. Geburtstag feiere, sprang er drei Schritte von mir fort, sah mich aus dieser Distanz entgeistert an, riß sich die Brille von der Nase und nagelte mich mit irrem Blick fest.
  »Bist Du des Wahnsinns? – Was machst Du denn hier, wieso bist Du nicht bei Deiner Großmutter? Schäm Dich!«
  Ich war so erschrocken, daß ich stammelte, Du würdest so weit weg wohnen, aber am Wochenende würde es sich vielleicht einrichten lassen, Dich … das erboste Männlein fiel mir ins Wort: »Wehe! Wehe!« Damit setzte er endlich wieder seine Brille auf, um die Szene zu beenden.
  Gestern nachmittag ging sie weiter. Ich saß am Schreibtisch und arbeitete unter Hochdruck, als es plötzlich klingelte, und zwar in der theatralischen Art, in der nur der Ex-Kommunarde und heutige Eierwerfer Nummer 1 klingelt. Du kannst Dir nicht vorstellen, wie er tobte, als er mich nicht zu Deinen Füßen, sondern in meiner Wohnung fand. Der Schrecken, den mir sein Auftritt einjagte, war nachhaltig. Der Mann ist ein feuriger Vertreter Deiner Interessen, das kannst Du glauben.
  Ich umarme Dich herzlich, Deine Dir treu ergebene Nr. 13«

Nachdem wir uns besser kennengelernt hatten, kurz vor der Zuteilung seiner Anschrift, begannen wir, kleine Spaziergänge zu unternehmen. Das fing ganz langsam an. Ich wirtschaftete oben in meiner Wohnung herum und plötzlich klingelt es. Aber nicht normal, sondern extrem, als klingelten mindestens fünf Personen! jeder einen Durchsuchungsbefehl in der Hand. So klingelte Kunzelmann, ganz allein. Später mußte ich auch lernen, so brutal zu klingeln, die bestimmte Abfolge von einzelnen Klingelattacken einhalten, wenn ich ihn besuchen wollte. Sonst machte er mir eine Szene. Eine Szene nur, ja, eine von den vielen kleinen, die er am Tag improvisierte. Der Umgang mit ihm war wirklich reich daran, für den Connaisseur immer was zu gucken. Sein Klingeln hatte aber auch einen Vorteil: Wenn man einmal verstand, wie es ging – die Parole –, dann konnte man mit Sicherheit bestimmen, Dieter zu sprechen oder nicht. So klingelte sonst wirklich keine Sau.
  Er meldete sich mit »Herr K Punkt«. Er hätte sich aber auch ganz anders melden können, seine Stimme war distinkt, so unverwechselbar wie sein Klingeln. Er komme grad mal so vorbei, knarzte er in den Apparat, und wie's so geht, und was machst Du gerade, achso, und später? Aha, ja, und so weiter, wir kamen ins Plaudern. Zuerst fand ich das sehr merkwürdig, an der Gegensprechanlage zu plaudern. Dann habe ich mich daran gewöhnt, obwohl er die Sache wirklich ausreizte, – zehn Minuten, eine Viertelstunde, mit Unterbrechungen eine halbe. Manchmal mußten Pausen eingelegt wer-

den, weil andere Leute auch was sagen wollten, Mitbewohner ins Haus, Patienten zum Doktor, sowas: kein Problem; Dieter hörte unten mit, ich lauschte oben. Oder ich mußte mir eine Zigarette holen. Dafür hatte er dann Verständnis. Oder er mußte sich erstmal eine Minipizza holen, ok. Aber »Warte mal, da kommt gerade Sowieso vorbei, dem muß ich eben …«, das war hart an der Grenze. Und letzlich führte gerade diese Tendenz bei ihm, Parallelgespräche aufzubauen, zum Problem, also die Elastizität, die mir dann einmal fehlte, das, der Brief. Quisselquassel – die Gespräche an der Gegensprechanlage dauerten in jedem Fall länger als die Telefonate. Dem Telefonapparat mißtraute er, zur Gegensprechanlage hatte er grenzenloses Vertrauen. Wir diskutierten über diesen Apparat auch kulturelle oder politische Ereignisse, den Begriff der Liebe, attraktive Fernziele, die Loveparade, kann man sagen ALLES.

Solche Gespräche waren für ihn von großer Bedeutung, zumindest in seinem Zeitplan. Das ließ er sich was kosten, seine sämtlichen Unterhaltungen an den ganzen Gegensprechanlagen im Kiez. Das wurde mir im Laufe der Spaziergänge, auf denen er hier und da Kurzgespräche führte, spätestens aber in dem Moment klar, als mein Freund Hartmut, den er bei einer Geburtstagsfeier kennengelernt hatte, mir von seinen Unterhaltungen mit Kunzelmann an der Gegensprechanlage berichtete.

Einmal, das war schon mittendrin in den Spaziergängen und einer der schönsten, da gingen wir über den Markt am Maybachufer. Wir kauften Blumen und kehrten schließlich bei Kaffee und Kognak im »Rotkäppchen« ein. »Ich trinke ja eigentlich kein' Alk«, sagte er mit dem Blick ins Glas gerichtet, um es dann voller Verachtung zu kippen. Er kaute nach, las im leeren Glas ab, wie das Zeug war, mahlte mit den Kiefern, betätigte die Gesichtsmuskeln. Ein Stöhnen. Wieso tut er sich das an? dachte ich zuerst. Auch ein Lernprozeß. Später wußte ich: Jetzt schmeckt er nach.

Jetzt die mangelnde Elastizität.

»Lieber Dieter,
wenn Du noch einmal mit mir Kaffeetrinken willst, dann überlege Dir genau, ob Du mit mir Kaffeetrinken willst, oder ob Du überall mal HALLO sagen willst und hier noch was zu erledigen hast, da noch mal kurz vorbeischauen könntest, mit sowieso ein paar Worte über die Gegensprechanlage zu wechseln hast usw. Mit KAFFEETRINKEN MIT HERMANN läßt sich nichts davon vereinbaren, zumindest Hermann sind solche gekoppelten Unternehmungen nicht länger angenehm.

Verstehst Du mich? Zur Sicherheit noch mal: Wenn Du mit mir Kaffeetrinken willst und wir uns verabredet haben, daß Du so gegen x Uhr hier vorbeikommst, und wenn Du dann gegen x Uhr vorbeikommst und klingelst, dann wirst Du – wenn Du mit mir Kaffeetrinken willst – nach dem Klingeln warten, bis ich mich mit KOMME! melde. Du wirst sagen VERSTANDEN und weiter solange strammstehen, bis ich unten bin. Was Du nicht machen wirst, ist: Noch mal schnell bei Futomania HALLOSAGEN oder gegenüber oder wo auch immer. Nein, Du bleibst solange geduldig und freudig wartend unten an der Tür stehen, bis Papa da ist. Wenn die Tür dann aufgeht und ich heraustrete, wirst Du salutieren und sagen HALLO HERMANN! Dann gehen wir Kaffeetrinken. Und sonst gar nichts.

Ich hoffe, das ist alles klipp und klar jetzt, ist es? Richtig, Du bist nicht der Großwezir von Kreuzberg. Sondern ich.

Schöne Grüße, Dein Hermann«

Hermann Bohlen, geschrieben im Sommer 1998

Beim Geburtstag seines Anwalts Hajo Ehrig, Oktober 1997

Wer hält es weiter hoch, das Januar-Manifest? Fordert allen Ernstes die Gaudi?
Die Avantgarde von gestern ist comme il faut. Die künstlerische Linksfront ist ein Wahrheitsproblem.
Gruppe Spur. Deutsche Sektion der Situationistischen Internationale. Wer all dies nicht versteht, will es nicht verstehen und untermauert nur die Wahrheit dieser Sätze: gleichzeitig entpuppt er sich als devoter Befehlsempfänger gesamtgesellschaftlicher Dogmen. Subversive Aktion. Aufruf an die Seelenmasseure
IHR suggeriert den Leuten die Bedürfnisse ein, die sie nicht haben! IHR habt die Lüge / consumo, ergo sum / zur Wahrheit inthronisiert! Nach einem kurzen Moment allgemeiner Erstarrung bricht ein Tumult unter den aufgebrachten Werbeleitern aus. An die Lämmer des Herrn!
»Wenn auch Ihnen das Mißverhältnis von Analyse und Aktion unerträglich ist, schreiben Sie unter dem Kennwort ›Antithese‹ an 8 München 23, Postlagernd. Verantwortlich Th. W Adorno, 6 Frankfurt/ Main, Kettenhofweg 123.«
Unverbindliche Richtlinien. Mikrozelle
Selbstausschluß, dann ein von der Tagungsmehrheit angenommener Antrag auf Ausschluß
In München bei Ausschreitungen vor dem Amerikanischen Generalkonsulat festgestellt, wobei er Glasbehälter mit roter Flüssigkeit warf
die es wirklich betrifft
die ausscheiden oder ausgeschieden werden
Notizen zur Gründung revolutionärer Kommunen in den Metropolen:
Unsere Praxisvorstellungen können im Moment nur als diffus bezeichnet werden. Sind die divergierenden Konzeptionen durch konzentrierte Praxis aufgehoben, bleibt nicht ausgeschlossen, daß diese eine falsche war
Geplant Berlin: Bombenanschlag auf US-Vizepräsidenten. Elf Verschwörer gefaßt
Zwangsgestellt vorläufig festgenommen Verteiler von beleidigenden Flugblättern Zwangsgestellt Erkannt Hervorgetreten als Störer Neu! Unkonventionell! Neu! Unkonventionell!
Warum brennst Du, Konsument?
Ich erwäge, gegen Sie Anklage vor der großen Strafkammer des Landgerichts Berlin wegen Aufforderung zur menschengefährdenden Brandstiftung zu erheben
Hinsichtlich der späteren, vielleicht recht bald eintretenden erbrechtlichen Regelung sind die notwendigen Schritte in die Wege geleitet
Gegen diesen Bescheid ist die Klage vor dem Verwaltungsgericht gegeben
Name: Kunzelmann Dieter Straftat Auflauf Tag des Eintritts in das hiesige Gefängnis 23. Okt. 1967 Strafdauer vom 21. 10. 67 bis 10. 11. 67 Erklärung! 2) wer sich am Fenster aufhält oder an den Gitterstäben zu schaffen macht, Gegenstände aus dem Fenster wirft, sich durch Rufen oder Zeichen

Setzte sich das Barett des Vorsitzenden auf und wirbelte die Akten durcheinander. Im Würgegriff

Zuhören – Ihr Murmelgreise und Schleimscheißer des »Rechts«! Berliner das geht Alle an, raus mit Dutschke, Teufel, Kunzelmann! Ein Steinhagel vor dem »Unergründlichen Obdach für Reisende«, dann Amman

Hier ist alles sehr einfach. Der Feind ist deutlich.

WEH UNSER GUTER KASPAR IST TOT

Kleiner Pressespiegel vom 4./5. April 1998:

Kunzelmann legte eine Bombe, eine ziemlich echte. Über die Gefährlichkeit des Sprengkörpers gehen die Meinungen weit auseinander.

Urteil: neun Jahre. (Tagesspiegel)

Er ging in den Untergrund , wurde gefaßt und saß acht Jahre im Gefängnis. (Berliner Zeitung, Seite 10)

1970-75 Haftstrafe nach Brandanschlägen (Berliner Zeitung, Seite 17)

Kunzelmann wurde wegen einer 1970 beim Berliner Juristenball gelegten Bombe in erster Instanz verurteilt, in der Revisionsverhandlung freigesprochen. (FAZ)

WEH WEH WEH UNSER GUTER KASPAR IST TOT

Er war der ideale Abgeordnete. Er war nicht nur gerne Abgeordneter, er war begeisterter Abgeordneter. Das kleine Zimmerchen im Rathaus, das Telefon, von dem er aus kostenlos telefonieren konnte, der bescheidene Teil seiner Diäten, den er nicht an seine Partei abführte, all das machte ihn restlos glücklich. Nie hat jemand freudiger seinen Ausweis gezückt, ja, er stand im Dienst des Volkes, ja, überall, mit offenen Augen und Ohren trat er ständig und überall, einfallsreich, mündlich wie schriftlich durch und durch überzeugend, rhetorisch abwechslungsreich, findig, handfest und clever für den kleinen Wähler ein, selig trat er die Pedale der Geschäftsordnungsanträge, um z. B. dann wieder, auf sorgsam geplanten Hintertreppenschleichwegen in den Gang der Gefängnisküche Tegel zu gelangen, die Türen aufzureißen und die versteinerten Beamten, die dort wieder einmal alles mit hochgiftigem Lindan ausspritzten, auf der Stelle zur Rede zu stellen!!! Stante pede zur Verantwortung zu ziehen!!!! Le pouvoir democratique! Er vollbrachte das Unmögliche, einem Lichtstrahl gleich brach irre Hoffnung in deutsche Wählerseelen, diese Begeisterung teilte sich mit, diese anhaltend frohe Erregung, ein Mirakel, ein Abgeordneter, der sich nicht über sein Los beklagte und nicht nach der ranzigen Salbe jammernder Verantwortung stank – ein Dichter müßte man sein, dieser seltenen Erscheinung gerecht zu werden: Ein schaffensfroher, angenehmer Politiker! Ein munterer Kaspar ein herrlicher Kaspar; er wurde sogar noch ein besserer Kaspar, denn er wurde ein wirklich guter Kaspar, alles Böse, was einem Kaspar mit großer Nase und giftgrünen Augen und klat-

Von links: Marianne Enzensberger, Edda Köchel, Ulrich Enzensberger, Fritz Teufel, 4. April 1998

schender Pritsche nun einmal innewohnt – denn ein Kaspar ist schließlich kein Clown! Ein Kaspar kennt keinen Humor! – hier bekamen es die Richtigen zu spüren, die Intriganten aus Ost und West, wenn er sein Rathaus betrat, seinen Amtssitz; denn hier war er an seinem Platz, auf seiner Bühne, auf der er mit einer Selbstverständlichkeit agierte, die bewies, daß er für dieses Theater geschnitzt war, um dem Bösen immer neue Schnippchen zu schlagen, dort wo sonst nur zähe Tragödien des Selbstbetrugs abgenudelt werden, wo mit zusammengebissenen Zähnen, verdrehter Krawatte und geföhntem Scheitel das kleinere Übel sich in den Abort der öffentlichen Meinung erbricht …

HEILIGER BIMBAM KASPAR IST TOT

Vorbildlicher Einsatz des Abgeordneten D.K., 1983

■ Grundsteinlegung Potsdamer Platz: »Ich sah ihm direkt in die Augen, lag ja auf der
■ Kühlerhaube, und hintär däär Windschutzscheibäää sah direkt in seinä Augen, und
■ weißt du, was ich da sah, wie ich mit dem ausholtäää? Weißt du was ich da sah?!«
■ Ein Ausdruck allerhöchster, himmlischer Genugtung – »Das war Todäsangst, das war
■ eindeutigää Todäääsangst!!!«
■
■ WARUM HAST DU UNS VERLASSEN. IN WELCHE GESTALT IST NUN DEI-
■ NE SCHÖNE SEELE GEWANDERT
■
■ Er wird weiter durch unsere Träume spuken mit seinen Anrufen (»Sag mal, wo steckst
■ du, ich bin ganz in der Nähe, und jetzt bist du nicht zuhause«), winken wird er, wenn
■ wir müde im Morgengrauen durch das Atelierfenster sehen (inzwischen sind wir um-
■ gezogen, vor dem Fenster, wo früher die Hochbahn hielt, vor derem Bahnsteig er
■ manchmal überraschend unsere Vornamen herüberschrie, glänzen jetzt Hunderte von
■ Kastanienknospen), in einem cremefarbenen Sommeranzug, im knöchellangen
■ schwarzen Tuchmantel, ein Grinsen unter der Sonnenbrille, plötzlich vermeinen un-
■ sere Nasen, die Apfelschnitze zu riechen, mit denen er seinen schwarzen Tabak
■ feuchthielt vor dreißig Jahren, das sardonische Lächeln, es will nicht verblassen, mit
■ dem er die Gummierung ableckte, als säße er auf einer verlassenen chilenischen Ei-
■ senbahnstation, wippend vor Erregung in Stiefeletten (der Pädagoge, der durch sein

Vorbild mitreißen will zum Tabubruch), in Röhrenhosen (für ihn waren sie der letzte Schrei, als schon längst die Mauer gefallen war), plötzlich war man wieder elf und bekam rote Ohren, weil Großvater so laut schrie im Museum und plötzlich die Vorhänge zuzog und sich so übertrieben freundlich beschwerte oder erkundigte an der Kasse unvergeßlicher, idealer Großvater (nie Opa, Quatsch, Verniedlichung) mit dem imposantesten Terminkalender der Welt, wie hatte er auf dem Kommuneschreibtisch die Stempelkarussele tanzen lassen (»Weiter so!«), wie gedankenschwer arbeitete er sich, die fuchsroten Bartspitzen zwirbelnd, durch seine Sympathisantenkartei, und dann, mittags im Sommer an einem Tisch im Freien, ach wie glücklich war er da, wenn er mit der Bedienung scherzte und wie glücklich über eine gelungene Sonderbestellung von Bratkartoffeln, die es nur für ihn gab (»Das werde ich ihnän nie vergessään, meinää Damäääää«), wie melancholisch pfiff er in der Arrestzelle Melodien aus »Viva Maria«, ein süß vibrierender Ton im gekachelten Raum, wie lag er auf der Spielwiese im tief erschöpften Schlaf mit tauben Händen, mit blauroten Einschnitten an den Handgelenken von den brutal angezogenen Handfesseln, weitergeistern wird er unter uns, tot, lebendig, was heißt das schon, es konnte sein wie im Traum, wenn man ihn wiedertraf auf der Straße nach Jahren (»Sag mal, bist du kleiner geworden oder was?!!!« – mit der Bestimmtheit eines Irrenarztes, da half kein Leugnen – »Doch, du bist kleinär gewordään!«), immer begeistert vom öffentlichen Leben der Stadt, von jeder Krankenwagensirene, für einen wie ihn ist immer irre was los, mit allem in Beziehung bis an die Grenze der Paranoia und darüber hinaus, ein Geist dieser Stadt, eine ihrer verlorenen Seelen (sein lächerliches Berlinern ooch), gekränkt oft, enttäuscht, dann wieder großzügig verzeihend, immer von oben herab, welch ein Kind auch, immer mit tausend Sachen im Kopf, immer unterwegs, aber glücklich, immer im Gefühl das Richtige zu tun oder es wenigstens zu versuchen, immer wieder, Haschisch der Weihrauch der sich übers ganze Jahr hinziehenden Maiandachten des schon immer Junggebliebenen, und dann die halluzinogenen Pilze, seit drei Tagen nichts mehr gegessen, jetzt setz dich erst einmal hin und iß was!!! (möglichst scharfe Mutterstimme, darauf reagierte er immer brav), begleitet von geteilten Erinnerungen, umgeben von vergessenen Toten, umgekommen bei einem Bombenangriff auf ein Palästinenserlager, identifiziert anhand des Gebisses, auf der Straße erschossen, Freitod, überraschend jung und schlank, wie er in Boxershorts mit Storchenbeinen bei offenen Fenstern, vor denen er gerade Wäsche aufgehängt hatte, im Spätsommer durch seine Wohnung stakste, im letzten Sommer, der kein Ende nehmen wollte –

SEINE BÜSTE WIRD DIE KAMINE ALLER WAHRHAFT EDLEN MENSCHEN ZIEREN

Ulrich Enzensberger, geschrieben im April 1998

*(Die Zeilen in Großschreibung stammen aus dem Gedicht »Kaspar ist tot« von Hans Arp, 1887-1966)

Nach Kenntnis des Verlages sind dies die beiden letzten Photos von Dieter K. vor seinem Verstummen.

Das eine zeigt ihn beim Wäscheaufhängen im Sommer 1997 in seiner Kreuzberger
Hinterhofbude am Bolleplatz, 10999. Eine Freundin schenkte ihm im Frühjahr 97
die erste Waschmaschine seines Lebens, die er »Carolinchen« taufte – mit technischen Geräten konnte er nur umgehen bei idiotensicherer Gebrauchsanweisung und
persönlicher Zwiesprache. Da er unter einer ausgeprägten Wäscheständer-Phobie litt
– zu häufig war er in seinen zahlreichen Unterkünften über sie gestolpert –, konstruierte und befestigte ihm ein Freund »Schöttle's Wäscheleine mit Rollenzug«. Beide
Gerätschaften faszinierten ihn so stark, daß er unter Waschzwang zu leiden begann.

Das andere Photo zeigt Dieter K. im Oktober 1997, als er bereits mit Haftbefehl
gesucht wurde. In den letzten Wochen vor seiner Emigration nach Island wurde ihm
in einer Wohnung am Landwehrkanal in SO 36 politisches Asyl gewährt. Diese betrat er meistens über das Baugerüst und verließ sie, verkleidet als Bauarbeiter. Am
2. November 1997 stieg er in den Zug nach København und ward nur noch einmal
gesehen …

nicht nur über sein Leben,
auch über seinen Tod
hat er frei bestimmt

Dieter Kunzelmann

1939–1998

Handelsregister
des Amtsgerichts Charlottenburg

Zur Lektüre empfohlen

Da sich nicht alle durch die Bücher hindurcharbeiten können, die direkt oder indirekt mein Leben berühren, sei allen tiefergehend Interessierten die folgende ausgewählte Bücherliste ans Herz gelegt:

Klau mich, Rainer Langhans, Fritz Teufel, Berlin 1968
Werner Kohn u.a., In Bamberg war der Teufel los, Collibri Verlagsbuchhandlung, Bamberg 1993
Werner Kohn, In der Provinz, 1968, Berlin 1988
Veit Loers, Gruppe SPUR. 1958-1965, Katalog, Regensburg 1986
Gruppe SPUR, Galerie van de Loo, München 1979
Roberto Ohrt, Phantom Avantgarde. Eine Geschichte der Situationistischen Internationale und der modernen Kunst, Edition Nautilus/ Galerie van de Loo, Hamburg 1990
Richtlinien und Anschläge, Materialien zur Kritik der repressiven Gesellschaft, hg. v. A. Goeschel, München 1968
Beate von Mickwitz, Streit um die Kunst, München 1996 (darin über die SPUR-Prozesse)
Subversive Aktion, Der Sinn der Organisation ist ihr Scheitern, hg. von Frank Böckelmann und Herbert Nagel, Frankfurt/M. 1976, Verlag Neue Kritik
Jürgen Miermeister / Jochen Staadt (Hrsg.), Provokationen. Die Studenten- und Jugendrevolte in ihren Flugblättern 1965 - 1971, Darmstadt und Neuwied 1980
Tilman Fichter, Siegward Lönnendonker, Jochen Staadt, Freie Universität Berlin 1948-1973. Hochschule im Umbruch, Teil V: 1967-1969, Gewalt und Gegengewalt, Berlin 1981
Ulrich Chaussy, Rudi Dutschke, Berlin 1994, Chr. Links Verlag
Clara Diabolis u.a. Situationistische Internationale 1958. 1969. Gesammelte Ausgaben des Organs der Situationistischen Internationale (2 Bände), Hamburg 1976
Hans Peter Zimmer Selbstgespräch. Bilder 1958-1984, München 1984
U. Enzensberger/G. de Siati, Deutsch-Italienische Begegnung 1969 (erscheint wahrscheinlich 1999)
Wolfgang Dreßen, Dieter Kunzelmann, Eckhard Siepmann, Nilpferd des höllischen Urwalds – Spuren in eine unbekannte Stadt – Situationisten, Gruppe SPUR, Kommune I; Katalog Werkbund-Archiv, Berlin 1991
Guy Debord, Die Gesellschaft des Spektakels, Berlin 1996, Edition Tiamat
René Viénet, Paris Mai '68. Wütende und Situationisten in der Bewegung der Besetzungen, Hamburg 1977
Wolfgang Kraushaar (Hg.), Frankfurter Schule und Studentenbewegung, Von der Flaschenpost zum Molotow-Cocktail, erscheint 1998

Quellenhinweise

Den Beitrag von Inga Buhmann entnahmen wir dem Buch: Inga Buhmann, Ich habe mir eine Geschichte geschrieben, Zweitausendeins, 5. Auflg. 1998.
Den Beitrag von HP Zimmer dem Katalog: HP Zimmer, Selbstgespräch, München 1984.
Den Beitrag von Jörg Fauser dem »tip«-Magazin, Berlin, Nr. 23/ 1983 (November).
Der Beitrag von Ulrich Enzensberger erschien zuerst in »Jungle World«, 8. April 1998.
Allen Verlagen bzw. Rechteinhabern danken wir für die Abdruckerlaubnis.

Die Texte von Bernd Rabehl, Paolo Ramundo, Giuseppe de Siati, Hilmar Buddee, Lerke von Saalfeld, Otto »P.P.« Feder und Mao »S.« Meyer, Carola Wagemann und Hermann Bohlen wurden eigens für dieses Buch geschrieben.

M/23

Umschlaggestaltung, unter Verwendung
eines Photos von Ralph Rieth, und Layout: Gudrun Fröba
Druck und Bindung: Pustet GmbH, Regensburg
ISBN 3-88747-132-6